Der treffende Ausdruck

Texte, Themen, Übungen

Der treffende Ausdruck

Texte, Themen, Übungen

Brigitte M. Turneaure

Stanford University

W. W. Norton & Company

New York · London

Published simultaneously in Canada by Penguin Books Canada Ltd.,
2801 John Street, Markham, Ontario L3R 1B4.
Printed in the United States of America.
FIRST EDITION

ISBN 0-393-95570-2

W. W. Norton & Company, Inc., 500 Fifth Avenue, New York, N.Y. 10110
W. W. Norton & Company Ltd., 37 Great Russell Street, London WC1B 3NU

3 4 5 6 7 8 9 0

Contents

Preface

Nature and Scope of the Book

This book is designed as a basic text for students in composition and conversation classes who have completed a second-year review of German grammar. It offers short readings, discussion and composition topics, grammar review, word studies based on the most frequent sources of lexical errors, and comprehension drills and review exercises.

The integrated approach of this book grew out of the desire to provide my third-year students at Stanford University with helpful and engaging materials. Since no textbook existed that addressed the specific needs of English-speaking students at this level, I began developing my own materials, modifying them as I saw how they worked in the classroom. My students have appreciated the sense of measurable progress they derive from working with *Der treffende Ausdruck*. It has kept them enthusiastic about refining their language skills and has given them confidence that they are indeed approaching mastery of German.

As both instructors and students know, the problems experienced at the beginning and intermediate levels of language study do not magically disappear in courses entitled "Advanced." For mastery, students must continue reviewing grammatical principles while at the same time discovering the subtleties of the language. They must become increasingly aware of the contrastive features of German and English, since many stumbling blocks result from interference from English. At the third-year level, the study of word usage is particularly important. What student has not been perplexed by a choice of several equivalents when looking up a word in a dictionary? The word studies in *Der treffende Ausdruck* will help students make the appropriate choices, enabling them to speak and write more precisely and idiomatically.

Chapters 1–12 all follow the same format. Each begins with a reading selection, chosen as a lively and informative basis for discussions and compositions. There are nine short, unabridged fictional texts and three expository texts, all by contemporary authors. They are accompanied by brief introductions in English and are glossed as needed. The readings are followed by **Stichworte für die Diskussion**, providing useful vocabulary for the discussions, as well as thought-provoking questions (**Zur Diskussion**) and a variety of **Aufsatzthemen**.

The chapter vocabulary contains words selected from the text, which, together with related words and idioms, form the active vocabulary. It includes words and expressions that are familiar to most students but are often used imprecisely in speaking and writing. Many of these words appear in the example sentences and exercises of the chapter.

The larger part of each chapter is devoted to grammar and word usage explanations, illustrated in context and practiced in drills. Section I reviews important points of grammar. Section II focuses on English words with several equivalents in German, and on German words that look and sound alike and are frequently confused. In addition, many of the most frequently used flavoring particles are explained and reinforced.

The remainder of each chapter is devoted to reviewing chapter vocabulary, the grammar and lexical material, and adjective endings. Exercise A requires students to complete sentences by supplying articles and correct endings of adjectives and indefinite pronouns. Exercise B drills prepositions. In exercise C, students complete sentences by adding function words, reflexive pronouns, idioms, auxiliary verbs, separable prefixes, or prepositions. Exercise D contains sentences to be expressed in German. Exercise E is intended to build vocabulary; italicized parts of German sentences are to be replaced by words, idioms, or grammatical constructions that are similar in meaning.

A **kleine Briefschule** on the mechanics of writing personal and business letters follows the last chapter.

A German-English vocabulary and an index are provided at the end of the book. An explanation of abbreviations and grammar notation precedes the end vocabulary. The index lists the grammar and word-study topics treated in Sections I and II of each chapter.

To the Student: How to Use this Book

Before beginning this book, familiarize yourself with the notational system explained preceding the end vocabulary and scan the index to get an idea of how it can be of help as you complete the various assignments.

The suggestions that follow apply to each chapter. After reading the introduction, go through the text selection without looking up any words. Then examine the chapter vocabulary and mark the words that are unfamiliar to you. Reread the selection, noting how the words in the chapter vocabulary are used in context, and consulting the end vocabulary as needed. Finally, familiarize yourself with the key words (**Stichworte**) and the questions. They will aid you in discussing the text and its implications.

Before doing the exercises in Sections I and II, go over the chapter vocabulary once more, especially noting verb forms, plurals, cases, prepositions, and articles. Taking this extra step will enable you to complete the drills more easily. Since the exercises in Section III review the material discussed in Sections I and II and the chapter vocabulary, you can refer to the pertinent sections when you have problems with an exercise. In exercise E, the italicized expressions can frequently be rephrased in various ways.

Acknowledgments

I wish to express my gratitude to all those who aided me in the completion of *Der treffende Ausdruck*. My colleague Walter F. W. Lohnes freely shared with me his vast experience as a teacher and textbook author. Nancy Chadburn, Gustavus Adolphus College, Marvin H. Folsom, Brigham Young University, William E. Petig, Stanford University, Eva Schiffer, University of Massachusetts at Amherst, and Gerd K. Schneider, Syracuse University, made many valuable suggestions.

Kathryn Strachota, Stanford University, Mark Weiner, Indiana University, and Dora Van Vranken, Redlands University, tested various parts of the manuscript in the classroom and provided me with important feedback. Dora Van Vranken helped shape the book significantly by suggesting useful ideas about how it could best meet the needs of third-year students.

My students played a key role in the evolution of the text. Their many thoughtful questions and keen observations are reflected everywhere in it.

I am deeply grateful to my husband, John P. Turneaure, for helping me with the technical preparations of the manuscript. Without his tireless assistance the book would not have been written. I am greatly indebted to Malcolm B. Brown who prepared the TEX code for the camera-ready copy. Finally, I wish to thank Julia A. Reidhead of W. W. Norton for her skillful editorial contributions and effective coordination of the various aspects of publication.

Stanford, California
February 1987

Der treffende Ausdruck

Texte, Themen, Übungen

Chapter 1

Christa Reinig (b. 1926) lived in the German Democratic Republic until 1964, when she defected to the West. Like much of her work, "Skorpion" reflects a special sensitivity toward society's outsiders. The ambiguities of the outsider's life are reflected in her use of ambiguity as a literary device. By leaving her readers puzzled as to why a mild-mannered person would return a kindness with a fatal sting, the author provokes the reader to reread the story in search of clues that might explain its paradoxical end.

Skorpion
Christa Reinig

Er war sanftmütig und freundlich. Seine Augen standen dicht beieinander. Das bedeutete Hinterlist. Seine Brauen stießen über die Nase zusammen. Das bedeutete Jähzorn. Seine Nase war lang und spitz. Das bedeutete unstillbare

5 Neugier. Seine Ohrläppchen waren angewachsen. Das bedeutete Hang zum Verbrechertum. Warum gehst du nicht unter die Leute? fragte man ihn. Er besah sich im Spiegel und bemerkte einen grausamen Zug um seinen Mund. Ich bin kein guter Mensch, sagte er. Er verbohrte sich in seine

10 Bücher. Als er sie alle ausgelesen hatte, mußte er unter die Leute, sich ein neues Buch kaufen gehn. Hoffentlich gibt es kein Unheil, dachte er und ging unter die Leute. Eine Frau sprach ihn an und bat ihn, ihr einen Geldschein zu wechseln. Da sie sehr kurzsichtig war, mußte sie mehrmals hin- und

15 zurücktauschen. Der Skorpion dachte an seine Augen, die dicht beieinander standen und verzichtete darauf, sein Geld hinterlistig zu verdoppeln. In der Straßenbahn trat ihm ein Fremder auf die Füße und beschimpfte ihn in einer fremden Sprache. Der Skorpion dachte an seine zusammengewach-

20 senen Augenbrauen und ließ das Geschimpfe, das er ja nicht verstand, als Bitte um Entschuldigung gelten. Er stieg aus, und vor ihm lag eine Brieftasche auf der Straße. Der Skorpion dachte an seine Nase und bückte sich nicht und drehte sich auch nicht um. In der Buchhandlung fand er ein Buch,

25 das hätte er gern gehabt. Aber es war zu teuer. Es hätte gut in seine Manteltasche gepaßt. Der Skorpion dachte an

sanftmütig gentle
die Hinterlist cunning
der Jähzorn violent temper
spitz pointed
seine ... angewachsen his earlobes were attached
Hang ... Verbrechertum criminal tendencies

sich verbohren to bury oneself

tauschen to trade
verzichten auf to do without

gelten lassen (ä,ie,a) to let pass

seine Ohrläppchen und stellte das Buch ins Regal zurück.
Er nahm ein anderes. Als er es bezahlen wollte, klagte ein
Bücherfreund: Das ist das Buch, das ich seit Jahren suche.
30 Jetzt kaufts mir ein anderer weg. Der Skorpion dachte an den
grausamen Zug um seinen Mund und sagte: Nehmen Sie das
Buch. Ich trete zurück. Der Bücherfreund weinte fast. Er   **ich ... zurück** never mind my
preßte das Buch mit beiden Händen an sein Herz und ging   wish
davon. Das war ein guter Kunde, sagte der Buchhändler, aber
35 für Sie ist auch noch was da. Er zog aus dem Regal das Buch,   **was = etwas**
das der Skorpion so gern gehabt hätte. Der Skorpion winkte   **ab·winken** to wave aside
ab: Das kann ich mir nicht leisten. – Doch, Sie können, sagte
der Buchhändler, eine Liebe ist der anderen wert. Machen   **eine ... wert** one good turn
Sie den Preis. Der Skorpion weinte fast. Er preßte das Buch   deserves another
40 mit beiden Händen fest an sein Herz, und, da er nichts mehr
frei hatte, reichte er dem Buchhändler zum Abschied seinen
Stachel. Der Buchhändler drückte den Stachel und fiel tot   **der Stachel,-** stinger
um.

Before you begin working with **Der treffende Ausdruck**, be sure to read **To the
Student: How to Use this Book** in the preface. Also study the notational system
preceding the end vocabulary. Knowing how the book is intended to be used will
make working with it all the more profitable.

Wortschatz

der **Abschied,-e** departure, leave-
taking, farewell
sich verabschieden von to say
goodbye to
an·sprechen (i,a,o) to address,
speak to
aus·lesen (ie,a,e) to finish reading a
book
bemerken to notice, observe; remark
bemerkenswert remarkable
die **Bemerkung,-en** observation;
remark, comment
eine Bemerkung machen über
(*acc.*) to remark, comment
on *oder dazu*
beschimpfen to insult, swear at
die **Bitte,-n** request
bitten (bat, gebeten) um to ask for,
request, beg
die **Brieftasche,-n** billfold
der **Buchhändler,-** bookseller
die **Buchhandlung,-en** bookstore
sich bücken to bend (down), stoop
denken (dachte, gedacht) an (*acc.*)
to think of (about)

drücken to press
die **Entschuldigung,-en** apology,
excuse
fremd foreign, unfamiliar, strange
gelten (i,a,o) als (*nom.*) to be regarded as, considered
grausam cruel
die **Grausamkeit,-en** cruelty
das **Herz,-en (des Herzens, dem
Herzen, das Herz)** heart
die **Klage,-n** complaint, lamentation
klagen über (*acc.*) to complain
about, lament
der **Kunde(n)** customer
sich (*dat.*) **leisten** to afford
der **Mensch(en)** human being, person; *pl.*: people
der **Mitmensch(en)** fellow human
being
die **Neugier** curiosity, inquisitiveness
neugierig (auf) (*acc.*) curious
(about), inquisitive, nosy
passen (*dat.*) to fit, suit, be appropriate
passen in (*acc.*) to fit into

passen zu to go with, match
das Regal,-e shelf
(sich) um·drehen to turn around

das Unheil disaster
der Zug,::e feature, trait, characteristic

Stichworte für die Diskussion

der Erzähler,- narrator
die Eigenschaft,-en characteristic,
quality
die Hauptgestalt,-en main character
**voreilige Schlüsse ziehen (zog,
gezogen)** to jump to conclusions

das Aussehen,- appearance, looks
das Opfer,- victim
die Gesellschaft,-en society
die Tragik tragedy
das Thema, Themen theme, subject
tragisch tragic

Zur Diskussion

1. Was wird im ersten Satz über die Hauptgestalt gesagt? Aus wessen Perspektive stammen die Schlüsse über das Aussehen des Skorpions?

2. Warum hat der Skorpion keine gute Meinung von sich, und warum liest er immer?

3. Warum denkt der Skorpion immer an sein Aussehen?

4. Wie fühlt sich der Skorpion, als ihm der Buchhändler das Buch schenkt? Warum denkt er in diesem Augenblick nicht daran, was die Leute über ihn sagen? Warum kann er dem Buchhändler nicht die Hand reichen? Erklären Sie die tiefere Bedeutung des Wortes „frei" in diesem Kontext. Inwiefern ist der Skorpion nicht frei, ein Unheil zu vermeiden (*avoid*)?

5. Warum hat der Mann einen Stachel? Ist der Stachel angeboren (*innate*) oder erworben (*acquired*)?

Aufsatzthemen

1. Schreiben Sie eine Nacherzählung der Geschichte.

2. Interpretieren Sie die Geschichte.

3. Beschreiben Sie eine Situation, in der Sie sich als Außenseiter empfinden oder empfunden haben.

I. Grammatisches

A. Verb in second position

In normal German sentences, the verb is always in second position. Unlike English, the verb can be preceded by *one element only*. This means that there may not be more information before the verb than the answer to one question.

If more than one question can be asked about the information preceding the verb, the verb-second rule is violated.

Compare the word order in the following German sentences with that of their English equivalents. Note that in the German sentences, only one of the elements precedes the verb; the other element must follow the verb. The first element is not set off by a comma.

> Dann **ging** sie nach Hause.
> Then she *went* home.

> Natürlich **sind** wir neugierig.
> Of course we *are* curious.

> Im Sommer **werde** ich viel Geld verdienen.
> In summer I *will* earn a lot of money.

> In dieser Buchhandlung **kaufen** wir die meisten unsrer Bücher.
> In this bookstore we *buy* most of our books.

> Meiner Meinung nach **hat** sie recht.
> In my opinion she *is* right.

To acquire the habit of putting the verb second, it is important to be aware of what "counts" as an element.

Coordinating conjunctions (**und, oder, aber, sondern, denn**) do not count as far as word order is concerned. They precede the first element and do not affect word order.

> Er ging in die Buchhandlung, **denn** er brauchte ein neues Buch.

Denn means *for* or *because.* The verb-second word order required by **denn** must not be confused with the final position of the verb in clauses introduced by the subordinating conjunction **weil.**

English and German clauses are frequently connected by conjunctive adverbs. Unlike coordinating conjunctions, these adverbs do count as an element. They may precede or follow the verb. When a sentence begins with a conjunctive adverb, the verb must immediately follow the adverb. Common conjunctive adverbs are:

> **also**   so, consequently
> **außerdem**   besides, moreover
> **daher** (**deshalb, deswegen**)   therefore
> **dann**   then
> **folglich**   consequently
> **sonst**   otherwise
> **trotzdem**   nevertheless

> Er wollte sich ein neues Buch kaufen. **Also** ging er in eine Buchhandlung.

Ich kann nicht mitkommen, denn ich habe zu viel zu tun. **Außerdem** bin ich zu müde.

Bitte hilf mir. **Sonst** werde ich nicht fertig.

Sentence adverbs, which express the attitude of the speaker toward the content of the whole sentence, also count as elements. If a sentence adverb precedes the verb, the verb must immediately follow it. Common sentence adverbs are:

hoffentlich   I hope, hopefully
leider   unfortunately
natürlich   of course
offenbar (**offensichtlich**)   obviously
sicher (**sicherlich**)   certainly, surely
übrigens   by the way
vielleicht   perhaps
wahrscheinlich   probably

The sentence adverb **bestimmt** (*certainly, for sure*) is an exception; it cannot precede the verb.

Übrigens ist Erika wieder da.
Sicherlich wissen sie das.
Sie sind **bestimmt** schon wieder zu Hause.

Auf deutsch.

1. In this story, the main character is a scorpion.

2. I don't have time; moreover, I can't afford it.

3. By the way, he made a remark about that.

4. This morning, we went to the bookstore.

5. He probably is at home.

6. She did not buy the book because (**denn**) it was too expensive.

7. She could not afford it. Therefore he gave it to her.

8. Perhaps it will fit in your pocket.

9. I need more time; otherwise I cannot finish the book.

10. People were not nice to him; nevertheless, he did not complain.

B.   The coordinating conjunctions **aber, sondern**

Both **aber** and **sondern** mean *but*. **Sondern**, not **aber**, is used after a statement containing a negation and then only when *rather* or *on the contrary* can be used in the equivalent English sentence. **Sondern** is used in the two-part conjunction **nicht nur ..., sondern auch** (*not only ..., but also*).

Er ist zwar nicht richtig glücklich, **aber** er ist zufrieden.
To be sure, he is not really happy, but he is content.

Er ist nicht glücklich, **sondern** er ist sehr unglücklich.
He is not happy. On the contrary, he is very unhappy.

Er geht nie aus, **sondern** er sitzt immer zu Hause herum.
He never goes out, rather he always sits around the house.

Sie ist nicht nur fleißig, **sondern** auch sehr klug.

Setzen Sie **aber** oder **sondern** ein.

1. Ich habe das Buch noch nicht ausgelesen, _____ bis morgen werde ich damit fertig sein.

2. Sie hat keinen Volkswagen gekauft, _____ einen Porsche.

3. Er sprach den Fremden nicht an, _____ er ging einfach weiter.

4. Sie klagt nie darüber, _____ sie ist immer freundlich.

5. Die Brieftasche ist zwar nicht teuer, _____ ich kaufe sie mir trotzdem nicht.

6. Sie waren nicht nur unfreundlich, _____ auch grausam.

C. Nominative after **sein, werden, bleiben**

The verbs **sein**, **werden**, and **bleiben** are always followed by nouns and pronouns in the nominative. When a sentence contains a modal verb and an infinitive, the infinitive determines the case of the words in the sentence.

Sie **ist ein guter Mensch.**

Er **bleibt ein Außenseiter.**

Der **wird** hoffentlich **ein guter Kunde** von uns.

Er kann nicht **ihr bester Freund sein.**

Ich will **ein guter Arzt werden.**

The nominative is also required after **als** (*as a*) meaning *in the role, capacity of*. In German, the indefinite article is omitted after **als** when used in this way.

Er gilt **als** wichtiger Gesellschaftskritiker.
He is considered to be an important social critic.

Als Student kann man sich so etwas nicht leisten.
As a student one cannot afford such things.

Setzen Sie die Endungen ein. Setzen Sie ein X ein, wenn keine Endung erforderlich ist.

1. Hoffentlich bleibst du mein _____ Freund.

2. Frank ist ein _____ jung _____ Amerikaner.

3. Er ist ein _____ gut _____ Schriftsteller geworden.

4. Er galt als d _____ größt _____ Staatsmann seiner Zeit.

5. Keiner will ein _____ Außenseiter sein.

6. Das hat er schon als klein _____ Junge gemacht.

D. N-stem nouns

Some masculine nouns have the ending **-en** not only in the plural but in all cases of the singular, except the nominative. **N**-stem nouns are indicated in the vocabulary of this book as follows: **der Mensch**(en), **der Junge**(n).

Commonly used **n**-stem nouns include all masculine nouns ending in:

-e: Kollege, Franzose, Soziologe
-ist: Sozialist
-ent: Präsident
-ant: Repräsentant

Other frequently used **n**-stem nouns are: **Bauer, Christ, Held, Herr, Katholik, Nachbar.**

Herr adds only -n in the singular, -en in the plural.

Nachbar adds only -n in both the singular and plural.

Gedanke, Glaube, Name, and **Wille** add **-s** to the -n in the genitive singular.

Von einem Christen hätte ich so etwas nicht erwartet.
Ich habe es meinem Kollegen schon geschickt.

Setzen Sie die Endungen ein. Wo ein Wort bereits vollständig ist, setzen Sie ein X ein.

1. Kennen Sie diesen Kunde_____?

2. Wir haben mit einem Jude_____, einem Protestant_____ und einem Katholik_____ darüber diskutiert.

3. Ich habe das von einem Kommunist_____ gehört.

4. Diesen Herr_____ möchte ich kennenlernen.

5. Ich will mit dem Student_____ darüber sprechen.

6. Sie bewundern seinen Glaube_____ .

7. Wir haben uns lange mit unsrem Nachbar_____ unterhalten.

8. Trotz ihres berühmten Name_____ hat sie keiner erkannt.

E. The indefinite pronoun **man**

The indefinite pronoun **man** (*you, they, one, people*) must be used consistently. It is incorrect to mix personal and indefinite pronouns when referring to the same subject. For the accusative and dative of **man**, the indefinite article (**einen, einem**) is used. The possessive (*one's*) is expressed by **sein**.

> **Man** sollte nur das kaufen, was **einem** gefällt. Es freut **einen** immer, wenn **man** das Richtige findet. Dafür gibt **man sein** Geld gerne aus.

Setzen Sie die unbestimmten Pronomen ein.

1. Wenn _____ neugierig ist, dann will _____ immer alles wissen.

2. Es kann _____ aber passieren, daß _____ nicht immer Antworten auf alle _____ Fragen erhält.

3. Manchmal klagt _____ über Dinge, die _____ im Augenblick sehr wichtig erscheinen. _____ vergißt sie dann aber bald wieder.

F. The spelling **ss** versus **ß**

ß is used much more frequently than **ss**; **ss** is used only when a double-**s** sound stands between two vowels, of which the first is short.

```
muß        müssen
weiß       wissen
Fluß       Flüsse
vermißt    vermissen
ließ       lassen
heißen, fließen, Fuß, Füße
```

Setzen Sie **ß** oder **ss** ein.

1. Ich wei _____ , da _____ er das eigentlich nicht wi _____en kann.

2. In der Stra _____enbahn trat ihm ein Fremder auf die Fü _____e.

3. Die Bücher pa _____en nicht alle in die Tasche.

4. Wir mü _____en jetzt nach Hause.

5. In Amerika gibt es grö _____ere Flü _____e als in Europa.

G. Rules regarding the comma

German punctuation rules differ from English.

1. Main clauses connected by coordinating conjunctions (**und, aber, oder, sondern, denn**) are set off by a comma if the second main clause is complete, that is, contains an expressed subject and verb.

    Er wollte das letzte Exemplar (*copy of a book*) kaufen, **aber** ein anderer Käufer hatte das Buch schon in der Hand.

2. All dependent clauses introduced by a subordinating conjunction are set off by a comma. If a coordinating conjunction precedes the subordinating conjunction, there is no comma.

    Ich weiß, **daß** sie recht hat.

    Als (**weil**) er alle seine Bücher ausgelesen hatte, kaufte er sich neue.

    Er sagte, **daß** sie ein netter Mensch sei **und daß** er ihr gern helfen möchte.

3. All clauses introduced by a relative pronoun are set off by a comma.

    Dieser Buchhändler, **der** seine Kunden stets freundlich bedient, verkauft viele Bücher.

    Ich kenne die Autorin, **die** diese Geschichte geschrieben hat.

4. Indirect discourse clauses are set off by a comma even if the conjunction has been omitted.

    Man sagt, er sei ein netter Mensch.

5. Infinitive clauses are set off by a comma.

    Er ging in die Buchhandlung, um sich ein neues Buch zu kaufen.

    Ohne es zu wollen, tötete er den Buchhändler.

    Note: Infinitive clauses without objects and modifiers are not set off by a comma.

    Er versuchte zu helfen.

6. Items in a series are set off by a comma, but there is no comma in front of the last item of the series.

    Die Leute hielten ihn für neugierig, hinterlistig **und** grausam.

    Heute abend gehen wir in die Disko, ins Kino **oder** zu einer Party.

7. The element preceding the inflected verb is not set off by a comma. Exceptions are: participial phrases, infinitive clauses, and subordinate clauses.

    In manchen Geschichten gibt es zwei Hauptgestalten.

Nach dem Kino gingen wir in eine Diskothek.

Das Buch mit beiden Händen an die Brust pressend, konnte er dem Buchhändler nicht die Hand geben.

Um es kaufen zu können, brauchte er mehr Geld.

Weil die Leute schlecht von ihm dachten, blieb er am liebsten zu Hause.

Setzen Sie die fehlenden Kommas ein.

Als er alle seine Bücher ausgelesen hatte fuhr er in die Stadt um sich neue Bücher zu kaufen. Auf dem Weg zur Bushaltestelle begegnete er einer Nachbarin einem Kollegen und einem alten Freund. Die Nachbarin grüßte ihn kurz und ging ihres Weges aber der Kollege unterhielt sich mit ihm während sie auf den Bus warteten. Der Freund den er lange nicht gesehen hatte fuhr mit demselben Bus. Der Freund sagte er freue sich ihn nach so langer Zeit mal wiederzusehen. In der Stadtmitte angekommen stiegen sie aus.

II. Das passende Wort

A. People: **Menschen, Leute**

The equivalent of *people* is **Leute** or **Menschen**. **Menschen** stresses the individuals in a group; it has a more formal ring to it than **Leute**. **Menschen** is the equivalent of *people* in the sense of *human beings*. **Leute** is a plural noun and adds an **-n** only in the dative. **Leute** (without an article or other modifier) normally cannot be the first word in a sentence.

Die Leute reden immer noch davon.

Der Marktplatz war voller **Leute** (**Menschen**).

Alle **Menschen** brauchen Freunde.

So sind **die Menschen**.

When referring to people, it is idiomatic to use an indefinite adjective, such as **einige**, **manche** (*some people*), **viele** (*many people*), or the indefinite pronoun **man**.

Einige (**manche**) sind grausam gegen ihre Mitmenschen.

Viele können sich das gar nicht leisten.

Die meisten haben das gar nicht bemerkt.

Man bemerkt so etwas oft erst später.

Do not use **Leute** or **Menschen** when referring to the people of a particular country, e.g. *the American people*.

Die **Amerikaner** gelten als offen.

Die **Deutschen** sind unsere Freunde.

Auf deutsch.

1. People are curious by nature (**von Natur aus**).

    beklagten sich über das Wetter.
2. Many people complained about the weather.

3. What will people say to that (**dazu**)?

4. American people are regarded as friendly.

5. People are talking about them.

6. Some people bought a lot of books.

B. To think of (about): **denken an (über, von), nachdenken über**

denken (dachte, gedacht) an (*acc.*): to think of, call to mind

> Ich **denke** noch oft **an** die schönen Tage.
> **Daran** habe ich noch gar nicht **gedacht**.

denken über (*acc.*), **von**: to think of (about), have an opinion

> Wie **denken** sie **darüber**?
> Was **denkst** du **von** ihm?

A synonym for **denken über** (**von**) is **halten von**.

> Was **halten** Sie **davon**?
> Was **hältst** du **von** ihm?

nach·denken über (*acc.*): to think carefully, ponder, reflect

> Ich habe lange **über** dieses Problem **nachgedacht**.
> **Denk** mal gut (scharf) **nach**.
> Think carefully (hard).

Auf deutsch.

1. What do they think about it?

2. I thought of you yesterday.

3. She thought a long time about that question.

4. We try not to think of it.

5. What do you think of them?

C. Very much: **sehr, sehr viel**

The equivalent of *very much* is **sehr** when the verb it modifies expresses a condition that can exist in different degrees. **Sehr** is used when an emphatic *really* can be substituted for *very much*.

Das hat mich **sehr** überrascht.
That surprised me very much. That really surprised me.

Wir bewundern sie **sehr**.
We admire her very much.

Sehr viel is used when a measurable quantity is involved. Frequently one can ask *how often* or *how much*. Note the differences:

Sie hat uns **sehr** geholfen.
She helped us very much. She really helped us.

Sie hat uns **sehr viel** geholfen.
She helped us a lot (frequently).

Auf deutsch.

1. That interests me very much.

2. She is very much taller (**groß**) than he.

    Er vermißt sie sehr, weil er sie sehr liebt.
3. He misses (**vermissen**) her very much, for he loves her very much.

    sehr viel
4. The doctor did not say very much.

5. I like the story very much.

6. We hope very much that you can come.

D. To be happy about: **sich freuen über**; to look forward to: **sich freuen auf**

   sich freuen über (*acc.*): to be happy (glad, pleased) about

   Wir haben **uns** sehr **über** euren Besuch **gefreut**.

Sich freuen über implies a stronger emotion than the idiom **es freut mich** (*I am happy, pleased*).

   Es freut mich, daß Sie gekommen sind.
   Es freut uns, Sie wiederzusehen.

sich freuen auf (*acc.*): to look forward to

   Ich **freue mich** ja schon so **auf** die Reise.

Vervollständigen Sie die Sätze.

1. Wir _____ _____ alle _____ das schöne
    Wetter, das wir im Augenblick haben.

2. Es _____ mich, _____ es dir wieder besser geht.

3. Ich _____ _____ schon sehr _____
   die Party morgen abend.

4. Sie _____ _____ dar-_____, daß er
   wieder hier ist.

5. Freust du _____ _____ den Film heute abend?

6. _____ freut uns, Ihnen das sagen _____ können.

E. To live: **wohnen, leben**

wohnen (**bei, in**): to live (with, on), reside (with, on)

Sie **wohnt** zur Zeit **bei** Freunden.
Sie **wohnen in** der Goethestraße.

When a town, region, or country is referred to, either **wohnen** or **leben** can be used.

Wir **wohnen** (**leben**) seit drei Jahren in Frankfurt (Bayern, Österreich).

Vervollständigen Sie die Sätze.

1. Er hat lange in Amerika _____, doch jetzt _____
   er in München.

2. Wir _____ in einem kleinen Haus _____ der
   Bachstraße.

3. Sie _____ im vierten Stock (*story*).

4. Ich _____ _____ Verwandten.

F. To say (in a text): **stehen**

When referring to a text, the equivalent of *it says* is (**es**) **steht** (**stand, ge-standen**).

In der Geschichte (dem Artikel, dem Buch) **steht**, daß ...
Es **stand** gestern in der Zeitung.

Auf deutsch.

1. It says here that he was gentle (**sanftmütig**).

2. Where does it say that?

3. It said so in the article.

III. Wiederholungsübungen

A. Setzen Sie die in Klammern stehenden Wörter in ihrer richtigen Form ein. In manchen Sätzen ist ein bestimmter oder unbestimmter Artikel hinzuzufügen.

1. Ich möchte Sie um _____ _____ Gefallen (*m.*) bitten. (groß)

2. Besten Dank für Ihre Einladung. Leider paßt es _____ Frau am Samstag nicht. (mein)

3. Ich habe noch oft an _____ _____ Menschen (*sg.*) denken müssen. (dies-, freundlich)

4. Wir freuen uns auf _____ _____ Wochenende (*n.*). (ruhig)

5. Hast du schon über _____ _____ Sache nachgedacht? (dies-, kompliziert)

6. Er gilt als _____ Künstler. (groß)

7. Er wohnt in _____ _____ Straße. (nächst-)

8. Mitten auf _____ _____ Straße lag eine Brieftasche. (naß)

9. Die Tasche paßt gut zu _____ _____ Mantel. (dies-, braun)

10. Aber es paßt ja gar nicht in _____ _____ Regal. (klein)

B. Setzen Sie die fehlenden Präpositionen ein bzw. (*or*) die Zusammenziehungen (*contractions*) von Artikel und Präposition.

1. Tag, Peter. Ich habe gerade _____ dich gedacht.

2. Er paßt gut _____ ihr. Sie sind ein hübsches Paar.

3. Sie freut sich _____ ihr Auto. Es ist ganz neu.

4. Er bat den Buchhändler _____ das Buch.

5. Viele klagen _____ das schlechte Wetter.

6. Freust du dich auch so _____ morgen abend?

7. Ich habe lange _____ diese Geschichte nachgedacht.

8. Wir sind neugierig _____ den neuen Kollegen.

9. Ich wohne _____ Schuberts _____ der Kielerstraße.

10. Sie hat eine unfreundliche Bemerkung _____ ihn gemacht.

C. Vervollständigen Sie die Sätze.

1. Ich möchte _____ von Ihnen verabschieden.

2. Ich kann nicht mitkommen, _____ ich habe zu viel zu tun.

3. Er liest so schnell, daß er fast jedes Buch in einem Tag _____.

4. _____ Leute werden über uns reden.

5. Wie denkt ihr dar-_____?

6. Kannst du _____ diesen teuren Wagen leisten?

7. Paßt es _____ heute abend, Frau Meyer?

8. Sie sind nicht nur unfreundlich, _____ auch grausam.

9. Sie gilt _____ große Schriftstellerin.

10. Ich hoffe _____ (*very much*), daß ich meine Brieftasche wiederfinde.

D. Auf deutsch.

1. Unfortunately, I cannot afford that.

2. She then went into the bookstore.

3. That suits me well.

4. Some (people) always complain.

5. American people aren't like that! (like that = **so**)

6. She obviously considers (**halten für**) him a good friend.

7. He is considered to be a great president.

8. Of course he loves her very much.

9. His billfold didn't fit into his pocket.

10. Obviously, many people have thought about this.

E. Ersetzen Sie das kursiv Gedruckte (*italicized words*) durch sinnverwandte Ausdrücke, und machen Sie die erforderlichen Änderungen.

1. Er *bemerkte*, daß er es schon getan hätte.

2. Manche *Leute* denken viel darüber nach.

3. *Bist* du schon *mit* dem Buch *zu Ende?*

4. *Viele halten ihn für* einen wahren Christen.

5. *Es ist* mir *zu teuer.*

6. Das hat mich *wirklich* gefreut.

7. Er *ist ein guter Kunde* unserer Buchhandlung.

8. Was *hältst* du von dem Mann?

9. Habt ihr schon *auf Wiedersehen gesagt?*

10. *Ich hoffe,* du hast das Buch schon ausgelesen.

Chapter 2

Recipient of the Nobel Prize for literature in 1972, **Heinrich Böll** (1917–1985) was a tireless advocate of humanistic values. His stories, novels, radio plays, and essays address Germany's need to deal with its traumatic past and complex present. Among his finest works are the moving and masterfully crafted satires aimed at the feverish activity of the "Wirtschaftswunderzeit," the era of Germany's miraculous recovery following the Second World War. In "Anekdote zur Senkung der Arbeitsmoral," a typical member of a "Leistungsgesellschaft," an achievement-oriented society, gains a new perspective on the costs of a life spent "getting ahead."

Anekdote zur Senkung der Arbeitsmoral
Heinrich Böll

In einem Hafen an der westlichen Küste Europas liegt ein ärmlich gekleideter Mann in seinem Fischerboot und döst. Ein schick angezogener Tourist legt eben einen neuen Farbfilm in seinen Fotoapparat, um das idyllische Bild zu fo-
5 tografieren: blauer Himmel, grüne See mit friedlichen, schneeweißen Wellenkämmen, schwarzes Boot, rote Fischermütze. Klick. Noch einmal: klick, und da aller guten Dinge drei sind, und sicher sicher ist, ein drittes Mal: klick. Das spröde, fast feindselige Geräusch weckt den dösenden Fischer, der sich
10 schläfrig aufrichtet, schläfrig nach seiner Zigarettenschachtel angelt, aber bevor er das Gesuchte gefunden, hat ihm der eifrige Tourist schon eine Schachtel vor die Nase gehalten, ihm die Zigarette nicht gerade in den Mund gesteckt, aber in die Hand gelegt, und ein viertes Klick, das des Feuerzeuges,
15 schließt die eilfertige Höflichkeit ab. Durch jenes kaum meßbare, nie nachweisbare Zuviel an flinker Höflichkeit ist eine gereizte Verlegenheit entstanden, die der Tourist – der Landessprache mächtig – durch ein Gespräch zu überbrücken versucht.
20 „Sie werden heute einen guten Fang machen.“
Kopfschütteln des Fischers.
„Aber man hat mir gesagt, daß das Wetter günstig ist.“
Kopfnicken des Fischers.
„Sie werden also nicht ausfahren?“

der Wellenkamm, -̈e crest of a wave
aller … sind good things always come in threes
spröde brittle

eilfertig hasty

nachweisbar demonstrable
flink quick
gereizt strained
mächtig in command of

25 Kopfschütteln des Fischers, steigende Nervosität des Touri-
    sten. Gewiß liegt ihm das Wohl des ärmlich gekleideten Men-
    schen am Herzen, nagt an ihm die Trauer über die verpaßte
    Gelegenheit.
    „Oh, Sie fühlen sich nicht wohl?"
30 Endlich geht der Fischer von der Zeichensprache zum wahr-
    haft gesprochenen Wort über. „Ich fühle mich großartig",
    sagt er. „Ich habe mich nie besser gefühlt." Er steht auf, reckt
    sich, als wollte er demonstrieren, wie athletisch er gebaut ist.
    „Ich fühle mich phantastisch."
35 Der Gesichtsausdruck des Touristen wird immer unglücklich-
    er, er kann die Frage nicht mehr unterdrücken, die ihm sozu-
    sagen das Herz zu sprengen droht: „Aber warum fahren Sie
    dann nicht aus?"
    Die Antwort kommt prompt und knapp. „Weil ich heute
40 morgen schon ausgefahren bin."
    „War der Fang gut?"
    „Er war so gut, daß ich nicht noch einmal auszufahren brau-
    che, ich habe vier Hummer in meinen Körben gehabt, fast
    zwei Dutzend Makrelen gefangen ..."
45 Der Fischer, endlich erwacht, taut jetzt auf und klopft dem
    Touristen beruhigend auf die Schultern. Dessen besorgter
    Gesichtsausdruck erscheint ihm als ein Ausdruck zwar unan-
    gebrachter, doch rührender Kümmernis.
    „Ich habe sogar für morgen und übermorgen genug", sagt er,
50 um des Fremden Seele zu erleichtern. „Rauchen Sie eine von
    meinen?"
    „Ja, danke."
    Zigaretten werden in Münder gesteckt, ein fünftes Klick, der
    Fremde setzt sich kopfschüttelnd auf den Bootsrand, legt die
55 Kamera aus der Hand, denn er braucht jetzt beide Hände,
    um seiner Rede Nachdruck zu verleihen.
    „Ich will mich ja nicht in Ihre persönlichen Angelegenheiten
    mischen", sagt er, „aber stellen Sie sich mal vor, Sie führen
    heute ein zweites, ein drittes, vielleicht sogar ein viertes Mal
60 aus und Sie würden drei, vier, vielleicht gar zehn Dutzend
    Makrelen fangen ... stellen Sie sich das mal vor."
    Der Fischer nickt.
    „Sie würden", fährt der Tourist fort, „nicht nur heute, son-
    dern morgen, übermorgen, ja, an jedem günstigen Tag zwei-,
65 dreimal, vielleicht viermal ausfahren – wissen Sie, was gesche-
    hen würde?"
    Der Fischer schüttelt den Kopf.
    „Sie würden sich in spätestens einem Jahr einen Motor kaufen
    können, in zwei Jahren ein zweites Boot, in drei oder vier
70 Jahren könnten Sie vielleicht einen kleinen Kutter haben,
    mit zwei Booten oder dem Kutter würden Sie natürlich viel
    mehr fangen – eines Tages würden Sie zwei Kutter haben,
    Sie würden ...", die Begeisterung verschlägt ihm für ein paar

am Herzen liegen to be very
  concerned about
nagen to gnaw

wahrhaft actually

sich recken to stretch

sprengen to burst

knapp tersely

der Hummer,- lobster

die Makrele,-n mackerel

auf·tauen to become commu-
  nicative
dessen his
unangebracht inappropriate
rührend touching
die Kümmernis concern

der Nachdruck emphasis
verleihen to give

verschlägt ... Stimme leaves
  him speechless

Augenblicke die Stimme, „Sie würden ein kleines Kühlhaus
75 bauen, vielleicht eine Räucherei, später eine Marinadenfabrik, mit einem eigenen Hubschrauber rundfliegen, die Fisch-
schwärme ausmachen und Ihren Kuttern per Funk Anweisung
geben. Sie könnten die Lachsrechte erwerben, ein Fischre-
staurant eröffnen, den Hummer ohne Zwischenhändler direkt
80 nach Paris exportieren – und dann . . .", wieder verschlägt die
Begeisterung dem Fremden die Sprache. Kopfschüttelnd, im
tiefsten Herzen betrübt, seiner Urlaubsfreude schon fast verlustig, blickt er auf die friedlich hereinrollende Flut, in der
die ungefangenen Fische munter springen.
85 „Und dann", sagt er, aber wieder verschlägt ihm die Erregung
die Sprache. Der Fischer klopft ihm auf den Rücken, wie
einem Kind, das sich verschluckt hat. „Was dann?" fragt er
leise.
„Dann", sagt der Fremde mit stiller Begeisterung, „dann
90 könnten Sie beruhigt hier im Hafen sitzen, in der Sonne dösen
    und auf das herrlich Meer blicken. "
„Aber das tu ich ja schon jetzt", sagt der Fischer, „ich sitze
beruhigt am Hafen und döse, nur Ihr Klicken hat mich dabei
gestört. "
95 Tatsächlich zog der solcherlei belehrte Tourist nachdenklich
von dannen, denn früher hatte er auch einmal geglaubt, er ar-
beite, um eines Tages einmal nicht mehr arbeiten zu müssen,
und es blieb keine Spur von Mitleid mit dem ärmlich geklei-
deten Fischer in ihm zurück, nur ein wenig Neid.

die Räucherei smokehouse
die Marinadenfabrik,-en cannery
der Hubschrauber,- helicopter
per ... Anweisungen directions over radio
die Lachsrechte fishing rights for salmon

betrübt saddened
seiner ... verlustig barely enjoying his vacation any more
munter merrily
die Erregung agitation

sich verschlucken to swallow the wrong way

solcherlei in such a way

von dannen ziehen (o,o) to go away

Wortschatz

die **Angelegenheit,-en** matter, business, affair

die **Arbeitsmoral** work ethic

der **Ausdruck,-̈e** expression
   der **treffende Ausdruck** the appropriate expression

aus·drücken to express

begeistert von enthusiastic, excited about

die **Begeisterung** enthusiasm

der **Blick,-e** look, glance

der **Blick auf** (*acc.*) view of

blicken auf (*acc.*) to look at

das **Boot,-e** boat

dösen to doze, drowse

drohen (*dat.*) to threaten

die **Drohung,-en** threat

eifrig eager, enthusiastic

erwerben (i,a,o) to obtain, acquire

feindselig hostile

der **Fotoapparat,-e** camera

früher at one time, in the past

die **Gelegenheit,-en** opportunity, chance; occasion
   bei Gelegenheit when there is a chance, some time

gelegentlich occasional, some time

das **Geräusch,-e** noise

geschehen (ie,a,e;ist) to happen

großartig great, impressive

günstig favorable, advantageous, convenient

der **Hafen,-̈** port, harbor

legen to lay (laid, laid), put

liegen (a,e) to lie, lay, lain; to be situated, located

das **Meer,-e** ocean

sich mischen in (*acc.*) to meddle, interfere in

das **Mitleid** pity

Mitleid haben mit   to pity, have
  compassion for
die **Mütze,-n**   cap
der **Neid auf** (*acc.*)   envy of
neidisch sein auf (*acc.*)   to be envious
  of
die **See,-n**   ocean
senken   to lower
die **Senkung,-en**   lowering
spätestens   at the latest
die **Spur,-en**   trace, sign

stören   to disturb, bother
eines Tages   some (one) day
tatsächlich   in fact, actually, believe
  it or not
der **Tourist(en)**   tourist
unterdrücken   to suppress
die **Unterdrückung,-en**   suppression
verlegen   embarrassed
die **Verlegenheit**   embarrassment
sich (*dat.*) **vor·stellen**   to imagine,
  think, envision, conceive of

Stichworte für die Diskussion

der **Wert,-e**   value
zufrieden   content, happy
kritisieren   to criticize

die **Satire,-n**   satire
sie (er) ist mir sympathisch   I like
  her (him)

Zur Diskussion

1.   Vergleichen Sie das Auftreten (*behavior*) und die Werte der zwei Männer.

2.   Welche Figur ist Ihnen sympathischer? Warum? Mit welcher Gestalt identifizieren Sie sich mehr? Auf wessen Seite scheint der Erzähler zu stehen?

3.   Was für eine Rolle spielen der Fotoapparat und das Fotografieren in der Anekdote?

Aufsatzthemen

1.   Mußestunden (*leisure hours*) - lebensnotwendig oder verschwendete (*wasted*) Zeit? Wie verbringen Sie Ihre Mußestunden? Was bedeuten Sie Ihnen?

2.   So stelle ich mir das Alltagsleben des Touristen vor. Beschreiben Sie einen typischen Tagesablauf.

3.   Beschreiben Sie ein ungewöhnliches Erlebnis in einem fremden Land oder an einem Ferienort.

I. Grammatisches

A. Adjective endings

When an adjective functions as the attribute of a noun, it must take an ending, either secondary (weak) or primary (strong). Adjectives that follow **der**-words (**der, die, das, dies-, jed-, welch-, solch-, jen-**) and **ein**-words (**ein, kein,** and possessive adjectives) that are used with an ending end either in **-en** or **-e**. These adjective endings are called secondary endings and are as follows:

	Masculine	Neuter	Feminine	Plural
Nominative	-e	-e	-e	-en
Accusative	-en	-e	-e	-en
Dative	-en	-en	-en	-en
Genitive	-en	-en	-en	-en

Der dösen**e** Fischer liegt in seinem Boot.

Sie hat sich einen neu**en** Fotoapparat gekauft.

Er hat keine gut**en** Erinnerungen daran.

Primary (strong) endings are used when the adjective is not preceded by a **der**-
or **ein**-word, or if it is preceded by an **ein**-word without an ending. Note that
-er of **unser** and **euer** is part of the stem; it is not an ending. The primary
adjective endings are as follows:

	Masculine	Neuter	Feminine	Plural
Nominative	-er	-es	-e	-e
Accusative	-en	-es	-e	-e
Dative	-em	-em	-er	-en
Genitive	-en	-en	-er	-er

Bei schön**em** Wetter fahren die Fischer zweimal aus.

Der Tourist sprach mit groß**er** Begeisterung.

Du hast ein schön**es** Bild gemacht.

Das waren wunderbar**e** Tage.

Setzen Sie die Endungen ein.

1. In einem klein＿＿ Hafen liegt ein ärmlich gekleidet＿＿ Fischer in
   seinem schwarz＿＿ Boot.

2. Ein eifrig＿＿ Tourist fotografiert das idyllisch＿＿ Bild: blau＿＿
   (*nom.*) Himmel, grün＿＿ (*nom.*) See, schwarz＿＿ (*nom.*) Boot.

3. Das feindselig＿＿ Geräusch weckt den dösend＿＿ Fischer.

4. Bevor er die teur＿＿ Zigaretten gefunden hat, gibt es ein viert＿＿
   Klick.

5. Eine gereizt＿＿ Verlegenheit ist entstanden.

6. Sein besorgt＿＿ Gesichtsausdruck erscheint ihm als ein Ausdruck
   rührend＿＿ (*gen.*) Interesses (*n.*).

7. Der Fischer möchte die Seele des betrübt＿＿ Touristen erleichtern.

8. Mit wenig＿＿, doch freundlich＿＿ Worten macht der Fischer dem
   Touristen klar, daß er bereits glücklich und zufrieden ist.

9. Auf einmal hat er kein groß＿＿ Mitleid mehr mit dem zufrieden
   ＿＿ Mann.

10. Er ist fast ein wenig neidisch auf das erfüllt_____ Leben des Fischers.

11. Eines schön_____ Tages möchte er auch mal so glücklich sein.

12. Wir lesen am liebsten lustig_____ Geschichten.

B. Adjectives that drop the final e

Adjectives ending in **-el** and **-er** drop the **-e** if an attributive ending is added.

In diesem **dunklen** Zimmer möchte ich nicht wohnen.
Sie hat sich ein **teures** Auto gekauft.

Setzen Sie die Adjektive ein.

1. Er hat _____Gründe. (**plausibel**)

2. Sie ißt _____Gurken (*pickles*) für ihr Leben gern. (**sauer**)

3. _____ Menschen kaufen sich gerne _____ Klei-
dung. (**eitel** [*vain*]; **teuer**)

C. Indefinite adjectives

Frequently used indefinite adjectives are:

viele   many
wenige   few
andere   other
einige   some
mehrere   several
manche   some
einzelne   some, a few

An indefinite adjective which has no **der-** or **ein-**word preceding it uses a
primary adjective ending in the plural. The adjective following it takes the
same ending. (Although the adjective following **manch-** may in some instances
take a secondary ending, it is best to regularly use a primary ending).

Wenige amerikanische Touristen kennen diese Gegend.
Sie hat **einige** hübsche Sachen mitgebracht.
Das haben wir von **mehreren** informierten Gästen gehört.
Das Leben **mancher** reicher Leute ist gar nicht so schön.

When the indefinite adjective is preceded by a definite article or by an **ein-**word
with an ending, the indefinite adjective and the following attributive adjective
take a secondary ending (**-e** or **-en**).

Die **vielen** erstaunten Gäste hörten ihr aufmerksam zu.
Ihre **wenigen** kurzen Bemerkungen waren interessant.

If **viel** or **wenig** are not preceded by a **der-** or **ein** word in the singular, they are undeclined. **Vielen Dank** is an exception.

> Wir haben **viel** Zeit verloren.
> Er hat **wenig** Erfahrung in solchen Sachen.

Setzen Sie die Endungen ein oder ein X, wo keine Endung erforderlich ist.

1. Am besten gefielen uns dort die viel_____ gemütlich_____ Gaststätten.

2. Dort haben wir uns mit mehrer_____ freundlich_____ Leuten unterhalten.

3. Für einig_____ unserer Probleme hatten sie nicht viel_____ Verständnis (*n.*).

4. Von ander_____ müd_____ Reisenden haben wir dasselbe gehört.

5. Wir haben nur wenig_____ Zeit.

6. Die Fotos einzeln_____ begeistert_____ Touristen waren sehr schön.

D. alle

All(-) is a **der**-word, but it is frequently used without an ending. When it is followed by a **der-** or **ein**-word, it is always used without an ending in the singular and frequently used without an ending in the plural. The case of the **der-** or **ein**-word is unaffected by the presence of **all(-)**.

> **Alle** ehrlichen Menschen würden so handeln.
> Ich habe **all** meine kostbare Zeit verschwendet.
> Wo sind **all**(e) unsre neuen Fotos?
> Wir haben mit **all**(en) diesen interessanten Leuten gesprochen.

Setzen Sie die Endungen ein. Wo keine Endung erforderlich ist, setzen Sie ein X; wo man die Wahl (*choice*) hat, setzen Sie die Endung in Klammern (*parentheses*).

1. Ich finde all_____ ihr_____ neu_____ Ideen gut.

2. Sie sind mit all_____ dies_____ hübsch_____ Sachen zufrieden.

3. All_____ die Arbeit ist noch heute zu tun.

4. All_____ unsr_____ gut_____ Freunde wissen es schon.

E. ein-words used as pronouns

Ein-words used as pronouns require primary endings in the three instances where they do not take endings when modifying a noun. The **-e** of the neuter forms is frequently omitted in spoken German.

Keiner scheint das zu wissen. Aber **einer** muß es doch wissen.
Wenn du keinen Wagen hast, nimm doch **meinen**.

Vervollständigen Sie die Sätze

1. Ich habe mein Buch vergessen. Darf ich dein_____ benutzen?

2. Wenn ein_____ das nicht will, dann braucht er das nicht zu tun.

3. Hast du dir ein neues Regal gekauft? Ich brauche auch ein_____.

F.   Adjectival nouns

Adjectives are frequently used as nouns. They are capitalized and declined like attributive adjectives.

Der (**die**) **Alte** döste in der Sonne.
The old man (woman) dozed in the sun.

Sowohl **Arme** als auch **Reiche** erleben das.
Both the rich and the poor experience that.

When an adjective refers to a noun that is understood, the adjective is not capitalized.

Welche Schuhe soll ich kaufen? Die **braunen** oder die **schwarzen**?

A number of adjectives as well as participles used as adjectives have come to be thought of as nouns. Nevertheless, they take adjective endings. Some frequently used adjectival nouns are listed below.

der (ein) **Angehörige**(**r**)   relative, next of kin
der (ein) **Angestellte**(**r**)   employee, white-collar worker
der (ein) **Arbeitslose**(**r**)   unemployed (person)
der (ein) **Beamte**(**r**)   official
der (ein) **Bekannte**(**r**)   acquaintance
der (ein) **Deutsche**(**r**)   German (person)
der (ein) **Erwachsene**(**r**)   adult
der (ein) **Fremde**(**r**)   stranger, foreigner
der (ein) **Geliebte**(**r**)   lover
der (ein) **Gefangene**(**r**)   prisoner
der (ein) **Jugendliche**(**r**)   young person; (*pl.*) young people
der (ein) **Kranke**(**r**)   sick (person)
der (ein) **Reisende**(**r**)   traveler
der (ein) **Tote**(**r**)   dead (person)
der (ein) **Verwandte**(**r**)   relative
der (ein) **Vorgesetzte**(**r**)   superior, boss
der (ein) **Vorsitzende**(**r**)   chairperson, president

The corresponding feminine forms are **die** (**eine**) **Angehörige**, etc. The feminine form of **der Beamte** in an exception; it is **die Beamtin,-nen**.

Ein Deutscher (eine Deutsche) war gestern bei uns.

Die Angestellten haben mit ihrer **Vorgesetzten** gesprochen.

Jugendlichen unter achtzehn ist der Eintritt verboten.

Some adjectival nouns occur in set phrases and are not capitalized.

bei weitem   by far
im allgemeinen   in general
im großen und ganzen   by and large

Adjectives following the words **etwas, nichts, viel,** and **wenig** are neuter adjectival nouns. Hence, they are capitalized and take primary neuter endings. The adjectives following these words usually refer to things or concepts.

Sie haben etwas **Wichtiges** entdeckt.

Er tut viel **Gutes.**

Sie ist mit nichts **Neuem** zurückgekehrt.

Since **all-** takes **der-**word endings, the adjectival noun following **alles** takes secondary endings.

Ich wünsche Ihnen **alles Gute.**

When the adjective **ander-** follows one of these words, it is not capitalized. In fact, no form of **ander-** is capitalized. Be sure not to omit the **-e** of the adjective ending **-es** when using **ander-** as an adjectival noun. The form **anders** is a predicate adjective or an adverb.

Bitte zeigen Sie mir **etwas anderes.**

In German, adjectives are frequently used as neuter adjectival nouns.

Das Schöne (Gute, Interessante, Komische, etc.) daran ist, daß ...
The beautiful (good, interesting, strange) thing about that is that ...

Das Beste kommt noch.
The best (thing) is yet to come.

Bilden Sie Sätze in der angegebenen Zeitform.   Jeder Satz soll ein Adjektivnomen enthalten.

1.   wir / hören / nichts / neu (Perfekt)

2.   ich / tun / mein / best- (Perfekt)

3.   ein / bekannt / schenken / mir / das (Vergangenheit)

4.   das / teuerst- / gefallen / uns / immer / am besten (Präsens)

5.   sie / sprechen / mit / ander- / reisend- (Vergangenheit)

6.   ich / erzählen / das / interessantest- / noch gar nicht (Perfekt)

7. sie (*sg.*) / sein / vorsitzend- (Präsens)

8. er / finden / nicht / das / gesucht // aber / er / finden / etwas / ander- (Vergangenheit)

9. eine / amerikanisch / verwandt / uns / besuchen (Perfekt)

10. ihr Mann / sein / deutsch // aber / sie / sein / nicht / deutsch (Präsens)

G. Noun endings in the dative plural

Nouns add **-n** in the dative plural unless the noun already ends in **-n**.

Einige Fischer saßen am Meer. Wir sprachen mit den Fischer**n**.

Bilden Sie Sätze in der angegebenen Zeitform.

1. wir / haben / Mitleid / mit / dies- / Kinder (Präsens)

2. er / sein / begeistert / von / einig- / Bilder (Vergangenheit)

3. welch- / Leute / zeigen / du / es? (Perfekt)

4. sie (*sg.*) / sagen / es / nur / ihr- / best- / Freunde (Perfekt)

II. Das passende Wort

A. To put: legen, stellen, setzen, stecken

Legen, **stellen**, and **setzen** are weak, transitive verbs. They must not be confused with the strong, intransitive verbs **liegen**, **lag**, **gelegen** (lie, lay, lain); **stehen**, **stand**, **gestanden**; and **sitzen**, **saß**, **gesessen**. If a prepositional phrase is used with these verbs, the transitive verbs **legen**, **stellen**, **setzen**, and **stecken** require the accusative (wohin?), and the intransitive verbs **liegen**, **stehen**, and **sitzen** require the dative (wo?) with two-way prepositions.

legen: to put (down), lay flat

Ich habe die Karte auf den Tisch **gelegt**.

Soll ich die Löffel in die Schublade **legen**?

Leg die Zeitung bitte neben die Lampe.

Er **legte** die Mäntel auf das Bett.

stellen: to put, place upright or on its broadest base

Sie hat das Buch ins Regal **gestellt**.

Stell das Glass (den Teller) bitte neben die Flasche.

Wohin soll ich mein Fahrrad **stellen**?

setzen: to put, set

> **Setz** die Kleine doch auf den Kinderstuhl.
>
> Ich habe den Topf schon auf den Herd **gesetzt**.

stecken: to put, stick

> Dann **steckte** sie das Buch wieder in die Tasche.
>
> Vielleicht hast du den Brief zwischen die Bücher **gesteckt**.

Vervollständigen Sie die Sätze.

1. Hast du das Buch wieder in d＿＿ Regal ＿＿＿＿＿＿＿? Ja, es ＿＿＿＿＿＿＿ wieder im Regal.

2. Peter, ＿＿＿＿＿＿＿ die Löffel doch noch auf d＿＿ Tisch.

3. Wohin hast du die Tasse ＿＿＿＿＿＿＿?

4. Soll ich den Brief in d＿＿ Briefkasten (*m.*)＿＿＿＿＿＿＿?

5. ＿＿＿＿＿＿＿ den Wagen bitte in d＿＿ Garage (*f.*).

6. Sie ＿＿＿＿＿＿＿ die Hände immer in d＿＿ Hosentaschen.

7. Er hat die Mütze neben d＿＿ Mantel ＿＿＿＿＿＿＿.

8. Deine Jacke ＿＿＿＿＿＿＿ auf d＿＿ Stuhl da.

B. To feel: **fühlen**, **sich fühlen**, and other equivalents

fühlen: to feel through one's senses or to feel an emotion

> Sie **fühlte** die Kälte.
>
> Er **fühlt** Liebe für sie.

sich fühlen: to find oneself in a certain emotional or physical state

> Ich **fühle mich** großartig.
>
> Sie **fühlt sich** nicht wohl.

Fühlen must not be used to express a belief or an opinion. Note the various equivalents.

> Wir **finden** (**meinen**, **glauben**) das auch.
> We feel the same way.

> Was **halten** Sie **von** ihm (**davon**)?
> How do you feel about him (that)?

The equivalent of the idiom *I* (*don't*) *feel like* is (**keine**) **Lust haben**.

Wir **haben** große **Lust** mitzukommen.
We really feel like coming along.

Ich **habe** heute **keine Lust** zu arbeiten.
I don't feel like working today.

Auf deutsch.

1.   I feel sad.

2.   How do you feel about that?

3.   Does he feel like doing that?

4.   We feel that is a good opportunity.

5.   She feels the same way.

6.   Do you feel better?

C.   To imagine: **sich vorstellen, sich einbilden**

sich (*dat.*) **vor·stellen**: to imagine, picture, envision

Ich kann **mir** das gut (schlecht) **vorstellen.**

Wie **stellen** Sie **sich** die Sache **vor**?

Ihr könnt **euch** nicht **vorstellen**, wie enttäuscht wir sind!

Note that **sich vorstellen** used with the reflexive pronoun in the accusative
means *to introduce oneself.*

Hast du **dich** schon **vorgestellt?**

sich (*dat.*) **ein·bilden**: to imagine falsely, be under an illusion

Vielleicht stimmt das alles gar nicht. Wir **bilden** es **uns** wahrscheinlich
nur **ein.**

Sie **bildet sich ein**, alles besser zu wissen als wir.

Auf deutsch.

1.   The doctor thought that I imagined it all.

2.   How do you imagine the future (**die Zukunft**)?

3.   I would like to introduce myself.

4.   He is just imagining that.

5.   I cannot imagine that!

D.　The particle (ein)mal

Particles, such as **(ein)mal**, **ja**, **denn**, **doch**, etc. are used very frequently in spoken German. They express an attitude toward the utterance, such as casual interest, surprise, irritation, etc. Most particles follow the inflected verb and unstressed elements, such as pronouns and unstressed nouns. They precede stressed nouns.

When **einmal** (or the more colloquial **mal**) functions as an adverb, it means *once*. **Noch (ein)mal** means *once more* or *again*. Used as a particle, **(ein)mal** gives assertions and requests a more casual note. It often means *just, for a second (moment, minute)*. In requests, it is frequently used with the particle **doch**.

> Wir wollen **mal** sehen, was er dazu sagt.
> Let's just see what he has to say about it.

> Ich schau' **mal** nach.
> I'll quickly check. It'll take but a second.

> Komm **doch mal** her.
> Why don't you come here for a second?

Nun mal implies resigned acceptance of things as they are.

> Das ist **nun mal** so.
> That's the way things are.

> Es ist **nun mal** heiß hier im Sommer.
> We just have to accept the fact that it is hot here in summer.

Früher (ein)mal + verb is the equivalent of *used to* + infinitive.

> **Früher** hatte er das auch **(ein)mal** geglaubt.
> He used to think that too.

Setzen Sie **(ein)mal** oder **nun (ein)mal** ein, und geben Sie anschließend die Bedeutung des Satzes auf englisch.

1.　Ich werde es versuchen.

2.　Frag ihn, ob er dazu Lust hat.

3.　Sie ist leicht neidisch, da können wir nichts machen.

4.　Kommt doch vorbei (*over*).

E.　The particle ja

Used as a particle, **ja** means (*as*) *you know, don't you know, don't forget*, or *but*.

Du weißt **ja**, daß ich krank war.
As you know, I was sick.

Aber das tu' ich **ja** schon.
I am already doing that, you know.

The particle **doch** is frequently used in place of **ja**. **Doch** often adds a note of impatience or irritation.

Du weißt **doch**, daß ich krank war.

Aber das tu' ich **doch** schon.

Ja is frequently added to a statement to heighten the emotional flavor.

Das klingt **ja** großartig!
That really sounds great.

Das ist **ja** schrecklich!
That is just terrible.

Setzen Sie **ja** ein, und geben Sie anschließend die Bedeutung des Satzes auf englisch.

1. Das klingt gut!

2. Die Stadt liegt am Meer.

3. Ich will mich nicht in ihre Angelegenheiten mischen.

4. Sie ist Ärztin.

5. Er wohnt in Düsseldorf.

III. Wiederholungsübungen

A. Setzen Sie die in Klammern stehenden Wörter in ihrer richtigen Form ein. In manchen Sätzen ist ein bestimmter oder unbestimmter Artikel hinzuzufügen.

1. Wir haben _____großes_____ Mitleid mit _____ _____
    _____. (groß, viel, Arbeitslos-)

2. _____ _____ (*m.*) war begeistert von _____
    _____ Plan (*m.*). (unser, Vorgesetzt-, neu)

3. Katrin ist bei _____ _____ _____. (weit,
    Intelligentest-)

4. Sie steckte die Karte wieder in _____ _____
    Handtasche. (ihr, braun)

5. Im _____ und _____ sind sie zufrieden. (groß,
    ganz)

6. Ich habe _____ Gelegenheit, mich mit ihnen zu treffen. (wenig)

7. Wir saßen lange an _____ _____ Meer und blickten auf _____ _____ Wellen (*waves*). (unser, geliebt, blau)

8. Ich will mich ja nicht in _____ _____ Angelegenheiten mischen. (Ihr, persönlich)

9. Sag es ihr doch mal bei _____ Gelegenheit. (passend)

10. All _____ _____ Geld macht sie nicht glücklich. (ihr, viel)

B. Setzen Sie die fehlenden Präpositionen ein bzw. die Zusammenziehungen von Artikel und Präposition.

1. _____ Gelegenheit will ich dir das mal erklären.

2. Wir waren begeistert _____ dem Städtchen.

3. Danach hatte er kein Mitleid mehr _____ dem Fischer.

4. _____ allgemeinen gefällt es uns hier.

5. Von dort aus hat man einen herrlichen Blick _____ das Meer.

6. Was hältst du da-_____?

7. Er mischt sich immer _____ meine Angelegenheiten.

8. Wir sind ein wenig neidisch _____ sie.

9. Denkt mal _____ unsere Arbeitsmoral nach.

10. _____ großen und ganzen finde ich das sehr günstig.

C. Vervollständigen Sie die Sätze.

1. Früher haben wir uns das auch _____ gewünscht.

2. Ich kann _____ nicht vorstellen, daß sie es so gemeint hat.

3. Ich habe keinen Bleistift. Hast du noch ein-_____?

4. Stellt euch das mal _____!

5. Das ist ja etwas ganz ander-_____.

6. Ich fühle _____ richtig wohl bei euch.

7. _____ Tages wirst du das verstehen.

8. Diese Leute sind nun _____ so. Da kann man nichts machen.

9. Sicherlich bildest du _____ das nur ein.

10. _____ ihr Lust, ins Kino zugehen?

D. Auf deutsch.

1. I feel great.

2. Did you notice that the German man was embarrassed?

3. They used to live on the same street.

4. She doesn't envy him. On the contrary, she pities him.

5. I don't feel like lying in the sun.

6. We saw something impressive.

7. She did not have much time. Therefore she went home early.

8. Believe it or not, it happened again.

9. You are just (**nur**) imagining that, Hans.

10. We feel this is a good opportunity to discuss (**besprechen**) the matter.

E. Ersetzen Sie das kursiv Gedruckte durch sinnverwandte Ausdrücke, und machen Sie die erforderlichen Änderungen.

1. *Einzelne* Sachen gefielen uns sehr.

2. Ich *habe keine Lust*, ans Meer zu fahren.

3. Du hast es *doch* gehört.

4. Das ist seine *Sache*.

5. Was für eine *wunderbare* Idee!

6. *Das Meer* war herrlich blau.

7. Ich *meine*, das ist nicht so wichtig.

8. Haben Sie *Angehörige*?

9. Wo *ist* der Hafen?

10. Ich werde es dir mal *bei Gelegenheit* zeigen.

Chapter 3

Ilse Aichinger (b. 1921), one of Austria's finest contemporary writers, has been awarded numerous literary prizes. In "Das Fenster-Theater," she develops several of her major themes: isolation, communication, and play. A woman chances upon a novel spectacle that both fascinates and scares her. Thanks to a change of perspective she arrives at a fuller understanding of the scene before her.

Das Fenster-Theater
Ilse Aichinger

Die Frau lehnte am Fenster und sah hinüber. Der Wind trieb in leichten Stößen vom Fluß herauf und brachte nichts Neues. Die Frau hatte den starren Blick neugieriger Leute, die unersättlich sind. Es hatte ihr noch niemand den Gefallen
5 getan, vor ihrem Haus niedergefahren zu werden. Außerdem wohnte sie im vorletzten Stock, die Straße lag zu tief unten. Der Lärm rauschte nur mehr leicht herauf. Alles lag zu tief unten. Als sie sich eben vom Fenster abwenden wollte, bemerkte sie, daß der Alte gegenüber Licht angedreht hatte. Da
10 es noch ganz hell war, blieb dieses Licht für sich und machte den merkwürdigen Eindruck, den aufflammende Straßenlaternen unter der Sonne machen. Als hätte einer an seinen Fenstern die Kerzen angesteckt, noch ehe die Prozession die Kirche verlassen hat.[1] Die Frau blieb am Fenster.
15 Der Alte öffnete und nickte herüber. Meint er mich? dachte die Frau. Die Wohnung über ihr stand leer und unterhalb lag eine Werkstatt, die um diese Zeit schon geschlossen war. Sie bewegte leicht den Kopf. Der Alte nickte wieder. Er griff sich an die Stirne, entdeckte, daß er keinen Hut aufhatte und
20 verschwand im Innern des Zimmers. Gleich darauf kam er in Hut und Mantel wieder. Er zog den Hut und lächelte. Dann nahm er ein weißes Tuch aus der Tasche und begann zu winken. Erst leicht und dann immer eifriger. Er hing über die Brüstung, daß man Angst
25 bekam, er würde vornüberfallen. Die Frau trat einen Schritt

---

der ... herauf there was a light breeze coming up from the river

unersättlich insatiable

rauschte ... herauf was muffled up here

blieb ... sich this was the only light burning
aufflammende Straßenlaternen streetlights just coming on

die Werkstatt workshop
sich greifen an to touch

darauf afterwards

die Brüstung,-en window ledge

[1] In Austria, candles are placed on window sills during processions celebrating certain religious holidays.

zurück, aber das schien ihn nur zu bestärken. Er ließ das
Tuch fallen, löste seinen Schal vom Hals – einen großen bun-
ten Schal – und ließ ihn aus dem Fenster wehen. Dazu lächelte
er. Und als sie noch einen weiteren Schritt zurücktrat, warf

30   er den Hut mit einer heftigen Bewegung ab und wand den
Schal wie einen Turban um seinen Kopf. Dann kreuzte er
die Arme über der Brust und verneigte sich. Sooft er auf-
sah, kniff er das linke Auge zu, als herrschte zwischen ihnen ein geheimes Einverständnis. Das bereitete ihr so lange

35   Vergnügen, bis sie plötzlich nur mehr seine Beine in dünnen,
geflickten Samthosen in die Luft ragen sah. Er stand auf dem
Kopf. Als sein Gesicht gerötet, erhitzt und freundlich wieder
auftauchte, hatte sie schon die Polizei verständigt.
Und während er, in ein Leintuch gehüllt, abwechselnd an

40   beiden Fenstern erschien, unterschied sie schon drei Gassen
weiter über dem Geklingel der Straßenbahnen und dem ge-
dämpften Lärm der Stadt das Hupen des Überfallautos. Denn
ihre Erklärung hatte nicht sehr klar und ihre Stimme er-
regt geklungen. Der alte Mann lachte jetzt, so daß sich

45   sein Gesicht in tiefe Falten legte, streifte dann mit einer
vagen Gebärde darüber, wurde ernst, schien das Lachen eine
Sekunde lang in der hohlen Hand zu halten und warf es dann
hinüber. Erst als der Wagen schon um die Ecke bog, gelang
es der Frau, sich von seinem Anblick loszureißen.

50   Sie kam atemlos unten an. Eine Menschenmenge hatte sich
um den Polizeiwagen gesammelt. Die Polizisten waren abge-
sprungen, und die Menge kam hinter ihnen und der Frau her.
Sobald man die Leute zu verscheuchen suchte, erklärten sie
einstimmig, in diesem Hause zu wohnen. Einige davon kamen

55   bis zum letzten Stock mit. Von den Stufen beobachteten sie,
wie die Männer, nachdem ihr Klopfen vergeblich blieb und die
Glocke allem Anschein nach nicht funktionierte, die Tür auf-
brachen. Sie arbeiteten schnell und mit einer Sicherheit, von
der jeder Einbrecher lernen konnte. Auch in dem Vorraum,

60   dessen Fenster auf den Hof sahen, zögerten sie nicht eine
Sekunde. Zwei von ihnen zogen die Stiefel aus und schlichen
um die Ecke. Es war inzwischen finster geworden. Sie stießen
an einen Kleiderständer, gewahrten den Lichtschein am Ende
des schmalen Ganges und gingen ihm nach. Die Frau schlich

65   hinter ihnen her.
Als die Tür aufflog, stand der alte Mann mit dem Rücken zu
ihnen gewandt, noch immer am Fenster. Er hielt ein großes
weißes Kissen auf dem Kopf, das er immer wieder abnahm, als
bedeutete er jemandem, daß er schlafen wolle. Den Teppich,

70   den er vom Boden genommen hatte, trug er um die Schultern.
Da er schwerhörig war, wandte er sich auch nicht um, als die
Männer schon knapp hinter ihm standen und die Frau über
ihn hinweg in ihr eigenes finsteres Fenster sah.
Die Werkstatt unterhalb war, wie sie angenommen hatte,

bestärken to encourage

sich verneigen to bow

das Auge zu-kneifen (i,i) to wink

als herrschte as if there were

nur mehr nothing but

ragen to stick up

auf·tauchen to appear

das Leintuch, ̈-er bedsheet
gehüllt wrapped

das Hupen honking

streifen to brush over

die Gebärde,-n gesture

hohl cupped

biegen (o,o) to turn

verscheuchen to disperse

ihr ... blieb knocking in vain

stoßen an (ö,ie,o) to bump into
gewahren to notice

bedeuten to indicate

knapp closely

75   geschlossen. Aber in die Wohnung oberhalb mußte eine neue
Partei eingezogen sein. An eines der erleuchteten Fenster war
ein Gitterbett geschoben, in dem aufrecht ein kleiner Kna-
be stand. Auch er trug sein Kissen auf dem Kopf und die
Bettdecke um die Schultern. Er sprang und winkte herüber

80   und krähte vor Jubel. Er lachte, strich mit der Hand über
das Gesicht, wurde ernst und schien das Lachen eine Sekunde
lang in der hohlen Hand zu halten. Dann warf er es mit aller
Kraft den Wachleuten ins Gesicht.

> **schieben (o,o)** to push
>
> **krähte vor Jubel** was squeal-
> ing with delight
>
> **Wachleute** policemen

Wortschatz

der **Anblick** sight

die **Angst,-̈e** fear, anxiety

Angst bekommen to get scared

Angst haben vor (*dat.*) to be afraid
of

    vor Angst out of fear

die **Annahme,-n** assumption

**an·nehmen (nimmt an, nahm an,
angenommen)** to assume, suppose; accept

der **Anschein** appearance

    es hat den Anschein, als ob it
appears as if

    allem Anschein nach appar-
ently

anscheinend apparently

beobachten to observe, watch

die **Beobachtung,-en** observation

der **Eindruck,-̈e** impression

    beeindruckt sein von to be
impressed by

    einen Eindruck machen auf
(*acc.*) to make an impression on

ein·ziehen (zog ein, eingezogen;ist)
to move in

die **Ecke,-n** corner

entdecken to discover

die **Entdeckung,-en** discovery

erst als not until

finster dark

der **Gefallen,-** favor

gelingen (a,u;ist) (*dat.*) to succeed,
be successful, manage

es ist mir gelungen, ... zu +
infinitive I succeeded in +
verb + -*ing*

das **Kissen,-** pillow

der **Klang,-̈e** sound

klingen (a,u) to sound

der **Lärm** noise, din

lehnen an (*dat.*) to be leaning
against

die **Menge,-n** crowd

eine Menge lots, plenty of

merkwürdig strange, odd, peculiar

die **Polizei** (*sg.*) police

der **Polizist(en)** policeman

sobald as soon as

sooft whenever

der **Stock,** *pl.* **die Stockwerke** floor,
story

    im zweiten Stock wohnen to
live on the *third* floor

das **Vergnügen,-** pleasure, enjoyment, fun

Vergnügen machen (bereiten) (*dat.*)
to give pleasure, enjoy

    das macht mir kein Vergnügen
I don't enjoy it

verlassen (ä,ie,a) to leave, depart

verschwinden (a,u;ist) to disappear

verständigen to inform, notify

wenden (wandte, gewandt) to turn

    **sich ab·wenden (wandte ab,
abgewandt)** to turn away
from

zögern to hesitate

Stichworte für die Diskussion

unterhalten (ä,ie,a) to entertain
sensationslüstern sensation-seeking
übertrieben reagieren auf (*acc.*) to
 overreact to

voreilig urteilen to be rash in one's
 judgement
die **Perspektive,-n** perspective

Zur Diskussion

1. Wie stellen Sie sich das Leben der Frau vor?

2. Aus wessen Perspektive stammt die Feststellung (*observation*): „Die Wohnung über ihr stand leer und unterhalb lag eine Werkstatt, die um diese Zeit schon geschlossen war"? Was lernen wir aus dieser Geschichte über die Notwendigkeit, die Dinge aus verschiedenen Perspektiven zu betrachten?

3. Wie gebraucht Aichinger die Motive von Licht und Dunkel?

4. Wie interpretieren Sie die Geste (*gesture*) des Kleinen am Ende der Erzählung? Inwiefern entwaffnet (*disarm*) der Junge die Polizisten und Menschen wie die Frau?

5. Besprechen Sie die Funktion der Theater-Metapher. Wie und warum wird hier Theater gespielt? Beachten Sie den Doppelsinn der Wörter „Theater" und „Zuschauer." Welche Rolle spielt die Redensart „ein großes Theater um etwas machen" (*to make a great to-do about*)? Inwiefern ist die Frau im doppelten Sinne Zuschauerin (*member of the audience, onlooker*)?

Aufsatzthemen

1. Interpretieren Sie die Geschichte.

2. Gehen Sie auf #5 der Diskussionsthemen näher ein.

3. Beschreiben Sie eine glückliche Beziehung von einem Kind zu einem alten Menschen.

I.   Grammatisches

A. The uses of the present, past, and perfect

The present, past, and perfect tenses are not always used identically in German and English. In German, the present is used when speaking about a situation or an event that began in the past and is continuing into the present.

> Wir **warten** schon seit einer Stunde.
> We have been waiting for an hour.

When discussing a literary text, the present is required. However, when a story is being retold, not interpreted, the past is used.

Im „Fenster-Theater" **wird** die Einsamkeit eines Menschen dargestellt. Am Ende der Geschichte **erkennt** die Frau, daß nur sie ihrem Leben einen Sinn geben kann.

The past and the past perfect are used for narration, as Aichinger's story illustrates.

The past forms of **sein, haben,** and the modals are usually preferred in conversational situations in which past events are described in the perfect.

Wir haben dich gestern abend vermisst. Wo **warst** du denn? Ich **hatte** einfach keine Zeit. Ich **mußte** arbeiten.

The perfect is used in conversation and in letter-writing to refer to events that occurred prior to the moment of speaking. English normally uses the past in such situations.

Sie **hat** letztes Jahr in Wien **studiert.**

Davon **habe** ich Dir doch schon **geschrieben,** nicht wahr?

Auf deutsch.

1. We've been studying (**lernen**) German for three years.

2. Did he really disappear?

3. They've been living in the third story for several months now.

4. She made a good impression on us.

5. I have been waiting for an hour.

6. He was not able to do me that favor.

B. Dependent clauses

Dependent clauses are introduced by subordinating conjunctions. They are set off by commas. Frequently used subordinating conjunctions are:

als   when
als ob   as if
bevor   before
bis   until
da   since (in the causal sense), as
damit   so that
daß   that
ehe   before
falls   in case
nachdem   after
obgleich   although
obwohl   although

seitdem   since, ever since
sobald   as soon as
solange   as long as
sooft   whenever, every time (that)
soweit   as far as
während   while
weil   because
wenn   when, if

Dependent clauses can also be introduced by interrogative words when these function as subordinating conjunctions in indirect questions.

Sie wußten nicht, **wann** (**wie**, **warum**, etc.) er es getan hatte.

The inflected verb of the dependent clause is placed at the very end of the clause.

Die Frau stand am Fenster, weil der Alte sie **unterhielt**.

There is one exception to the rule of the inflected verb in last position. When there is a double infinitive construction, the inflected verb precedes the double infinitive and the complete predicate.

Ich weiß, daß ich ihnen **hätte** schreiben sollen.
Wenn wir doch nur **hätten** nach Hause gehen können.

A dependent clause may follow or precede the main clause. When it precedes the main clause, it functions as the first element and is followed by the inflected verb of the main clause.

Weil sie vom Alten beeindruckt **war**, **blieb** sie am Fenster stehen.

Normally, **daß** is not immediately followed by another subordinating conjunction. Instead, the entire **daß**-clause should precede the second dependent clause.

Sie sah, **daß** eine Menschenmenge wartete, **als** die Polizei ankam.

Ändern Sie die Satzpaare in Haupt- und Nebensatz um. Verwenden Sie die angegebenen Konjunktionen.

1. (*because*) Der Alte hat einen merkwürdigen Eindruck auf sie gemacht. Sie hat die Polizei verständigt.

2. Es überrascht einen. (*that*) Sie verständigt die Polizei.

3. (*as far as*) Sie wußte es. Keiner wohnte im oberen Stock. (Omit **es**.)

4. Sie verstand es nicht. (*why*) Er lächelte immer. (Omit **es**.)

5. (*as soon as*) Seine Beine ragten in die Luft. Sie bekam Angst.

6. Sie wartete am Fenster. (*until*) Der Polizeiwagen erschien.

7. (*although*) Der Alte wohnte im vierten Stock. Einige folgten den Polizisten.

8. (*since*) Sie hatte keinen Kontakt mit den Nachbarn. Sie konnte nicht wissen, daß oben eine Familie eingezogen war.

C. When: **als, wenn, wann**

The subordinating conjunction **als** introduces dependent clauses referring to one single event or situation in the past. **Als** can only be used for *when* if it can be replaced by *at the time when* followed by the past tense. The time referred to may be a point in past time or an extended, uninterrupted period of past time. **Als** is generally used with the past tense instead of the present perfect.

> **Als** sie den Polizeiwagen **hörte**, lief die Frau hinunter.

> **Als** wir in Wien **wohnten**, sind wir oft in die Oper gegangen.

Wenn corresponds to *when* in the sense of *whenever*. German never omits this conjunction when it is used together with **immer** or **jedesmal**.

> **Wenn** ich meine Großmutter besuche, backt sie oft einen Kuchen.

> Immer (jedesmal) **wenn** sie aus dem Fenster schaut, hofft sie, etwas Interessantes zu sehen.

Wenn introduces clauses referring to present or future time in which *when* means *at the time when*.

> **Wenn** ich genug Geld gespart habe, kaufe ich mir ein Auto.

> Wir können sie ja mal fragen, **wenn** sie wieder da ist.

Wann introduces direct and indirect questions. **Wann** can only be used in situations where *when* can be replaced by *at what time*.

> **Wann** beginnt das Konzert?

> Ich weiß nicht, **wann** das Konzert beginnt.

Vervollständigen Sie die Sätze.

1. Können Sie mir sagen, _____ das Geschäft schließt? Um sechs.

2. _____ die Polizei ankam, waren schon viele Leute da.

3. _____ du mich nächste Woche besuchst, werde ich dir davon erzählen.

4. Wir haben uns oft getroffen, _____ sie in Berlin studierte.

5. Er sagt fast immer „nein", _____ ich ihn um etwas bitte.

D. If: **wenn, ob**

The equivalent of *if* is **wenn**, unless *if* can be replaced by *whether*, in which case **ob** must be used.

> Ich wäre Ihnen dankbar, **wenn** Sie mir diesen Gefallen täten.
>
> Sie fragte, **ob** sie es haben könnte.

A sentence beginning with *I wonder if* is frequently expressed by a dependent clause introduced by **ob**.

> **Ob** er wohl noch kommt?
> I wonder if he is still coming.

> **Ob** es schon zu spät ist?
> I wonder if it is too late.

Vervollständigen Sie die Sätze.

1. Er wollte wissen, _____ sie Angst hatte.

2. _____ es mir gelingen wird, dann werde ich sehr glücklich sein.

3. _____ sie wohl die Polizei verständigt hat?

4. _____ dir das Vergnügen macht, gehen wir bald wieder dahin.

5. Sie hat mich gefragt, _____ ich Zeit für sie hätte.

E. After, afterwards: **nachdem, nach, nachher**; before, before (that): **vor, bevor, vorher**

The words *after* and *before* have several German equivalents depending on whether they are used as subordinating conjunctions, prepositions, or adverbs.

> Subordinating conjunctions: **nachdem** (*after*); **bevor** (*before*)

> Prepositions: **nach** (*after*); **vor** (*before, ago*)

> Adverbs: **vorher** (*before*); **nachher** (*afterwards*)

Nachdem and **bevor** must be used when they introduce clauses. **Nachdem** may be used only with the present perfect and past perfect tenses. If the verb of the main clause is in the past or perfect, the verb of the dependent clause is in the past perfect. If the verb of the main clause is in the present or future tense, the verb in the dependent clause is in the perfect.

> **Nachdem** er hier **gewesen war**, ging er nach Hause.
>
> **Nachdem** ich **gelaufen bin**, fühle ich mich immer sehr wohl.

Nach dem Abendessen liest sie gewöhnlich.

Wir waren gestern abend im Kino. **Nachher** sind wir zu Peter gegangen.

Bevor sie frühstückt, läuft sie eine halbe Stunde.

Sie frühstückt gerade. **Vorher** ist sie gelaufen.

Vor dem Frühstück ist sie eine halbe Stunde gelaufen.

Auf deutsch.

1. They discovered it afterwards.

2. Before that we were at Ingrid's house.

3. I'll call you (**an-rufen**) before I leave the office (**das Büro**).

4. After a year they went back to Germany.

5. I'll do it after I have spoken with her.

6. They moved in a month ago.

F. Since: **seitdem, seit, da**

Seitdem refers to a period of time. It is used both as a subordinating conjunction (*since*) and as an adverb (*since then*). When **seitdem** refers to a continuing action, the present tense must be used.

Seitdem sie hier arbeitet, verdient sie viel mehr.
Since she has been working here, she has been earning much more.

Er ist letztes Jahr nach Bonn gezogen. **Seitdem** sehen wir uns öfters.
He moved to Bonn last year. Since then we have been seeing each other more often.

The perfect is used when *since* or *since then* refers to a past action.

Er hat erst einmal geschrieben, **seitdem** er uns besucht hat.
He has only written once since he visited us.

Sie hat eine Stelle in Kiel angenommen. **Seitdem** haben wir sie erst einmal gesehen.
She has accepted a job in Kiel. Since then we have seen her only once.

The preposition **seit** is used in time expressions and means *for* or *since*. The object of the preposition **seit** requires the dative. Frequently **schon** is added for emphasis. **Schon** may also be used without **seit**. Without the preposition, the noun following **schon** is in the accusative. Remember that the present tense must be used when referring to a continuing action.

Sie studiert (**schon**) seit drei Monaten hier.
She has been studying here for three months.

Sie studiert **schon** drei Monate hier.

The equivalent of *since* as it is used to express a causal relationship is the subordinating conjunction **da**. **Da** can also mean *as*. It has a lighter ring to it than **weil** and states the causal connection less strongly.

Da sie kein Geld hat, wird sie es nicht kaufen.
Since (as) she has no money, she will not buy it.

Er kann es nicht kaufen, **weil** ihm einfach das Geld dazu fehlt.
He cannot buy it because he simply lacks the money.

Auf deutsch.

1.   Since they have been living here, we see them often.

2.   They have been living here for a month.

3.   Since then they have been very happy.

4.   We have not seen them since they came back.

5.   Since I have no ticket (**die Karte**), I will stay home.

G.   The uses of **hin** and **her**

Hin indicates motion away and **her** motion toward the speaker. The main uses of **hin** and **her** are outlined below.

Unlike English, German differentiates between positional adverbs (**hier, wo, da,dort**) and directional adverbs (**hierher, wohin, woher, dahin, daher, dorthin, dorther**). Directional adverbs and not positional adverbs must be used when the verb expresses motion toward or away from the speaker. **Her** is primarily used with **kommen**, whereas **hin** is used with **gehen, fahren**, and other verbs which imply motion away from the speaker. **Hin** and **her** can be attached to **wo, da, dort**, etc. as a suffix, or they can stand at the end of the sentence. The separated forms are much more common in spoken German.

Bring es doch **hierher**.
Wohin geht er denn? **Wo** geht er denn **hin**?
Geh nicht **dahin** (**dorthin**)!
Wir gehen **da** (**dort**) nicht **hin**.
Woher kommt sie denn? **Wo** kommt sie denn **her**?
Sie müssen von **daher** gekommen sein.
Er fährt **überallhin** (*everywhere*).
Sie geht **überall** alleine **hin**.

Hin and **her** also function as separable prefixes of verbs of motion. **Hin** corresponds to *there* or *down* and **her** to *here*. For greater emphasis, **hierher** is used instead of **her**.

Komm mal eben **her.**

Sie sind **hierhergekommen.**

Sie fahren morgen **hin.**

Er ist **hingefallen.**

Ich **lege** mich noch eine Weile **hin.**

Hin and **her** are frequently combined with prepositions used as verbal prefixes to emphasize the direction.

Er kam aus dem Haus **heraus.**

Sie ging in das Haus **hinein.**

Er kommt gerade die Treppe **herunter.**

Note the frequent use of the verbal prefixes **hinüber-** and **herüber-** in the chapter reading.

Auf deutsch.

1. Where did he go?

2. She went into the classroom.

3. They are coming here.

4. We drove everywhere.

5. Are you going there too?

6. Where do you come from?

II. Das passende Wort

A. Another: **noch ein, ein ander-**

The equivalent of *another* in the sense of *an additional one* or *one more* is **noch ein.**

Sie trat **noch einen** Schritt zurück.

Darf ich Ihnen **noch eine** Tasse Kaffe geben?

Another in the sense of a *different (separate) one* is expressed by **ein ander-.**

Dieses Glas ist schmutzig; ich gebe Ihnen **ein anderes.**

Vervollständigen Sie die Sätze.

1. Bitte geben Sie uns _____ Beispiel. Eins genügt nicht.

2. Diesen Film kennen sie schon. Sie möchten sich _____ ansehen.

3. Das Buch hat mir so gut gefallen, daß ich _____ von derselben Autorin lesen will.

B. Strange: **merkwürdig, fremd**

merkwürdig: strange, odd, peculiar

Synonyms for **merkwürdig** are **seltsam** and **komisch** (colloquial usage).

Das Licht machte einen **merkwürdigen** Eindruck.
Das ist eine **merkwürdige (seltsame)** Angelegenheit.
Findest du das nicht auch **komisch?**

fremd: strange, foreign, alien, unfamiliar

Wenn man zuerst in ein **fremdes** Land kommt, ist alles so **fremd.**
Sie unterhielt sich mit einem **Fremden.**
Wir interessieren uns sehr für **Fremdsprachen.**

Setzen Sie das passende Wort ein.

1. Sie hat eine _____ Bemerkung gemacht.

2. Ich bin noch nicht lange in Berlin. Deshalb fühle ich mich noch sehr
_____ hier.

3. Das ist aber _____!

4. Der _____ hat uns erzählt, daß er aus Bayern stammt.

C. To leave: **lassen, verlassen,** and other equivalents

lassen (ä,ie,a): to leave, allow to remain in place, leave undisturbed

Wir **lassen** die Bücher zu Hause.
Ich habe das Buch dort **liegenlassen.**
Laß ihn doch!

verlassen: to leave, depart from

Er **verließ das Haus** um sieben.

Verlassen can only be used with a direct object. If there is no direct object,
verbs such as **gehen, weggehen, losgehen,** or **losfahren** must be used. The
prefixes **weg** and **los** are frequently used by themselves.

Ich muß jetzt **gehen.**
Sie sind schon **weggegangen (losgefahren).**
Wir wollen jetzt **weg (los).**

Auf deutsch.

1. When are you leaving the office (**das Büro**)?

2. We are leaving at nine.

3. She had already left when I got there.

4. I have to leave now.

D. To enjoy: **gern(e)** + verb, **gefallen**, **genießen**, and other equivalents

Gern(e) is an adverb that adds the meaning *to enjoy, to like to* to a verb.

Ich spiele **gern(e)** Tennis.
Siehst du dir auch **gern(e)** alte Filme an?   ? (e)
Wir sind **gern(e)** mit ihnen zusammen.

gefallen (**ä, gefiel, a**) (*dat.*): to enjoy, like

Der Film (das Buch, das Konzert, der Abend, etc.) hat mir sehr **gefallen**.

genießen (**genoß, genossen**): to enjoy intensely (tremendously)

Er **genießt** das Leben wirklich.
Wir **haben** das Wochenende richtig **genossen**.

Other equivalents of *to enjoy* are:

Es hat mich gefreut, mich mit Ihnen zu unterhalten.
I enjoyed talking to you.

Das Essen hat mir gut **geschmeckt**.
I enjoyed the meal.

Viel Vergnügen!
Enjoy yourself (yourselves)!

Auf deutsch.

1. We enjoyed the lecture (**der Vortrag**) very much.

2. Did you enjoy the soup (**die Suppe**)?

3. They didn't enjoy the movie.

4. We enjoyed the day tremendously.

5. I enjoyed meeting you.

6. He enjoys helping us.

7. Enjoy yourselves!

E. To like: **gefallen, mögen, gern(e)mögen (haben)**

gefallen (ä, gefiel, a) (*dat.*): to like, please

> Dein Kleid **gefällt** mir.
>
> Sein Freund **gefällt** uns sehr.
>
> Das **gefiel** ihnen nicht.
>
> Wie hat es euch denn in Berlin **gefallen**?

mögen (mochte, gemocht): to like, have a liking for

> Ich **mag** abstrakte Kunst.
>
> Findest du ihn nicht sympathisch? Doch, ich **mag** ihn.

Mögen used in this sense occurs primarily in negative sentences.

> Ich **mag** ihn nicht.
>
> Ich habe solche Filme nie **gemocht**.

gern(e) mögen (haben): to like, be fond of

> Er **mag** (**hat**) sie wirklich **gern(e)**.

Gerne haben is used to express *I like it when.*

> Ich **habe es gern**, wenn du mir hilfst.
>
> Sie **hat es nicht gern**, wenn wir zu spät kommen.

Auf deutsch. *oder sehen, oder hören.*

1. She does not like to read.

2. Monika likes Klaus very much.

3. I like it here.

4. We liked her right away.

5. Do you like my new car?

6. They do not like it when we leave early.

F. To have fun: **Spaß haben**; to be fun: **Spaß machen**

Spaß (*m.*) **haben**: to have fun

> Wir **haben** immer viel **Spaß** zusammen.
>
> **Habt** ihr Spaß **gehabt**?
>
> **Viel Spaß!**
> Have fun!

A synonym of **Spaß haben** is **sich amüsieren**.

> Wir haben uns auf der Party **amüsiert**.
> We had fun at the party.

> **Amüsiert euch** gut (schön)!
> Have fun!

Spaß machen (*dat.*): to be fun

> Es **macht Spaß**, sich mit ihr zu unterhalten.
> Das **macht** viel (großen) **Spaß**.
> Das Ganze hat mir überhaupt keinen **Spaß gemacht**.

As the equivalent of *to be fun*, **Spaß machen** can only be used with an impersonal subject. When the subject is a person, **Spaß machen** means *to joke* (*kid*).

> Ich habe doch nur **Spaß gemacht**.
> I was only kidding.

Auf deutsch.

1. The evening wasn't any fun.

2. Are you kidding?

3. It is fun to read such stories.

4. Her work is fun for her.

5. Have fun!

6. We had lots of fun.

III. Wiederholungsübungen

A. Setzen Sie die in Klammern stehenden Wörter in ihrer richtigen Form ein. In manchen Sätzen ist ein bestimmter oder unbestimmter Artikel hinzuzufügen.

1. Das macht _____ Spaß. (groß)

2. _____ _____ Leuten ist es gelungen, der Polizei bis zur Tür zu folgen. (mehrer-, neugierig)

3. Sie war beeindruckt von _____ _____ Spiel (*n.*)des Alten und des Kindes. (lustig)

4. _____ Anschein nach hat er Angst vor _____ (*pl.*). (all, Fremd-)

5. _____ _____ (*m., sg.*) ist oben eingezogen. (Deutsch-)

6. Er tut _____ _____ Nachbarn (*sg.*) öfters einen Gefallen. (sein, alt)

7. Sie hatte etwas _____ angenommen. (Falsch-)

8. Der Abend scheint _____ _____ Gästen gefallen zu haben. (meist-)

9. Das Spiel machte _____ _____ (*m., sg.*) _____ Vergnügen. (Klein-, viel)

10. Er hat _____ _____ Eindruck auf _____ _____ Familie gemacht. (gut, mein, ganz)

B. Setzen Sie die fehlenden Präpositionen ein bzw. die Zusammenziehungen von Artikel und Präposition.

1. Die Frau wohnte _____ vorletzten Stock.

2. Allem Anschein _____ geht es ihr besser.

3. Er machte einen merkwürdigen Eindruck _____ sie.

4. Sie hatte _____ Jahren auf diesen Augenblick gewartet.

5. Ein Alter lehnte _____ Fenster.

6. _____ er die Polizei angerufen hatte, lief er zu den Nachbarn.

7. Der Kleine weinte _____ Angst.

8. Ich bin recht beeindruckt _____ ihr.

9. Ist Hans noch da? Nein, er ist _____ zehn Minuten weggegangen.

10. Sie hatte Angst _____ dem Mann.

C. Vervollständigen Sie die Sätze.

1. Hat dir der Kuchen geschmeckt? Hättest du gerne _____ ein Stück?

2. Es _____ ihnen gelungen, sie davon zu überzeugen (*convince*).

3. Wo_____ gehen Sie?

4. Sie blieb lange am Fenster stehen. _____ als sie den Polizeiwagen hörte, ging sie runter.

5. Bitte sag das nicht. Ich habe es nicht _____, wenn du so etwas sagst.

6. _____ die Polizei ankam, wartete unten eine Menge.

7. Es hat den Anschein, _____ _____ sie glücklich sind. *wären*

8. Tanzen _____ uns viel Vergnügen.

9. Sie arbeitet _____ mehrere Monate in unserer Firma.

10. Wo kommen Sie denn _____?

D. Auf deutsch.

1. Do you like my new car?

2. The old man made a strange impression on the woman.

3. She succeeded in notifying the police.

4. Apparently they have been living in the same house for years.

5. She assumed that he was watching her.

6. As soon as the old man appeared, the boy laughed.

7. He got scared when he saw the crowd.

8. Hans, would you please do me another favor?

9. Whenever we go there, we have a lot of fun.

10. Do you know if they have left already?

E. Ersetzen Sie das kursiv Gedruckte durch sinnverwandte Ausdrücke, und machen Sie die erforderlichen Änderungen.

1. *Allem Anschein nach* ist er umgezogen.

2. Das Spiel des Alten *macht* dem Kind *Spaß*.

3. Die Frau hatte die Polizei bereits *informiert*.

4. *Bitte sei so gut* und repariere die Lampe.

5. *Sooft* er erschien, lachte der Kleine.

6. Das scheint ein *merkwürdiges* Vergnügen zu sein.

7. *Amüsiert euch schön!* Viel Spaß!

8. Wir *haben ihn gern.* Er gefällt uns.

9. Ich komme *mit Vergnügen.* Ich komme gern. Ich komme mit Freuden.

10. Sie wohnen *schon* viele Jahre hier. seit

Chapter 4

The entertaining stories of **Kurt Kusenberg** (1904–1983) focus on life's incongruities. Their popularity with German readers can be explained in part by the fact that humor is not standard fare in German literature. In "Schnell gelebt," Kusenberg satirizes the breakneck pace of modern life.

Schnell gelebt
Kurt Kusenberg

Schon als Kind erregte er Verwunderung. Er wuchs wie aus der Pistole geschossen und gab das Wachsen ebenso plötzlich wieder auf. Beim Sprechen verhaspelte er sich, weil die Gedanken den Worten entliefen; er war blitzschnell in seinen
5 Bewegungen und wurde oft gleichzeitig an verschiedenen Orten gesehen. Alljährlich übersprang er eine Schulklasse; am liebsten hätte er sämtliche Klassen übersprungen.
Aus der Schule entlassen, nahm er eine Stellung als Laufbursche an. Er war der einzige Laufbursche, der je gelaufen
10 ist. Von seinen Botengängen kehrte er so rasch wieder zurück, daß man nicht annehmen konnte, er habe sie wirklich ausgeführt, und ihn deshalb entließ. Er warf sich auf die Kurzschrift und schrieb bald fünfhundert Silben in der Minute. Trotzdem mochte kein Büro ihn behalten, denn er datierte
15 die Post um Wochen vor and gähnte gelangweilt, wenn seine Vorgesetzten zu langsam diktierten.
Nach kurzem Suchen, das ihn endlos dünkte, stellte man ihn als Omnibusfahrer ein. Mit Schaudern dachte er später an diese Tätigkeit zurück, die darin bestand, einen fahrenden
20 Wagen fortwährend anzuhalten.. Vor ihm winkten Straßenfluchten, die zu durcheilen genußvoll gewesen wäre. An den Haltestellen aber winkten Leute, die einsteigen wollten, und ihnen mußte er folgen.
Eines Tages aber achtete er der Winkenden nicht, sondern
25 entführte den Omnibus in rasender Gangart weit über das Weichbild der Stadt; so fand auch diese Betätigung ein Ende.

erregen to cause

sich verhaspeln to get muddled

der Laufbursche,-n errand boy
der Botengang,-̈e errand

gähnen to yawn

dünken to seem

bestehen (a,a) in to involve

Straßenfluchten rows of streets

in ... Stadt at top speed well beyond the city limits

Der Fall kam in die Zeitungen und erregte die Aufmerksamkeit sportlicher Kreise. Seine Laufbahn vom Sechstagefahrer bis zum Rennfahrer war ein einziger Triumphzug. Gro
30 ße Firmen rissen sich um seine Gunst; die geldkräftigste obsiegte, sie machte ihn zum Teilhaber. In leitender Stellung
bewährte er sich und war ein gefürchteter Verhandlungsführer, der seine Gegner verwirrte und überrannte.
Wenige Stunden nach dem Entschluß, einen Hausstand zu
35 gründen, hielt er um die Olympiasiegerin im Hundertmeterlauf an, jagte mit ihr vom Stadion in das Standesamt und
erzwang eine Notheirat. Gleiche Neigungen verbanden sich
zu einzigartigen Leistungen. Die junge Frau setzte alles daran, hinter ihm nicht zurückzustehen. Sie erledigte ihre häus
40 lichen Pflichten mit dem Zeitraffer, trug im Winter schon
Sommerkleidung und gebar vor der Zeit, nämlich mit fünf
Monaten, ein Fünfmonatskind, das schon in der Wiege flie
ßend sprach und das Laufen noch vor dem Gehen erlernte. Sie
erfand neue Schnellgerichte, die man im Flug einnahm und
45 sogleich verdaute. Die Dienstboten wechselten täglich, später
stündlich; endlich geriet sie an einen Speisewagenkoch und
zwei Flugzeugkellner, die das Zeitmaß begriffen und blieben.
Sie war ihrem Gatten in jeder Hinsicht eine Stütze.
Der fuhr fort, sein Leben zu beschleunigen. Da er viel schnel
50 ler schlief als andere Leute, benötigte er weniger Schlaf. Wenn
er sich ins Bett warf, träumte er schon, und bevor ihn der
Traum recht umfangen hatte, war er bereits wieder wach.
Er frühstückte in der Badewanne und las beim Anziehen die
Zeitung. Eine eigens erbaute Rutschbahn beförderte ihn aus
55 der Wohnung in das Auto, das mit angelassenem Motor vor
der Haustür hielt und sofort davonschoß.
Er sprach so knapp, als telegraphiere er, und wurde von
langsamen Menschen selten verstanden. Er versäumte keine
sportliche Veranstaltung, bei der es um Schnelligkeit ging,
60 und setzte Preise für Höchstleistungen aus; sie kamen nie zur
Verteilung, weil die Bedingungen unerfüllbar waren. Einen
Teil seines schnell erworbenen Vermögens steckte er in den
Raketenbau. Die erste bemannte Rakete, die abgeschossen
wurde, enthielt ihn. Es war die schönste Fahrt seines Lebens.
65 Die Folgen eines so hastigen Daseins blieben nicht aus. Er
alterte bedeutend rascher als seine Umwelt, war mit fünfundzwanzig Jahren silbergrau und mit dreißig ein gebrechlicher
Greis. Ehe die Wissenschaft sich des seltsamen Falles annehmen konnte, starb er und zerfiel, da er die Verbrennung
70 nicht abwarten wollte, im gleichen Augenblick zu Asche. Es
blieb ihm erspart, die Enttäuschung zu erleben, daß die Nachrufe einen Tag zu spät in den Zeitungen erschienen. Seitdem
er gestorben ist, kriecht die Minute wieder auf sechzig Sekunden dahin.

---

erregen to attract

die Laufbahn,-en career

rissen … Gunst competed to hire him
obsiegen to win out
sich bewähren to prove oneself

einen Hausstand gründen to settle down
an·halten um (ä,ie,a) to ask someone to marry you
das Standesamt,-̈er marriage license bureau
erzwang eine Notheirat forced them to perform an emergency wedding

mit dem Zeitraffer in fast motion

die Wiege,-n cradle

im Flug einnahm ate in a flash
verdauen to digest
geraten (ä,ie,a) an to meet up with, find

der Gatte(n) husband

eine … ihn a slide especially built for this purpose transported him

kamen … Verteilung were never awarded

das Vermögen fortune

blieben … aus were inescapable

gebrechlich infirm

der Greis,-e old man

der Nachruf,-e obituary

dahin·kriechen (o,o) to creep by

Wortschatz

achten auf (*acc.*) to pay attention to, heed

aufmerksam attentive

aufmerksam machen auf (*acc.*) to call attention to

die **Aufmerksamkeit** attention

bedeutend important, significant, considerable

die **Bedingung,-en** condition

    unter der Bedingung under the condition

begreifen (**begriff, begriffen**) to understand, grasp, comprehend, realize

einzig only, the only one, sole, single

enttäuscht disappointed

die **Enttäuschung,-en** disappointment

erfinden (**a,u**) to invent

erledigen to take care of (a task, duty)

der **Fall,-̈e** case

    auf jeden Fall in any case, at any rate

    auf keinen Fall by no means, on no account

die **Firma, Firmen** company

die **Folge,-n** consequence

fortwährend continually, continuously, constantly

frühstücken to eat breakfast

der **Gegner,-** opponent

gehen (**ging, gegangen;ist**) **um** to be about, concern, be at stake

es geht darum, ... zu it is a matter of + verb + -ing

gelangweilt bored

langweilig boring

    sich langweilen to be bored

die **Hinsicht** regard, respect

    in dieser (jeder) Hinsicht in this (every)respect

    in mancher Hinsicht in many (some) respects

das **Jahr,-e** year

    mit ... Jahren at the age of

je(mals) ever

leisten to achieve, accomplish

die **Leistung,-en** achievement

neigen zu to be inclined, tend toward

die **Neigung,-en zu** inclination, tendency toward

der **Ort,-e** place

die **Pflicht,-en** duty, task, responsibility

die **Rakete,-n** rocket

rasch quick, fast

rennen (**rannte, gerannt;ist**) to run, race

sämtlich all

die **Stelle,-n** job, position

die **Stellung,-en** job, position

die **Tätigkeit,-en** activity, job

verwirren to confuse

die **Verwirrung** confusion

verwundern to amaze, astonish

die **Verwunderung** astonishment, amazement

Stichworte für die Diskussion

sich ab·hetzen to rush around to the point of exhaustion

hastig hasty, hurried, rushed

die **Übertreibung,-en** exaggeration

die **Geschichte ist eine Satire auf** (*acc.*) the story satirizes

die **Lebensart** way of life

Zur Diskussion

1.   Worauf ist die Geschichte eine Satire?

2.   Wie unterstreicht (*underscore*) der Erzählstil die hastige Lebensart dieses Menschen?

3. Was halten Sie für die Vor- und Nachteile solch einer Lebensart?

4. Halten Sie die Satire für gelungen? Begründen Sie Ihr Urteil.

Aufsatzthemen

1. Die Minute kroch heute nicht auf sechzig Sekunden dahin. Beschreiben Sie einen typischen Tag in Ihrem Leben als Student(in).

2. Beschreiben Sie das Leben eines außergewöhnlichen Menschen.

3. Schreiben Sie eine Geschichte, die lauter (*nothing but*) Übertreibungen enthält.

I. Grammatisches

A. Relative pronouns

Relative pronouns have the same forms as the definite article, except in the dative plural and in the genitive. The dative plural is **denen**; the masculine and neuter singular genitive is **dessen**, and the feminine singular and plural genitive is **deren**.

> Das sind Leute, **denen** wir vertrauen können.
>
> Karl Hennings, **dessen** Eltern Deutsche sind, spricht am besten.
>
> Meinen Sie die Firma (Firmen), **deren** Angestellte streiken?

Relative clauses are dependent clauses. Hence, the inflected verb comes last and the relative clause is set off by a comma from the main clause. Unlike English, German never omits the relative pronoun. The gender of the relative pronoun is determined by its antecedent, and the case by its function within the clause. When a relative pronoun is the object of a preposition, its case is determined by the preposition. A relative pronoun and a preposition are never combined into a **da-**compound.

> Sie ist die einzige, für **die** er sich interessiert.
>
> Nimm doch das Messer, mit **dem** du am besten schneiden kannst.

A preposition that precedes a relative pronoun in the genitive has no effect on the relative pronoun but determines the case of the noun following it.

> Thomas Mossberg, durch **dessen** Freund ich die Stelle bekommen habe, arbeitet nicht mehr hier.
>
> Die Frau, mit **deren** Brüdern ich studiert habe, leitet die Firma.

A relative clause follows its antecedent immediately. However, when only one word follows the relative clause, it precedes it.

> Ich lernte neulich die Schriftstellerin **kennen**, die dieses Buch geschrieben hat.

Was is used as a relative pronoun when the antecedent is:

a neuter pronoun indicating quantity (**alles, vieles, einiges, etwas, manches, nichts, wenig**);

Alles (nichts, einiges), **was** wir suchten, war zu haben.

das, dasselbe, or a neuter superlative used as adjectival noun;

Das, **was** er eben gesagt hat, stimmt nicht.
Sie möchte immer dasselbe haben, **was** wir haben.
Das Beste, **was** wir tun können, ist schweigen.

an entire clause.

Wir gehen diesen Sommer nach Österreich, **was** uns sehr freut.

The relative pronoun **was** must be replaced by a **wo**-compound if it is the object of a preposition.

Das ist etwas, **woran** wir nicht gerne denken.
Alles, **wovon** er sprach, war langweilig.

Bilden Sie Relativsätze.

1.   Ist das der Brief? Sie haben darauf gewartet.

2.   Ich halte es für das Beste. Sie hat (es) geschrieben.

3.   Die Frau ist Millionärin. Wir arbeiten für ihre Firma.

4.   Ich habe mich mit dem Deutschen unterhalten. Seine Frau unterrichtet hier.

5.   Unsere Freunde haben uns wieder eingeladen. Wir sind gerne bei ihnen.

6.   Ich weiß es von einem Kollegen. Er hat viel Erfahrung darin.

7.   Das ist alles. Ich bitte Sie darum.

8.   Ist das der Hund? Du hast Angst vor ihm.

9.   Eva hat eine neue Stellung. Sie gefällt ihr sehr.

10. Udo ist wieder hier. Wir freuen uns darüber.

B.   Negation

German sentences are negated either by **kein** or **nicht**. **Kein** is used to negate nouns preceded by the indefinite article or by no article.

Sie haben eine Enttäuschung erlebt. Sie haben **keine** Enttäuschung erlebt.

Wir haben Zeit. Wir haben **keine** Zeit.

Nicht is used to negate verbs and their complements. Verbal complements are those elements in a sentence that cannot be deleted without changing the meaning of the verb or making it meaningless. They stand at the end of the sentence and are preceded by **nicht**. The following parts of speech constitute verbal complements and are therefore negated by **nicht**: predicate adjectives and predicate nouns; place phrases that answer the question **wo?**; place phrases (directives) that answer the question **wohin?**; separable prefixes; dependent infinitives.

Ich bin **nicht** müde.

Sie sind **nicht** zu Hause.

Wir fahren **nicht** nach Oberammergau.

Sie kommt **nicht** mit.

Warum kannst du denn **nicht** kommen?

In contrast to verbal complements, direct objects with a definite article or possessive adjective are followed by **nicht**. **Nicht** also comes at the end of the sentence when the verb is used without a complement.

Ich kenne den Namen der Firma **nicht**.

Hast du mein Buch? Nein, ich habe dein Buch **nicht**.

Wir wußten das **nicht**.

Es regnet im Augenblick **nicht**.

Certain direct noun objects are so closely tied to the verb that they function as verbal complements and are therefore negated by **nicht**. Examples of such bounded verb-noun combinations are: **Klavier (Karten, Tennis, etc.) spielen, Mathematik (Geschichte, Physik, etc.) studieren, Schi laufen (fahren), Deutsch (Englisch, etc.) lernen,** and **Kaffee trinken** when it means *to get together for coffee.*

Wir laufen leider **nicht** Schi.

Er studiert **nicht** Medizin.

Sie spielt **nicht** Tennis.

Heute trinken wir **nicht** Kaffee.

Note that in the example that follows, **Kaffee** functions as a direct object rather than as a verbal complement.

Heute trinken wir mal **keinen** Kaffee, sondern Tee.

The idiom **recht haben** (*to be right*) is negated by **nicht** since **recht** functions as a verbal complement.

In diesem Fall hat er aber **nicht** recht.

In the following example, **Recht** is used as a direct object and is therefore negated by **kein**.

> Der Professor hat **kein** Recht, soviel von uns zu verlangen.

The idioms **schuld sein** and **Schuld haben**, both of which mean *to be at fault, be responsible*, are negated by **nicht** and **kein** respectively.

> Sie war **nicht** schuld an der Sache.
>
> Er hat **keine** Schuld.

Verbal complements expressing professional status or membership in a group (nationality, religious or political affiliation) can be negated either by **kein** or by **nicht**.

> Er ist **nicht** (**kein**) Deutscher (Katholik, Demokrat).

Nicht precedes most adverbs, except adverbs of specific time, e.g., **heute, jetzt, im Augenblick** and sentence adverbs such as **hoffentlich** and **leider**.

> Sie arbeitet **nicht** gerne (oft, immer).
>
> Wir arbeiten heute **nicht**.
>
> Sie kommen leider **nicht**.

When **nicht** negates a specific word, it precedes that word.

> Er kommt **nicht** heute, sondern morgen.
>
> Ich habe es **nicht** meiner Mutter geschenkt, sondern meiner Schwester.

Verneinen Sie die Sätze.

1. Er weiß das hoffentlich.

2. Warum willst du denn Französisch lernen?

3. Sie konnte ihre Neugier unterdrücken.

4. Sie ist Amerikanerin.

5. Wir sehen uns oft.

6. Sie studiert Geschichte.

7. Sie arbeiten sehr gut.

8. Das Hotel liegt am Hafen.

9. War sie denn daran schuld?

10. Er hat recht.

11. Sie baten uns um Entschuldigung.

    12. Wir laufen Schi.

    13. Er spielt Golf.

    14. Ich hatte wirklich Schuld.

    15. Wir fahren am Wochenende nach Hannover.

C. Negation of **schon** and **noch**

Schon (*already*) is negated by **noch nicht** or **noch kein** (*not yet*).

    Sie sind **schon** eingezogen. Sie sind **noch nicht** eingezogen.
    Sie hat **schon** ein Auto gekauft. Sie hat **noch kein** Auto gekauft.

Schon (**ein**)**mal** (*ever*) is negated by **noch nie** (*never* [*before*]).

    Wir waren **schon** (**ein**)**mal** in Berlin. Wir waren **noch nie** in Berlin.

Noch (*still*) is negated by **nicht mehr** (*not anymore, no longer*) or **kein** + noun + **mehr** (*no more*). Note that **mehr** follows the noun.

    Sie ist **noch** zu Hause. Sie ist **nicht mehr** zu Hause.
    Er hat **noch** Geld. Er hat **kein** Geld **mehr**.

Verneinen Sie die Sätze.

    1.   Er ist schon hier.

    2.   Wir haben noch Papier.

    3.   Sie haben schon Kinder.

    4.   Ich habe noch Zeit.

    5.   Das haben wir schon mal gemacht.

    6.   Sie wohnen noch in Bonn.

D. Nouns that require the definite article

Unlike English, German uses the definite article before the names of days, months, and seasons and before the names of meals.

    Wir sehen uns dann also **am** Montag.
    Das Semester beginnt **im** September.
    Im Winter wird es hier sehr kalt.
    Das Frühstück wird um acht serviert.

German abstract nouns generally use the definite article.

> So ist **das Leben!**
>
> **Die Gesellschaft** muß sich ändern.
>
> Die Amerikaner glauben an **die Demokratie.**
>
> **Der Kapitalismus (Sozialismus, Kommunismus)** hat seine Nachteile.

Frequently used prepositional phrases that require the article are:

> **beim (vorm, zum) nach dem Essen**
>
> **mit dem Auto (Bus, Zug, Rad)**
>
> **ins (im) Bett**
>
> **in die (in der) Schule (Kirche)**
>
> **aus der Schule (Kirche)**

> Die Kinder gehen gerne **in die Schule (Kirche).**
>
> Sie liegt noch **im Bett.**

Bilden Sie Sätze im Präsens.

1. ich / lesen / viel / in / Sommer

2. wir / müssen / gleich / nach / Frühstück / weg

3. sie / fahren / mit / Rad / in / Schule

4. er / zurückkommen / an / Sonntag

5. Monika / kommen / heute / zu / Abendessen

6. er / sein / in / Schule / gelangweilt

7. Gesellschaft / sein / daran / schuld

8. wann / gehen / du / in / Bett

II. Das passende Wort

A. To hurry: **eilen, sich beeilen**

eilen: to hurry from one place to another

> Sie **eilte** nach Hause (zur Schule, zum Arzt).

sich beeilen: to hurry up

> **Beeile dich** mit den Hausaufgaben!
>
> Ich habe **mich beeilt**, den Brief zu beenden.

in Eile sein, es eilig haben: to be in a hurry

Er **war** immer **in großer Eile.**

Er **hatte es** immer **eilig.**

Vervollständigen Sie die Sätze.

1. _____ dich!

2. Sie _____ zur Universität.

3. Ich werde mich _____ .

4. Er _____ _____ Eile, als ich ihn sprechen wollte.

5. Du hast _____ immer so _____ .

B. Experience: **die Erfahrung, das Erlebnis**

die Erfahrung,-en: experience implying acquired knowledge, wisdom, practice, skill

Das weiß ich aus eigener **Erfahrung.**
I know that from personal experience.

Sie haben gute (schlechte) **Erfahrungen** mit ihnen gemacht.
They had good (bad) experiences with them.

das Erlebnis,-se: a personally meaningful, often intense experience

Die Reise war ein unvergeßlich schönes **Erlebnis** für uns.

Was für ein **Erlebnis!**

Vervollständigen Sie die Sätze.

1. Jeder muß seine eigenen _____ machen.

2. Das war ein____ großartig____ _____ .

3. Wir wissen das aus _____ .

4. Dies____ _____ hat ihr Leben verändert.

5. Haben Sie _____ in dieser Methode?

C. To marry: **heiraten**; to be married: **verheiratet sein**

heiraten: to marry, get married

Sie hat einen Deutschen **geheiratet.**

Sie **heiraten** im Sommer.

verheiratet sein (**mit**): the state of being married (to)

> Seit wann **sind** sie denn **verheiratet**?
> Er **ist mit** einer Amerikanerin **verheiratet**.

Auf deutsch.

1. They got married in June.

2. We have been married for two years.

3. He never married.

4. To whom is she married?

D. A few: **einig-**; own: **eigen-**

einig-: some, a few

> **Einige** hielten ihn für verrückt.
> Mit **einigen** Studenten haben wir schon gesprochen.

eigen: own

> Jeder hat sein **eigenes** Zimmer.

Auf deutsch.

1. She has her own car now.

2. I don't understand some of the sentences.

3. I know that from my own experience.

4. Some people were bored.

E. The uses of **einzig**

Einzig is used as an adjective and as an adverb. Used as an attributive adjective, **einzig** is the equivalent of *one* when *one* is stressed and means *single, only, sole*.

> Ich sehe nur eine **einzige** Möglichkeit.
> I see but (only) one possibility.

> Karl hat mir keinen **einzigen** Brief geschrieben.
> Karl did not write me one (a single) letter.

> Ich bin sein **einziger** Freund.
> I am his one (only, sole) friend.

Used with a definite article but without a noun, **einzig** means *only one(s), only thing*. It is not capitalized.

> Er war der **einzige**, der je gelaufen ist.
> He was the only one who ever ran.

> Sie sind die **einzigen**, die das wissen.
> They are the only ones who know that.

> Das ist das **einzige**, was uns an ihm stört.
> That is the only thing that bothers us about him.

Used as an adverb, **einzig** means *only*.

> Ich gab ihr die **einzig** mögliche Antwort.
> I gave her the only possible answer.

Auf deutsch.

1. He is the only one who believes it.

2. Gisela does not have a single free day.

3. That is the only thing we can do.

4. That is the only correct answer.

5. Those (**das**) are the only ones we have.

F. Place: der Ort, die Stelle, der Platz

der Ort,-e: place, locality, time and place

> Hamburg ist sein **Geburtsort**.
> Dies ist nicht der **Ort**, darüber zu diskutieren.

die Stelle,-n: place, spot

> An dieser **Stelle** haben wir ihn gefunden.
> Können Sie mir die **Stelle** im Text zeigen, wo das steht?
> Die Leute haben immer wieder an der falschen **Stelle** gelacht.

> An deiner **Stelle** würde ich es versuchen.
> If I were in your place, I would try it.

der Platz,-̈e: place, room for sitting or standing; place (vacancy) at work, in a school; place won in a competition

> Ist da noch ein **Platz** frei?
> In unserer Firma ist noch ein **Platz** für Sie.
> Sie hat den ersten **Platz** gewonnen.

All three words are equivalents of *place* in the sense of the proper place for an object.

> Wir haben alles wieder an den rechten **Ort** (**Platz**) gestellt.

> Stellt alles wieder an **Ort** und **Stelle**.
> Put everything back in its place.

Vervollständigen Sie die Sätze.

1. Das ist genau d_____ _____, wo ich es gefunden habe.

2. Da ist noch _____ für zwei Personen.

3. Er stammt aus ein_____ klein_____ _____ in Schleswig-Holstein.

4. Hier ist nicht d_____ _____, die Frage zu besprechen.

5. Wer hat den zweit_____ _____ gewonnen?

6. Ich täte dasselbe an sein_____ _____.

G. The particle **denn**

The particle **denn** is used very frequently in questions. **Denn** expresses interest, irritation, impatience, surprise or disbelief.

> Warum ist sie **denn** enttäuscht?
> Tell me, why is she disappointed?

> Wir warten jetzt schon fast eine Stunde. Wann kommt sie **denn**?
> We've been waiting for almost an hour. Just when is she coming?

> Sind die Studenten **denn** gelangweilt?
> I wonder, are the students bored?

> Frühstückst du **denn** nie?
> Say, don't you ever eat breakfast?

> Ist Stefan **denn** verrückt geworden?
> I can hardly believe it; did Stefan go mad?

Setzen Sie **denn** ein, und geben Sie anschließend die Bedeutung des Satzes auf englisch.

1. Warum rennst du so?

2. Begreift er das immer noch nicht?

3. Worum geht es?

4. Hat sie keinen guten Eindruck gemacht?

5. Was ist geschehen?

6. Macht euch das kein Vergnügen?

III. Wiederholungsübungen

A. Setzen Sie die in Klammern stehenden Wörter in ihrer richtigen Form ein. In manchen Sätzen ist ein bestimmter oder unbestimmter Artikel hinzuzufügen.

1. Schon als _____ Junge war er so. (klein)

2. Man sah ihn an _____ Orten. (verschieden)

3. Sie war in _____ Eile. (groß)

4. Sie sind _____ _____, die Erfahrung darin haben. (einzig)

5. Ich denke nicht gern an _____ _____ Zeit zurück. (dies-, schrecklich)

6. Sie hat etwas _____ geleistet. (Bedeutend-)

7. Du hast in _____ Hinsicht recht. (jed-)

8. Nach _____ Tagen ging es ihr wieder besser. (einig-,)

9. Das weiß ich aus _____ Erfahrung. (eigen)

10. Das ist _____ _____, wozu ich Lust habe. (einzig)

B. Setzen Sie die fehlenden Präpositionen ein, bzw. die Zusammenziehungen von Artikel und Präposition.

1. Helmut kommt _____ dem Rad.

2. Ich nehme die Stelle nur _____ folgender Bedingung an.

3. Das darf _____ keinen Fall geschehen.

4. _____ Frühling ist es hier am schönsten.

5. Er war seiner Frau _____ jeder Hinsicht eine große Hilfe.

6. Wir möchten Sie _____ folgendes aufmerksam machen.

7. _____ 25 Jahren war er bereits ganz grau.

8. Dar-_____ geht es ja überhaupt nicht.

9. Achten Sie bitte dar-_____, daß es noch heute erledigt wird.

10. Er ist _____ einer Ärztin verheiratet.

C.   Vervollständigen Sie die Sätze.

   1.   Wir haben nur gute Erfahrungen mit dieser Firma _____.

   2.   Ist Walter noch hier? Nein, er ist nicht _____ hier.

   3.   Das ist etwas, _____ wir keine Erfahrung haben.

   4.   Du mußt _____ beeilen, wenn du mitkommen willst.

   5.   Das Wichtigste, _____ er gesagt hat, ist folgendes.

   6.   _____ geht darum, eine Lösung zu finden.

   7.   Die Bedingungen, unter _____ wir es machen werden, sind Ihnen bekannt.

   8.   Als ich sie heute morgen traf, _____ sie es eilig.

   9.   Er neigt da-_____, zu viel zu sprechen.

   10.   _____ Liebe ist doch das Schönste!

D.   Auf deutsch.

   1.   Come over (**vorbei**) if you are bored.

   2.   They are not the only ones that discovered it.

   3.   Fritz wrote that he is getting married in summer.

   4.   Isn't Bettina right? Yes (**doch**), she is right in every respect.

   5.   Some people were disappointed.

   6.   It is a matter of accomplishing more.

   7.   I know that from experience.

   8.   Have you ever skied? No, we have never skied before.

   9.   Why didn't you accept the job?

   10.   I assume he took care of it.

E.   Ersetzen Sie das kursiv Gedruckte durch sinnverwandte Ausdrücke, und machen Sie die erforderlichen Änderungen.

   1.   Wir kommen *auf jeden Fall*.

   2.   Ich habe es bereits *erledigt*.

   3.   Wir können es einfach nicht *begreifen*.

4. Sie *ist* nicht *schuld* daran.

5. *Sämtliche* Angestellten haben es gewußt.

6. Sie waren recht *verwundert* darüber.

7. Ihre *Stellung* gefällt ihr.

8. *Einzig* er hat uns enttäuscht.

9. Er erzählte es uns *beim Frühstück.*

10. Sie neigt dazu, zu *schnell* zu arbeiten.

Chapter 5

In "Das Experiment," **Günter Seuren** (b. 1932) argues that societies must encourage women and men to challenge commonly held assumptions, especially about methods of settling human conflicts. To illustrate this point, Seuren's protagonist decides not to be a "Mitläufer," not to run with the crowd. Instead, he embarks on an experiment designed to call attention to the need for imaginative and courageous solutions to the problems of our times.

Das Experiment
Günter Seuren

„Ich geh rückwärts, weil ich nicht länger vorwärtsgehen will", sagte der Mann. Er war übermittelgroß, bleich vor Anstrengung, sich auf das Rückwärtsgehen zu konzentrieren, und hatte eine vom Wind gerötete Nase. Es blies ein heftiger
5 Westwind und die Böen, die die übrigen Fußgänger, mit denen der Mann in dieselbe Richtung ging, nur als Brise im Rücken empfanden, trafen ihn mitten ins Gesicht. Er bewegte sich langsamer als die anderen, aber stetig wie ein Krebs im Rückwärtsgang.
10 „Eines Tages", sagte der Mann, „war ich ganz allein in einem windstillen Park. Ich hörte die Amseln neben mir im Gebüsch nach Futter stochern, ich hörte Tauben rufen – und eine große Ruhe überkam mich. Ich ging ein paar Schritte rückwärts, und ich weiß jetzt: wenn man immer nur vorwärtsgeht, ver-
15 engt sich der Weg. Als ich anfing, rückwärtszugehen, sah ich die übergangenen und übersehenen Dinge, ich hörte sogar das Überhörte. Sie werden entschuldigen, wenn ich mich Ihnen nicht ganz verständlich machen kann. Verlangen Sie keine Logik von mir, die Entdeckung, die ich gemacht habe,
20 läßt sich nicht in Worte fassen. Und denken Sie auch nicht, daß ich ein Mann der Umkehr bin, nein, ich kehre nicht um, ich ..." der Mann schwieg ein paar Sekunden und sah entschlossen geradeaus, „es wird Sie verwundern ... aber ich bin kein Träumer." „Was sind Sie dann?" sagte der Begleiter,
25 ein Mann, der sich im herkömmlichen Vorwärtsgang bewegte. „So kommen Sie doch nicht weiter. Eines Tages sind Sie ste-

bleich ... Anstrengung pale with exertion

blasen (ä,ie,a) to blow

die Bö,-en gust of wind

der Krebs,-e a crab

die Amsel,-n blackbird

stochern nach to pick for

sich verengen to become narrow

läßt ... fassen cannot be put into words

entschlossen determined

herkömmlich conventional

hengeblieben, vielleicht wollten Sie das Gras wachsen hören,
Sie traten ein paar Schritte zurück, um Abstand zu haben. **der Abstand** distance
War es so?"

30   Der rückwärtsgehende Mann sah seinen Begleiter an, sein
Blick war sanft.   „Mein Experiment ist noch nicht abge-
schlossen", sagte er.

„Glauben Sie, daß Ihre Art der Fortbewegung sich durchset- **sich durch·setzen** to be
zen wird?" sagte der Begleiter.   generally accepted

35   „Eine schwer zu beantwortende Frage", sagte der Mann und
hielt den Blick auf einen Punkt gerichtet, den der Begleiter   **richten auf** to fix on
nicht erkennen konnte.   „Übrigens ist meine Idee nicht neu.
Wie mir später eingefallen ist, hatte ein längst zu Staub zer- **der Staub** dust
fallenes Volk ähnliche Probleme zu lösen wie wir.   Es war

40   ebenfalls in ein Stadium getreten, wo sein Weiterleben in   **das Stadium** phase
Frage stand.   Es half sich auch auf eine scheinbar seltsame
Weise, Sie können auch Trick sagen, wenn Sie so wollen:
Fortan wurden kriegerische Auseinandersetzungen unter den   **kriegerische … ausgetragen**
einzelnen Stämmen derart ausgetragen, daß sich die Geg-   fighting among the various
                                                                  tribes was done in such a

45   ner mit dem Rücken gegeneinanderstellten und so lange ihre   manner
Streiche und Hiebe in purer Luft ausführten, bis ein Kämpfer **Hiebe aus·führen** to deal
nach dem anderen erschöpft zu Boden sank.   Schweratmend   blows
                                                               erschöpft exhausted
fielen ganze Heere ins Gras, und der anschließende Schlaf war **das Heer,-e** army
verdient.   Es waren tagelange, aber unblutige Schlachten, und **die Schlacht,-en** battle

50   die einzige Folge war ein gewaltiger Muskelkater.   Wie finden **ein … Muskelkater** very sore
Sie das?"   muscles

„Zugegeben – ein brauchbares Ventil für Naturvölker", sagte **das Ventil,-e** outlet
der Begleiter, „aber nichts für uns.   Was also versprechen Sie **was … von** what do you
sich von Ihrem Rückwärtsgang?"   expect to gain from

55   „Ich hoffe", sagte der Mann, „daß ich die Aufmerksamkeit
auf mich lenke."   **lenken auf** to attract

„Das tun Sie auf jeden Fall", sagte der Begleiter, „das tut
auch ein Dauerklavierspieler oder einer, der fünfzig Kilometer
auf Händen geht."

60   Aber der rückwärtsgehende Mann ließ sich durch solche An- **die Anspielung,-en** allusion
spielungen nicht aus der Fassung bringen.   **aus der Fassung bringen** to
                                                                  disconcert
„Ich hoffe, ich werde verstanden", sagte er.   „Als ich das
erstemal rückwärtsging, lebte ich auf."   **auf·leben** to find a new lease
                                                                  on life
„Schon gut", sagte der andere, „Sie sind nicht der erste, der

65   solche Ansichten vertritt.   Immerhin schlagen Sie etwas Prak- **vertreten (i,a,e)** to hold
tisches vor, doch zweifle ich sehr, daß Sie Erfolg haben."

„Erfolg oder nicht", sagte der Mann, „wir sollten es versuchen, wir alle."

„Verzeihung", sagte der Begleiter, „ich denke in Tatsachen:

70   Haben Sie nie ein Protokoll wegen groben Unfugs bekom- **haben … bekommen** have
men?"   you ever been cited for
                                                                 disorderly conduct
Der rückwärtsgehende Mann sah seinen Begleiter zum erstenmal voll ins Gesicht.

„Ein einziges Mal", sagte er lächelnd, „das war am Anfang,

75   als ich noch unsicher war."

„Und heute stoßen Sie mit keinem mehr zusammen?"
„Niemals!" sagte der Mann noch immer lächelnd.
Sie schwiegen. Mit elastischen Schritten ging der Mann rückwärts. Der Begleiter hatte Mühe, ihm zu folgen. Der Mann,
80 der rückwärtsging, wurde schneller.
„Entschuldigen Sie", sagte er, „ich muß mich leider etwas
beeilen. Ich habe noch eine Verabredung. Auf Wiedersehen."
Dann verschwand er im Gedränge. Der andere verlangsamte   **das Gedränge** crowd
seinen Schritt wie jemand, der zurückbleibt, um Atem zu
85 holen. Wenige Augenblicke später geschah es. Wie aus einem
Riß in der Asphaltdecke aufgestiegen explodierte ein mehr-   **der Riß,-sse** crack
stimmiger Schrei. Die Menschen blieben stehen und sahen in   **mehrstimmig** coming from
      several voices
eine bestimmte Richtung. Erst waren es einzelne, dann ganze
Gruppen, die sich auf einen schnell anwachsenden Kreis aus
90 Menschen zubewegten.
Als der Begleiter schließlich so weit vorgedrungen war, daß   **vor·dringen (a,u)** to get as
er in den Kreis sehen konnte, sah er, daß der Mann, der   far as
rückwärtsgegangen war, wie eine vom Himmel gefallene große
Marionette auf dem Asphalt lag. Aus dem Kreis sagte je-
95 mand: „Der Wagen hat keine Schuld, das kann ich bezeugen."   **bezeugen** to attest to
Und ein anderer sagte: „Er muß betrunken sein. Er ging
rückwärts."
Der Begleiter schob sich in die Mitte des Kreises und bückte
sich über den Mann.
100 „Können Sie mich verstehen?"
„Ja", sagte der Mann und bewegte sich nicht. Er lag mit der
linken Wange auf dem Asphalt und sprach in die graue Decke   **die Wange,-n** cheek
hinein. „Versuchen Sie es einmal, wenn Sie ganz allein sind.
Irgendwo. In einem Park oder nachts an einer freien Stelle.
105 Ich hoffe, Sie werden Gefallen daran finden. Und machen Sie
es besser als ich."
Polizisten betraten den Kreis.
„Können Sie Angaben machen?" sagte ein Polizist zu dem   **Angaben machen** to give
Begleiter.   details
110 „Er wollte rückwärtsgehen", sagte der Begleiter.
„Das ist heute schon der vierte, der das versucht", sagte der
Polizist.
„Was ist nur mit den Leuten los?"

Wortschatz

ab·schließen (o,o) to end, terminate,
   complete, conclude
der **Abschluß,-̈sse** termination, conclusion, ending
   zum Abschluß in conclusion,
     finally
der **Anfang,-̈e** beginning
   am Anfang in the beginning

von Anfang an from the very
   beginning
die **Ansicht,-en** view, opinion
   ich bin der (*gen.*) **Ansicht** I am
     of the opinion
die **Art,-en** manner, way, kind
   auf (*acc.*) ... **Art** in ... manner
begleiten to accompany

der **Begleiter,-** companion

ein·fallen (ä, fiel ein, a;ist) to occur to, think of (name, word, etc.), remember

    mir ist eingefallen it occurred to me, I remembered

einzelne some, a few (people)

der **einzelne** individual

empfinden (a,u) to feel, sense, perceive

der **Erfolg,-e** success

Erfolg haben to succeed, be successful

erfolgreich successful

sich konzentrieren auf (*acc.*) to concentrate on

der **Kreis,-e** circle

lösen to solve, resolve; loosen

die **Lösung,-en** solution

längst long ago, long since

die **Mühe,-n** trouble, effort

    sich (*dat.*) **viel (große) Mühe geben** to go to a lot of trouble

    sich bemühen to try hard

nachts at night, nights

rückwärts backwards

sanft gentle

schließlich finally, at the end, at last, eventually; afterall

schweigen (ie,ie) to be (keep) silent, say nothing

tagelang for days (on end)

die **Tatsache,-n** fact

verabreden to arrange

    wir haben verabredet, daß we have arranged to + infinitive

sich verabreden mit (für) to arrange to meet with (at, on)

die **Verabredung,-en** appointment

verlangen to demand

der **Versuch,-e** attempt

versuchen to try, attempt

der **Vorschlag,-̈e** suggestion, proposal

vor·schlagen (ä,u,a) to suggest

vorwärts forwards

die **Weise,-n** manner

    auf (*acc.*) ... **Weise** in ... manner

zu·geben (i,a,e) to admit, grant

Stichworte für die Diskussion

der **Herdenmensch(en)** someone who runs with the crowd

mit·machen to go along (without dissenting)

selbständig denken to think for oneself

überprüfen to check, examine, review

die **Denkgewohnheiten** habitual way of thinking

veranschaulichen to illustrate

Zur Diskussion

1. Warum geht der Mann rückwärts? Was für ein Mensch ist er? Wie charakterisiert er sich selber?

2. Warum erzählt der Rückwärtsgehende seinem Begleiter von dem Volk, das seine Kriege auf unkonventionelle Art führte?

3. Wie interpretieren Sie das Ende der Geschichte?

Aufsatzthemen

1. Interpretieren Sie „Das Experiment" in Hinblick auf (*with respect to*) unsere Zeit.

2. Gegen den Strom schwimmen: Eine Selbstcharakterisierung. Sind Sie ein Mensch, der gerne neue Wege geht, oder sind Sie eher wie der Begleiter oder der Polizist? Begründen Sie Ihre Antwort, wenn Sie die Frage bejahen. Falls Sie verneinen, erklären Sie, was Sie davon abhält, gegen den Strom zu schwimmen. Was würden Sie gerne erreichen, wenn Sie neue Wege gingen?

3. Geben Sie ein Beispiel von einer Gruppe von Menschen, die es gewagt haben, neue Wege zu gehen. Was für Ziele haben sie verfolgt? Was haben sie erreicht? Was für Opfer hat es sie gekostet?

I. Grammatisches

A. Modal verbs

Modals indicate an attitude toward the action expressed by the infinitive. It is best to learn the basic meaning of each modal, since only **können** and **müssen** have literal equivalents in English. The forms of the present and past indicative are illustrated below. The present tense of the general subjunctive (Chapter 7) has been included for the sake of comparison. Note that in the indicative past, modals never take an umlaut.

können: to be able to

> Das **kann** ich machen.
> I can (am able to) do that.

> Damals **konnte** ich das machen.
> Then I could (was able to) do that.

> Ich **könnte** es machen, wenn ich mehr Zeit hätte.
> I could (would be able to) do it if I had more time.

müssen: to have to

> Er **muß** das tun.
> He has to do that.

> Er **mußte** das tun.
> He had to do that.

> Er **müßte** es zugeben, wenn man ihn fragte.
> He would have (need) to admit it if he were asked.

Müssen generally is negated by an inflected form of **brauchen** + **zu** + infinitive. In its modal sense, **brauchen** can only be used in negative sentences.

> Du **brauchst** es nicht sofort **zu tun**.
> You don't need to do it right away.

When **müssen** is used in a negation, it is usually stressed and expresses the absence of a compelling necessity.

Du **mußt** es nicht tun, aber es würde mich freuen.
You do not necessarily have to do that, but it would make me happy.

wollen: to want to

Sie **will** mitkommen.
She wants to come along.

Sie **wollte** mitkommen.
She wanted to come along.

Wenn sie nur nicht immer ausgehen **wollte**.
If only she did not always want to go out.

Note the idiomatic use of **wollen** in the wish-clause.

Ich **wollte**, er wäre wieder hier.
I wish he were here again.

Wollen can also mean *to intend to*.

Ich **will** (**wollte**) dasselbe sagen.
I intend (intended) to say the same.

sollen: to be (supposed) to

Wir **sollen** ihnen helfen.
We are (supposed) to help them.

Wir **sollten** ihnen gestern helfen.
We were (supposed) to help them yesterday.

Wir **sollten** ihm eigentlich helfen.
We really should (ought to) help him.

dürfen: to be allowed to

Du **darfst** jeder Zeit vorbeikommen.
You may come over any time.

Durftest du ihm das denn sagen?
Were you allowed to tell him that?

Wenn du um Erlaubnis bitten würdest, **dürftest** du es sicherlich tun.

If you were to ask for permission, you would certainly be allowed (permitted) to do that.

Must not is expressed by **dürfen** + **nicht** or **kein**.

Wir **dürfen** das **nicht** vergessen.
We must not forget that.

Sie **darf keinen** Alkohol trinken.
She must not (is not allowed to) drink alcohol.

The subjunctive is used for polite requests.

Dürfte ich Sie um einen Gefallen bitten?
Might I ask you for a favor?

Könnten Sie mir das eben mal kurz erklären?
Could you take a moment to explain that to me?

möchte-forms of the modal **mögen**: would like to

Ich **möchte** Ihnen danken.
I would like (wish) to thank you.

Möchten Sie einen Kaffee? Nein danke, ich mag Kaffee nicht.
Would you like a cup of coffee? No thank you, I do not like coffee.

The past of *want (wish) to* is generally expressed by **wollen**.

Ich **wollte** ihm das nicht sagen.
I did not want to tell him that.

The past participle forms of the modals are: **gekonnt, gemußt, gewollt, gesollt, gedurft**, and **gemocht**. They are used to form the perfect when the infinitive is omitted.

Ich habe das noch nie **gekonnt**.
I have never been able to do that.

Sie haben es so **gewollt**.
They wanted it that way.

Wir haben es auch nicht **gemocht**.
We did not like it either.

Modals are normally used in the past, even when other verbs in the same context are used in the perfect. If used in the perfect where the infinitive following the modal is expressed, the so-called double infinitive construction is used.

Ich habe es ihr einfach nicht **sagen können**.
I simply was not able to say it to her.

Sie hat es so **machen wollen**.
She wanted to do it that way.

In all of the above sentences, the modals are used objectively, meaning that a factual situation is stated. Modals can also be used subjectively. When used this way, the speaker is making a subjective conclusion.

Er **kann** schon hier sein. Ich habe eben ein Auto gehört.
He may be here already. I just heard a car.

Sie **muß** sehr erfolgreich sein, denn sie hat sich ein großes Haus gekauft.
I assume she is very successful, because she bought a big house.

Er **will** ihn gut kennen.
He claims to know him well.

Das **mag** sein.
That may be.

Sie **mag** recht haben.
Maybe (for all I know) she is right.

Sie **soll** viel klüger sein als er.
They say she is (she is said to be) much smarter than he.

If a subjective conclusion is drawn about past actions or events, a present form of the modal plus the past infinitive are used. The past infinitive is formed by the perfect of the main verb and **sein** or **haben**.

Er **kann** es **getan haben**.
It is possible (it may be) that he did it.

Das **muß** sie selbst **gewesen sein**.
It must have been she herself.

Übersetzen Sie ins Englische.

1. Ich möchte Sie darauf aufmerksam machen.

2. Sie könnte sich besser konzentrieren, wenn sie nicht so müde wäre.

3. Eigentlich müßtet ihr das noch heute erledigen.

4. Ich wollte, ich wäre wieder zu Hause.

5. Du solltest das mal versuchen.

6. Ich mag sie nicht danach fragen.

7. Ihr sollt Wein mitbringen.

8. Ich will jetzt ins Büro.

9. Sie will das schon erledigt haben.

10. Das darf nicht geschehen.

11. Wir wollten jetzt eigentlich nach Hause gehen.

12. Wir durften ihr das nicht sagen.

13. Damals konnten sie mehr leisten.

14. Dürfte ich Ihnen eine Frage stellen?

15. Du mußt nicht mitkommen. (**Mußt** is stressed.)

16. Ihr braucht nicht mitzukommen.

17. Sie mag die Wahrheit gesprochen haben.

18. Er soll schon hier gewesen sein.

19. Er kann es bereits geschrieben haben.

20. Ich habe die Arbeit nicht fertig schreiben können.

Auf deutsch. Jeder Satz soll ein Modalverb enthalten.

1. Markus would like to accompany us.

2. I wish to call your attention to this problem.

3. Ulrike wanted to arrange to meet with us.

4. He claims to have been successful.

5. They claimed to have been successful.

6. We need to do that soon.

7. I didn't want to be the only one.

8. That might be true.

9. You mustn't say that.

10. Frauke doesn't necessarily have to come.

11. They say he discovered it.

12. I assume he must have suggested it.

B. Comparison of adjectives and adverbs

Adjectives and adverbs add **-er** to form the comparative and **-est** to form the superlative. Attributive adjectives add adjective endings to their comparative and superlative forms; **mehr** and **weniger** are exceptions. You cannot use **mehr** and **meist** to form comparatives and superlatives. Nouns preceded by comparative and superlative forms of attributive adjectives can be omitted if they are clearly understood or implied. In English, such omitted predicate nouns can be replaced by *one* or *ones*.

Das ist eine interessante Geschichte, aber ich suche eine **interessantere** (Geschichte).

Die letzte Geschichte ist die **interessanteste.**

Diesmal hatten wir **mehr (weniger)** Erfolg.

As predicate adjectives and as adverbs, comparative forms do not take endings. Superlative adverbial forms always use the pattern **am** + adjective + **-sten.** The superlative form of **viel** used as an adverb is **am meisten.**

Ihre beiden Söhne sind sehr klug, doch die Tochter ist **am klügsten.**

Sie sprach **am meisten** und auch **am besten.**

The equivalent of *as ... as* is **so ... wie.**

Der jüngere Bruder ist fast schon **so** groß **wie** der ältere.

The equivalents of *just as* are: **ebenso (geradeso, genauso) ... wie.**

Er ist **ebenso (genauso, geradeso)** erfolgreich **wie** sie.

The equivalent of *than* is **als.**

Sein jüngerer Bruder ist größer **als** er.

Two comparatives are connected by **je ... desto** or **um so.**

Je früher ihr kommt, **desto (um so)** besser.
The earlier you come, the better.

Many one-syllable adjectives take an umlaut in the comparative and superlative.

Er ist **älter (größer, jünger, stärker)** als ich.

Dieser Weg ist am **längsten (kürzesten).**

Auf deutsch.

1. We have many good teachers, but Mrs. Kühl is the most successful.

2. Their views are the most important.

3. More students should learn German.

4. I liked this book just as much as the others.

5. The Körners bought a more expensive house.

6. They are less successful than we are.

7. This sentence is as difficult (**schwierig**) as the last one.

8. This is the most difficult (one).

C. Time expressions in the accusative

The accusative is used in noun phrases expressing a definite point in time if no preposition is used.

> **Nächsten Januar** kommt er wieder.
>
> Sie wollten eigentlich schon **vergangenen Monat** mit dem Projekt beginnen.

These noun phrases may be replaced by prepositional phrases in the dative.

> **Im nächsten Januar** kommt er wieder.
>
> Sie wollten eigentlich schon **im vergangenen Monat** kommen.

The accusative is also used in reference to a period of time.

> Wir haben **den ganzen Tag** gearbeitet.

The accusative must be used as the equivalent of English *for* plus time expression if the period of time lies entirely in the past or entirely in the future. Frequently, **lang** is added after the noun for emphasis.

> Man sah ihn **einige Wochen** (**lang**) nicht.
> He was not seen for a few weeks.
>
> Sie werden **mehrere Jahre** (**lang**) in Österreich leben.
> They are going to live in Austria for several years.

A **für**-phrase is used only when the activity expressed by the verb is completed before the period of time being discussed begins.

> Wir fliegen **für drei Wochen** nach Europa.
>
> Danach ging sie **für ein Jahr** in die Schweiz.

Remember that *for* is expressed by **seit** and that the verb must be in the present when a continuing activity is referred to.

> Sie studiert **seit drei Monaten** in Wien.
> She has been studying in Vienna for three months.

Auf deutsch.

1. The Schneiders will return next August.

2. I slept for a couple (**ein paar**) of hours.

3. We are going to Germany for a month.

4. Why don't you stay for a week. (Use imperative and **doch**.)

5. Marianne has been living here for several weeks.

6. I saw her last Monday.

7.   She is going home for three days.

8.   I slept all (**ganz**) morning long.

D.   Time expressions in the genitive

Indefinite time is expressed with the genitive.

> **Eines Tages** (**eines Nachts**) erschien ein Fremder bei uns.
> One day (night) a stranger appeared at our house.

Habitual time is expressed by adverbs that reflect the genitive case.

> Ab und zu muß ich **abends** (**nachts**) arbeiten.
> Sie ist **wochentags** immer lange im Büro.

Auf deutsch.

1.   I can concentrate best in the morning.

2.   I don't like working evenings.

3.   She works nights.

4.   On weekdays we don't have much time for one another.

II.   Das passende Wort

A.   Tonight, last night: **heute abend, heute nacht, gestern abend**

heute abend: tonight (before bedtime), this evening

> Ich komme **heute abend** noch kurz vorbei.

heute nacht: last night (after bedtime); tonight (after bedtime)

> **Heute nacht** habe ich nur fünf Stunden geschlafen.
> Last night I slept only five hours.

> Hoffentlich schlafe ich **heute nacht** besser.
> I hope I will sleep better tonight.

gestern abend: last night (before bedtime)

> **Gestern abend** bin ich früh ins Bett gegangen.
> Last night I went to bed early.

Vervollständigen Sie die Sätze.

1.   Heute bin ich müde, denn ich bin _____ öfters aufgewacht.

2.   Sie muß _____ bis zehn arbeiten.

3. Hoffentlich träume ich _____ nicht wieder schlecht.

4. Mit wem gehst du _____ aus? Mit derselben Freundin, mit der ich _____ ausgegangen bin.

B. Most, the most, mostly: meist-, am meisten, meistens

Meist- is the superlative of the adjective **viel**. It must be preceded by the definite article. **Meist-** can be used as an indefinite adjective without a following noun if the noun is understood.

> **Die meisten** Leute mögen das.
> Most people like that.

> **Die meisten** sind dieser Ansicht.
> Most people are of this opinion.

> Ich habe **das meiste** schon erledigt.
> I already took care of most things.

Am meisten is the superlative of the adverb **viel**.

> Sie hat **am meisten** geleistet.
> She accomplished the most.

The adverb **meistens** means *mostly* in the sense of *most of the time, in most instances, usually.*

> Er begleitet sie **meistens**.

The equivalent of *mostly (principally, mainly)* is **hauptsächlich**.

> Wir sehen uns **hauptsächlich** ausländische Filme an.

Vervollständigen Sie die Sätze.

1. Sie hat _____ geholfen. Die anderen waren ein bißchen faul.

2. Er kommt _____ zu spät.

3. _____ Leute möchten erfolgreich sein.

4. In diesem Semester konzentriere ich mich _____ auf meine Deutschkurse.

5. _____ fällt mir das richtige Wort ein.

6. _____ ist schon getan.

C. According to: nach and other equivalents

The equivalent of *according to* (when referring to an author, public figure, report, ideology, etc.) is **nach**. It can precede or follow the noun, but when **nach** is used with the name of a person, it always precedes the noun.

> **Nach** Brecht ist der Mensch veränderlich (*changeable*).

> **Nach** ihrem Bericht gibt es keine Lösung.

> Ihrem Bericht **nach** gibt es keine Lösung.

> **Nach** dieser Philosophie gibt es keine absolute Wahrheit.

According to (when referring to someone's view or judgment) is expressed by a possessive pronoun (*dat.*) + **Meinung (Ansicht) nach**.

> **Ihrer Meinung nach** ist es das einzig Richtige.

> **Seiner Ansicht nach** sollten wir es versuchen.

When reporting someone's statement(s), verbs such as **behaupten, meinen,** or **sagen** are appropriate equivalents of *according to*.

> Sie **behauptet** (**meint, sagt**), es sei zu spät.

Auf deutsch.

1. According to the president, these are the facts.

2. According to Böll, people are too materialistic (**materialistisch**).

3. According to the teacher, the story is easy to read.

4. According to most religions (**die Religion,-en**), there is life after death (**der Tod**).

D. Equivalents of expressions containing time(s): **-mal, -mals, Mal-**

The equivalent of *many times* is **oft**.

> Ich bin schon **oft** in Deutschland gewesen.

Vielmals is not an equivalent of *many times*. It is used only in a few set phrases such as:

> Ich danke **vielmals**.
> Many thanks.

> Ich bitte **vielmals** um Entschuldigung.
> I beg your pardon.

Common adverbial combinations containing **-mal** are:

> **diesmal**   this time
> **jedesmal**   every time
> **manchmal**   sometimes
> **mehrmals**   several times

> **ein andermal**   another time
> **ein paarmal**   a couple of times
> **das erstemal**   the first time
> **zum erstenmal**   for the first time
> **zum letztenmal**   for the last time
> **zweimal**, **hundertmal**, etc.   two times, a hundred times

The noun **Mal** is used with modifiers such as **nächst-** (*next*) or **vorig-** (*last*).

> Das **nächste Mal** machen wir es anders.
> **Voriges Mal** war sie auch nicht da.

Auf deutsch.

1. I have to tell him everything three times.

2. Mother has suggested it many times.

3. We tried it yesterday for the first time.

4. I had to repeat the word several times.

5. Let's do that another time.

6. This time I will accompany you.

E. Finally: **endlich, schließlich, zuletzt**

Endlich is the equivalent of *finally* in the sense of *at last*.

> Nach langem Warten haben wir **endlich** einen Brief von ihnen erhalten.
> Sie hat mich **endlich** angerufen.
> Ich hatte überall danach gesucht. **Endlich** fand ich es.

Schließlich is the equivalent of *finally* in the sense of *at the end, ultimately*; it draws attention to the various stages that have preceded.

> Ich wollte sie schon oft danach fragen. **Schließlich** wagte ich es.

Zuletzt means *finally* in the sense of *last of all, lastly*.

> **Zuletzt** besuchten wir noch Verwandte in Hamburg, ehe wir von unserer Reise zurückkehrten.

Vervollständigen Sie die Sätze.

1. Ich habe hin und her (*back and forth*) überlegt. _____ war mir klar, was ich zu tun hatte.

2. Die Menge wartete lange auf einen Polizisten. _____ kam einer.

3. Sie hatte es immer wieder versucht. _____ gelang es ihr.

4. _____ fand er das Gesuchte.

5. Zuerst schrieb sie Gedichte, dann Erzählungen und _____ einen Roman.

6. Da bist du ja _____!

F.   The particle **schließlich**

When **schließlich** functions as a particle, it states a reason for something and means *after all*. **Schließlich** can follow or precede the verb.

Sie haben sich große Mühe gegeben. Sie wollen **schließlich** erfolgreich sein.

Wir waren nicht böse darüber. Das kann **schließlich** jedem passieren.

Ich habe keine Lust, länger zu warten. **Schließlich** warte ich schon eine Stunde.

Setzen Sie **schließlich** ein, und geben Sie anschließend die Bedeutung des Satzes auf englisch.

1. Das weiß ich nicht. Man kann nicht alles wissen.

2. Wir sind sehr hungrig. Wir haben den ganzen Tag nichts gegessen.

3. Tu mir doch den Gefallen. Ich bin dein Freund.

III. Wiederholungsübungen

A. Setzen Sie die in Klammern stehenden Wörter in ihrer richtigen Form ein. In manchen Sätzen ist ein bestimmter oder unbestimmter Artikel hinzuzufügen.

1. Wir wollen uns jetzt auf _____ _____ Arbeit konzentrieren. (dies-, wichtig)

2. Das ist _____ _____ Professoren gar nicht eingefallen. (meist-)

3. Auf _____ Weise geht das nicht. (dies-)

4. _____ waren der-_____ Ansicht. (einzeln-, selb-)

5. Ursula hat es _____ _____ Schwester vorgeschlagen. (ihr, älter)

6. Die Studenten haben sich _____ Mühe gegeben. (groß)

7. Wie gefällt _____ _____ Studenten _____ _____ Lehrbuch? (kritisch, neu)

8. Meine Eltern kommen erst _____ Monat wieder. (nächst-)

9. Dieses Spiel macht auch _____ Spaß. (Erwachsen-)

10. _____ Mal war es dasselbe. (vorig-)

B. Setzen Sie die fehlenden Präpositionen ein bzw. die Zusammenziehungen von
    Artikel und Präposition.

1. Ich bin heute abend _____ einem Kollegen verabredet.

2. Wir waren _____ Anfang _____ derselben Meinung.

3. Es geschah _____ eine seltsame Weise.

4. _____ Abschluß noch folgendes.

5. Wir sind _____ heute abend verabredet.

6. Das tut sie _____ jeden Fall.

7. Er sah seinen Begleiter _____ erstenmal richtig an.

8. _____ Anfang war er unsicher.

9. Die Vorsitzende hat _____ meisten geleistet.

10. _____ Marx sind viele von ihrer Arbeit entfremdet (*alienated*).

C. Vervollständigen Sie die Sätze.

1. Ich muß _____ jetzt _____ die Arbeit konzentrieren.

2. Sie _____ es schon erledigt haben. Ich glaube es ihr aber nicht.

3. Ilse spricht ebenso gut Französisch _____ Deutsch.

4. Wir haben verabredet, _____ wir uns morgen abend treffen.

5. Warum hast du _____ nicht mehr Mühe gegeben?

6. _____ meisten Studenten arbeiten ziemlich viel.

7. Ich _____ _____ Ansicht, daß es so nicht weiterge-
    hen kann.

8. Mir _____ eben eingefallen, daß es schon zu spät ist.

9. Franz Bauer ist jünger _____ seine Frau.

10. _____ stärker man sich konzentriert, _____ mehr
    bekommt man geschafft.

D. Auf deutsch.

1. Some (people) demanded that we say nothing.

2.   We have an appointment for four o'clock.

3.   Why didn't I think of this word?

4.   I dreamed about (**träumen von**) you last night.

5.   Mr. Wüst claims to have known it from the very beginning.

6.   Unfortunately they couldn't come last night.

7.   My friends went to a lot of trouble.

8.   Why don't you ask her next time? She is said to have experience in it.

9.   According to our teacher, this is right.

10. That did not occur to me.

E.   Ersetzen Sie das kursiv Gedruckte durch sinnverwandte Ausdrücke, und machen Sie die erforderlichen Änderungen.

1.   *An Wochentagen* sind wir immer sehr beschäftigt.

2.   Ich *habe mich* mit ihr *verabredet.*

3.   *Einzelne* schwiegen, als sie gefragt wurden.

4.   Unsere Kollegin *hatte viel Erfolg.*

5.   Du *mußt* es nicht tun.

6.   Die Kinder sind schon *lange* wieder zu Hause.

7.   Wir sind derselben *Meinung.*

8.   Kann man das nicht auf eine andere *Weise* machen?

9.   Seine Söhne *sollen* ihn begleitet haben.

10. Ich sehe mir *hauptsächlich* ausländische Filme an.

Chapter 6

The following text is excerpted from **Herrad Schenk's** *Die feministische Heraus-forderung. 150 Jahre Frauenbewegung in Deutschland.* In her book, the sociologist and free-lance writer (b. 1948) compares the first and the second women's movements. Whereas early feminists tried to effect change without challenging women's established roles in the work place and in the home, feminists involved in the present movement view stereotypical sex roles as the greatest obstacle confronting women today. Without the elimination of sexual stereotypes, Schenk argues, there can be no true women's liberation.

Die feministische Zielkonzeption: Abbau der Geschlechtsrollendifferenzierung
Herrad Schenk

Das allgemeinste Ziel des Feminismus ist die Abschaffung der Frauenunterdrückung – oder der „Benachteiligung der Frau", wie weniger radikale Kreise es ausdrücken würden. Die Auf-hebung der Frauenunterdrückung orientiert sich nicht an der
5   männlichen Geschlechtsrolle als Ideal, d.h. die „befreite" Frau will nicht den männlichen Lebensstil kopieren, der durch Pri-orität des Sachbezugs vor dem Personenbezug, durch emo-tionale Kontrolle, Konkurrenzdenken, Leistungs- und Er-folgsorientierung gekennzeichnet ist.   Stattdessen soll die
10 Frauenbefreiung auch die gesamtgesellschaftliche Dominanz „weiblicher" Normen und Werte wie Personenbezogenheit, emotionale Expressivität, Solidarität mit sich bringen. Eine Präzisierung des allgemeinen Ziels würde also lauten: Der Feminismus strebt die „Feminisierung" des gesellschaftlichen
15 Normen- und Wertesystems an. Im Gegensatz zu den meisten Anhängerinnen der ersten Frauenbewegung sind die Femi-nistinnen der Gegenwart weitgehend überzeugt, daß dieses Ziel nur durch die Aufhebung der geschlechtsspezifischen Ar-beitsteilung, den Abbau der Geschlechtsrollendifferenzierung
20 zu erreichen ist. Soweit es der Neuen Frauenbewegung darum geht, „femini-nen" Qualitäten gesellschaftliche Geltung zu verschaffen, hat

die Aufhebung process of reversing

d.h. = das heißt i.e. = that is

des ... Personenbezug of objects above human relationships

die Präzisierung a more precise formulation

Geltung verschaffen to gain acceptance for

sie – wenn auch unwissentlich – das Erbe der ersten Frauenbewegung angetreten, die in diesem Anspruch gescheitert

25 ist. Gemessen am heutigen Feminismus-Konzept war die erste Frauenbewegung in ihrem Anspruch auf Gesellschaftsveränderung nicht radikal genug, weil sie die Geschlechtsrollendifferenzierung nicht in Frage stellte, sondern im Gegenteil den Dualismus der Geschlechter als tragenden Pfeiler der

30 sozialen Ordnung ausdrücklich anerkannte.
Sicher ist die Tatsache, daß heute im Berufsleben eine geschlechtsspezifische Arbeitsteilung besteht, nicht Ergebnis der Bemühungen der ersten Frauenbewegung, sondern des allgemeinen sozialen Wandels, und in erster Linie auf die

35 Entstehung vieler neuer Angestellten- und Dienstleistungsberufe zurückzuführen. Aber die Frauenbewegung bejahte und beschleunigte diese Entwicklung; sie lieferte den stellensuchenden Frauen Rechtfertigung und Rückendeckung. – Erwerbstätige Frauen konzentrieren sich in den personen

40 orientierten Dienstleistungsberufen. Auf niedriger Qualifikationsebene sind sie lieber Verkäuferin und Friseuse statt Fabrikarbeiterin, auf mittlerer Qualifikationsebene eher Sekretärin und Sozialarbeiterin statt Technikerin, auf höherer Qualifikationsebene Lehrerin und Ärztin statt Ingenieurin

45 oder Physikerin. Aber die Spaltung trennt nicht nur männlich-sachorientierte von weiblich-personenorientierten, sondern auch männlich-leitende und weiblich-dienende, männlich-anweisende und weiblich ausführende, männlich-hochdotierte und weiblich-schlechtbezahlte Berufe. Der Frauenan

50 teil in einem Beruf entspricht in negativer Umkehrung dessen Prestige und der Höhe des Gehalts: Weibliche Berufstätigkeit hat einen niedrigeren Marktwert als männliche. Ganz wie die weiblichen Dienstleistungen im Haushalt und in der Familie umsonst bereitgestellt werden, so wird die „professionalisierte

55 Weiblichkeit" im Berufsleben niedriger bezahlt und geringer geschätzt.
Die erste Frauenbewegung teilte mit der gegenwärtigen die allgemeinste Zielvorstellung: Abschaffung der Frauenunterdrückung. Sie stellte sich darunter neben „Gleichberech

60 tigung" zunehmend auch eine Veränderung der Gesellschaft im Sinne der Mitherrschaft „weiblicher" Normen vor. Ihre Erwartung, daß Frauen sich einen breiten Zugang zur außerfamiliären Sphäre erobern würden, hat sich erfüllt, nicht aber die damit verbundene Utopie, daß die Frauen die

65 Gesellschaft „menschlicher" machen würden. Auch hat die Verbreitung der Frauenberufstätigkeit die Benachteiligung oder Unterdrückung der Frauen nicht beendet; im Gegenteil stellt die „Doppelrolle" nicht nur eine doppelte Belastung, sondern auch eine doppelte Ausbeutung dar.

70 Deswegen sind die Feministinnen der Neuen Frauenbewegung überzeugt, daß die Abschaffung und die Aufwertung femi

das Erbe antreten (i,a,e) to take up the legacy of
der Anspruch,-̈e auf demand for

tragend basic
der Pfeiler,- pillar, foundation

der Wandel change
die Dienstleistung,-en service
bejahen to affirm
liefern to supply with
die Rückendeckung,-en backing, support

die Spaltung,-en division

an·weisen (ie,ie) to instruct, order
hochdotiert highly remunerative
die Umkehrung,-en inversion

zunehmend increasingly
der Mitherrschaft ... Normen of female values being equally as important as male values
sich Zugang erobern to gain access

die Belastung,-en burden
die Ausbeutung,-en exploitation

niner Qualitäten nur durch eine Abschaffung der Geschlechtsrollendifferenzierung erreicht werden kann. Im Gegensatz zur
ersten Frauenbewegung, im Gegensatz zu staatlichen Gleich-
75 berechtigungshilfen und sozialistischen Frauenförderungspro-
grammen greift der Feminismus die Frauenunterdrückung vor
allem da an, wo ihre eigentlichen Wurzeln liegen: nicht im   die **Wurzel,-n** root
Beruf, sondern bei der geschlechtsspezifischen Arbeitsteilung
in der Familie, im Privatbereich.

Wortschatz

ab·schaffen   to get rid of, abolish
die **Abschaffung**   getting rid of, abolition
an·greifen (griff an, angegriffen)   to attack
der (die) **Anhänger(in),-,(-nen)**   follower, adherent
an·streben   to aim at, aspire to, strive for
befreien   to liberate, emancipate
die **Befreiung**   liberation, emancipation
benachteiligen   to discriminate against
benachteiligt sein   to be disadvantaged, discriminated against
die **Benachteiligung**   discrimination
der **Bereich,-e**   area, sphere, realm, sector
der **Beruf,-e**   occupation, career, profession
berufstätig sein   to be working, employed
die **Bewegung,-en**   movement
dar·stellen   to depict, portray, represent
die **Ebene,-n**   level
entsprechen (i,a,o) (*dat.*)   to correspond to (with), match
das **Ergebnis,-se**   result, consequence, upshot
erreichen   to achieve, reach
erwerbstätig   employed
der **Gegensatz,¨e**   contrast
im Gegensatz zu   in contrast to, unlike, as against
das **Gegenteil**   opposite, reverse
im Gegenteil   on the contrary

das **Gehalt,¨er**   income
gering   little, slight, negligible
das **Geschlecht,-er**   sex, gender
die **Geschlechtsrolle,-n**   sex role
die **Gesellschaft,-en**   society
gesellschaftlich   social, societal
gleichberechtigt   having equal rights
die **Gleichberechtigung**   equal rights
der **Grund,¨e**   reason
es besteht kein Grund, zu ...   there is no reason for
aus ... Grund   for ... reason
im Grunde (genommen)   actually, strictly speaking
es handelt sich um   it concerns, involves, it is a matter of, at issue is
das **Kennzeichen,-**   characteristic; license plate
kennzeichnen   to characterize, be characteristic of
die **Konkurrenz**   competition, competitors
der **Lebensstil,-e**   lifestyle
in erster Linie   in the first place, primarily, above all
rechtfertigen   to justify
die **Rechtfertigung,-en**   justification
schätzen   to value
scheitern (ist)   to fail
statt dessen   instead (of that)
teilen mit   to share with
überzeugen   to convince
überzeugt   convinced, dedicated
überzeugt sein von   to be convinced of
die **Überzeugung,-en**   conviction
der **Wert,-e**   value

das **Ziel,-e**   goal
zurück·führen auf (*acc.*)   to at-
    tribute to

Stichworte für die Diskussion

groß·ziehen (zog groß, großgezogen)
    to raise children
einen Beruf aus·üben   to have a
    profession (career)

die **Arbeitsteilung**   division of labor
diskriminieren   to discriminate
    against

Zur Diskussion

1. Stimmen Sie mit der Verfasserin überein, daß es typisch männliche und weibliche Eigenschaften gibt? Wenn ja, nennen Sie diejenigen, die Sie für am
   wichtigsten halten. Sind sie Ihrer Meinung nach angeboren (*innate*) oder anerzogen (*acquired*)?

2. Was meint Schenk, wenn sie von der Feminisierung der gesellschaftlichen Normen und Werte spricht? Teilen Sie ihre Ansicht, daß die Feminisierung der
   Gesellschaft ein Ziel der Frauenbewegung sein sollte? Wie sähe eine Gesellschaft aus, in der weibliche Werte dominieren?

3. Machen Sie Vorschläge, wie die Geschlechtsrollendifferenzierung abzuschaffen
   wäre.

4. Inwiefern müßte sich unsere Gesellschaft weiterhin ändern, damit Frauen wirklich gleichberechtigt sind?

Aufsatzthemen

1. Die Errungenschaften (*achievements*) der modernen Frauenbewegung

2. Ein Tag im Leben einer typischen amerikanischen (deutschen) Familie im Jahre
   2050

3. Stereotype Geschlechtsrollen in der Werbung (*advertising*)

I. Grammatisches

A. The genitive in a noun sequence

The genitive noun generally follows the noun it modifies.

> Verstehen Sie die Angst **des Mannes**?
> Die Verlegenheit **seiner Frau** war offensichtlich.

However, when a proper name is in the genitive, it precedes the noun it modifies.

> **Müllers** Geschäft geht sehr gut.

Irenes Mann ist Deutscher.

Note that German does not use an apostrophe unless the name ends in an **s** sound.

Marx' Schriften sind schwierig.

The paraphrase with **von** is often used instead of the genitive. Names ending in an **s** sound are very frequently replaced by a **von**-construction.

Das Geschäft **von Müller** geht sehr gut.

Der Mann **von Irene** ist Deutscher.

Die Lehrerin **von Thomas** meint das auch.

Auf deutsch.

1.   Hans's embarrassment was obvious (**offensichtlich**).

2.   My brother's wife works there too.

3.   He spoke with the sick man's relatives.

4.   Mrs. Weber is Mr. Schulz's superior.

5.   Professor Reimers' class is difficult (**schwierig**).

B.   **Mandatory reflexive verbs and impersonal reflexive expressions**

Frequently used reflexive verbs (in addition to the mandatory reflexives given in the chapter vocabulary lists) are:

> **sich entspannen**   to relax
> **sich fürchten vor** (*dat.*)   to be afraid of
> **sich irren**   to be mistaken
> **sich kümmern um**   to take care of, concern oneself with
> **sich schämen wegen**   to be ashamed of
> **sich scheiden lassen**   to get a divorce
> **sich verlassen** (**ä,ie,a**) **auf** (*acc.*)   to rely on
> **sich verlieben in** (*acc.*)   to fall in love with
> **sich verloben**   to become engaged
> **sich** (*dat.*) **vor·nehmen** (**i,a,o**)   to intend (mean) to do
> **sich wundern über** (*acc.*)   to be surprised, astonished about (at)

The reflexive pronoun normally follows the inflected verb immediately.

Ich wundere **mich** über seine Antwort.

In dependent clauses, the reflexive pronoun usually precedes the noun subject, but it always follows a pronoun subject.

Ich weiß, daß **sich** der Junge schämt.

Ich frage mich, ob man **sich** auf ihn verlassen kann.

There are a number of frequently used impersonal reflexive expressions. They are listed below.

es stellt sich heraus or **es erweist sich** (ie,ie): it turns out that

> **Es hat sich herausgestellt** (**erwiesen**), daß diese Firma immer noch Frauen diskriminiert.

es fragt sich, ob: the question is whether

> **Es fragt sich**, ob Frauen eines Tages wirklich gleichberechtigt sein werden.

es handelt sich um: it involves, concerns, is a question of, the issue is

> **Es handelt sich um** die Gleichberechtigung der Frauen.
> It is a question of (involves) equal rights for women.

> **Darum handelt es sich** ja überhaupt nicht.
> That is not the issue at all.

Auf deutsch. Jeder Satz soll ein Reflexivpronomen enthalten.

1. My brother fell in love with my girlfriend.

2. I am surprised at his views.

3. It turned out that they are aiming at the same thing.

4. I really was ashamed.

5. Father will take care of that.

6. You can rely on me.

7. It concerns the suppression of women.

8. We are going to relax this weekend.

C. Instead (of that): **statt dessen**; instead of: **(an)statt**

Instead (of that) in a sentence that contrasts with a preceding statement is expressed by **statt dessen**. The alternate spelling is **stattdessen**.

> Er wollte um sieben hier sein. **Statt dessen** kam er erst um zehn an.

The equivalent of the preposition *instead of* is **anstatt**, which is frequently shortened to **statt** in spoken German. It is usually followed by the genitive.

> **(An)statt seines** Sohnes hilft ihm seine Tochter beim Bauen.

The equivalent of *instead of* + verb + *-ing* is an infinitive clause introduced by (**an**)**statt**. The dependent infinitive normally is understood when it is the same verb as in the preceding clause.

> Wir fahren nach Kanada, **anstatt** nach Mexiko.

> **Statt** in der Bibliothek zu arbeiten, sind wir ins Kino gegangen.

Auf deutsch.

1. We wanted to leave at seven. We left at nine instead.

2. Instead of leaving at seven, we left at nine.

3. They bought an Audi (*m.*) instead of a Volkswagen.

4. They didn't buy an Audi. They bought a VW instead.

5. Instead of relaxing she worked till ten.

D.   The gender of **Teil** and of nouns compounded with **-teil**

Teil is normally masculine.

> **Der** erste **Teil** gefällt mir am besten.

However, some nouns compounded with **-teil** are masculine, others are neuter. The plural is always **-teile**.

> **der Anteil**   part, portion, share
> **der Bestandteil**   component, part, element
> **der Großteil**   large part
> **der Nachteil**   disadvantage
> **der Vorteil**   advantage
> **das Abteil**   compartment
> **das Gegenteil**   opposite
> **das Urteil**   judgment, opinion, verdict
> **das Vorurteil**   prejudice

Setzen Sie den bestimmten Artikel ein.

1. Er behauptet immer _____ Gegenteil von dem, was ich sage.

2. Das ist _____ Nachteil der Sache.

3. _____ Vorurteil ist ein Feind des Menschen.

4. Sie haben _____ Großteil ihrer Sachen verloren.

5. Ich halte _____ Urteil für zu streng.

E.   German dependent clauses as the equivalents of English infinitive clauses

In German, the inflected verb cannot be followed by an interrogative word plus an infinitive clause. Rather, a dependent clause introduced by an interrogative is used.

> Er hat mir gesagt, **wann ich es abholen kann.**
> He told me when to pick it up (when I can pick it up).

> Ich weiß nicht, **was ich tun soll.**
> I do not know what to do (what I should do).

> Sie haben uns gezeigt, **wie wir das machen können.**
> They showed us how to do it (how we can do that).

> Habt ihr euch entschieden, **welches Haus ihr kaufen werdet?**
> Did you decide which house to buy (which house you are going to buy)?

The verbs **erwarten, möchten,** and **wollen** cannot be followed by an infinitive clause in which the implied subject is the same as the direct object of the inflected verb. The same holds true of the indirect objects of **sagen** and **schreiben.** The verb of the main clause must be followed by a **daß**-clause.

> Sie **erwartet, daß wir es erledigen.**
> She expects us to take care of it (that we take care of it).

> Er **will (möchte), daß ihr es mit anderen teilt.**
> He wants you to share it with others (that you share it with others).

> Sie hat ihm **gesagt (geschrieben), daß er sich darum kümmern soll.**
> She told (wrote) him to take care of it (that he should take care of it).

Auf deutsch.

1.   Mr. Reichert wants us to come earlier.

2.   They told me to do it soon.

3.   Karen didn't know how to explain it to her friends.

4.   We would like him to do the same.

5.   I want to know which book to read.

6.   Can you tell me what to write to them?

7.   They expect you to help them.

8.   Lise wrote us to pick her up (**abholen**) on Sunday.

F.   Both: **beide;** both ... and: **sowohl ... als auch**

The adjective **beide** means *both.* It can also mean *two* if it is preceded by a

der-word or by a possessive pronoun. **Beide** takes regular adjective endings. The adjective following **beide** usually takes a secondary ending.

> **Beide** Frauen haben darüber geklagt.
> Both women complained about that.

> Die **beiden** wollen dasselbe.
> The two want the same thing.

> Das ist für eure **beiden** Freunde.
> That is for both of your (your two) friends.

> Unsere **beiden** jüngsten Töchter studieren Mathematik.
> Our two youngest daughters are studying mathematics.

If the noun or pronoun modified by **beide** is the subject of the sentence and is in first position, **beide** can follow the verb.

> Die Schwestern sind **beide** berufstätig.
> Wir sind **beide** dagegen.

The neuter, singular **beides** means *both things*.

> **Beides** ist möglich.

The equivalent of *both . . . and* (*as well as*) is **sowohl . . . als auch**.

> **Sowohl** ihre Mutter **als auch** ihre Schwester sind Feministinnen.
> Wir waren **sowohl** in Süddeutschland **als auch** in Norddeutschland.

Auf deutsch.

1. Both of us are for it.

2. Their two youngest children are still living at home.

3. This is for the two of us.

4. Both her brother and her sister are living in Frankfurt.

5. Ursula shared it with her two friends.

6. Both of the new results are important.

7. We like both things.

G.   A couple, a few: **ein paar**; a pair, a couple: **ein Paar**

Ein paar (*a couple of, a few*) is undeclined. Hence the adjective following has primary endings.

> Er war schon **ein paar** Male hier.

Ich habe mir heute **ein paar** interessante Bücher gekauft.

Ein Paar means *a couple* or *a pair*.

Sie sind ein hübsches **Paar**.

Sie hat mir ein **Paar** Handschuhe geschenkt.

Vervollständigen Sie die Sätze.

1. Ich will mir ⸺⸺⸺ Kassetten kaufen.

2. Sie braucht ⸺⸺⸺ neue Schuhe.

3. Wir haben ⸺⸺⸺ Sachen für euch.

II. Das passende Wort

A. To act: **sich benehmen, sich verhalten, handeln, so tun, als (ob)**

sich benehmen (benimmt, benahm, benommen): to act, behave

Sich benehmen stresses the correctness or incorrectness of behavior as determined by the standards of common courtesy and social conventions. When referring to the behavior of children, **sich benehmen** is used.

Ich wußte nicht, wie ich **mich benehmen** sollte.

Er **benimmt sich** oft unhöflich gegen uns (uns gegenüber).

Die Kinder haben **sich** gut (schlecht) **benommen**.

sich verhalten (ä,ie,a): to act, react, behave

Amerika hat **sich** der Sowjetunion gegenüber richtig (falsch) **verhalten**.

Sie hat **sich** klug **verhalten**.

Ich weiß nicht, wie ich **mich** in dieser Lage **verhalten** soll.

Die Verhaltenswissenschaften untersuchen, wie **sich** Menschen und Tiere **verhalten**.

handeln: to act, take action

Wir können nicht einfach zusehen (*watch*). Wir müssen **handeln**.

so tun, als (ob): to act as if (normally used with the subjunctive)

Er **tut, als ob** er benachteiligt wäre.

Er **tut, als** wäre er benachteiligt.

Sie **tat, als ob** sie nichts davon wüßte.

Auf deutsch.

1. Dieter acted foolishly (**dumm**).

2. We need to act immediately.

3. She acted as if she were quite convinced of it.

4. He often acts strangely.

5. They acted correctly in this situation.

6. He acted friendly toward (**gegenüber** + *dat.*) her.

B. On the contrary: **im Gegenteil, dagegen**; in contrast to: **im Gegensatz zu**

im Gegenteil: on the contrary

This phrase contradicts whatever comes before it. It usually precedes the element in first position and is set off by a comma or period.

> Sind sie verschiedener Ansicht hinsichtlich der Ziele der Frauenbewegung? **Im Gegenteil**, sie sind sich einig über ihre Ziele.

> Fühlen Sie sich diskriminiert? Ganz **im Gegenteil**. Wir sind gleichberechtigt.

dagegen: on the contrary, however

Dagegen either forms one unit with the subject it follows in first position, thus contrasting this subject with the subject in the preceding clause, or it follows the verb. When it follows the verb, the contrast is stated less emphatically. Synonyms for **dagegen** are **aber**, **hingegen**, and **jedoch**.

> Seine Frau ist noch krank. Er **dagegen** (**aber**, **hingegen**, **jedoch**) ist wieder ganz gesund.

> Er ist **dagegen** wieder ganz gesund.

im Gegensatz zu: in contrast to (with), unlike, as opposed to

This prepositional phrase forms one unit with its noun or pronoun object. It usually is in first position. It is not set off by a comma.

> **Im Gegensatz zu** ihrem Mann ist sie berufstätig.

Auf deutsch.

1. Women, as opposed to men, are disadvantaged.

2. Did she come home early? On the contrary, she came home very late.

3. Are they being exploited? Quite the opposite; they have many advantages.

4. He is convinced of it. She, on the contrary, does not believe it.

    5.   Unlike her husband she earns a lot.

    6.   I bought nothing. Inge, on the contrary, bought a lot.

C. It is a question of: **es handelt sich um**; to deal with: **handeln von**

es handelt sich um: it is a question (matter) of, it concerns, involved is (are), we are talking about, the issue is

This idiom always contains **es**, either preceding or following the verb.

    Es handelt sich um die Gleichberechtigung der Frau.
    It concerns equal rights for women.

    Darum handelt es sich ja gar nicht.
    That is not the issue.

    Worum handelt es sich denn?
    What are we talking about?

handeln von: to treat a topic, deal with, be about (when the grammatical subject is a book, article, play, movie, etc.)

    Der Artikel **handelt von** der Entdeckung Amerikas.
    This article is about the discovery of America.

Ersetzen Sie das kursiv Gedruckte durch **es handelt sich um** oder **handeln von**, und machen Sie die erforderlichen Änderungen.

    1.   Die Erzählung *berichtet* von den Erlebnissen einer Studentin.

    2.   *In Frage steht* die Arbeitsteilung.

    3.   In diesem Buch *wird* die Frage der Gleichberechtigung der Frau *diskutiert*.

    4.   Der Film *stellt* das Leben eines Gastarbeiters *dar*.

    5.   *Darum geht es* nicht.

D. Half: **halb, die Hälfte**

Halb is used as an adjective as well as an adverb. **Halb** can mean *half, half a (the), half as,* or *halfway.*

    Senioren zahlen nur den **halben** Preis.
    Bitte gib mir nur ein **halbes** Stück.
    Er verdient nur **halb** soviel wie sie.
    Das habe ich nur **halb** verstanden, denn ich habe nur **halb** zugehört.

Die Hälfte is generally used when *half* is followed by *of* or if *of* can be supplied.

> **Die Hälfte** der Studenten war schon mal in Deutschland.
>
> Ich habe schon **die Hälfte** meines Geldes ausgegeben.
>
> Sie hat die **Hälfte** der Arbeit alleine getan.

Auf deutsch.

1. Half of the summer is over (**vorbei**).

2. I was only half dressed (**angezogen**) when he came.

3. They told you only half of it.

4. We lived in Austria for half a year.

E. To meet: **treffen, begegnen, kennenlernen**

(**sich**) **treffen** (**i, traf, o**): to meet (by arrangement or chance)

> Ich **treffe mich** einmal die Woche mit ihr.
>
> Ich habe heute einen alten Freund in der Kaufhalle **getroffen**.

(**sich**) **begegnen** (*dat.*): to meet by chance, encounter

Begegnen takes **sein** as auxiliary.

> In der Stadt **bin** ich der Frau Reuter **begegnet**.
>
> Ihre Blicke **begegneten** sich.

kennen·lernen: to meet, get to know

> Der sieht interessant aus. Den möchte ich **kennenlernen**.
>
> Wo **habt** ihr euch denn **kennengelernt**?

Vervollständigen Sie die Sätze.

1. Ich _____ sie beim Einkaufen _____.

2. _____ wir _____ doch um vier im Kaffeehaus.

3. Woher kennt ihr euch eigentlich? Wir haben uns auf einer Party _____.

4. Können wir _____ nächste Woche mal _____?

5. Stell dir vor, wem ich heute _____ _____!

F. The uses of **doch**

Doch can function as a coordinating conjunction, as an adverb, and as a particle.

Sie haben es versucht, **doch** es ist ihnen nicht gelungen.

The adverb **doch** is stressed and means *after all.* It follows the verb, pronouns, and unstressed nouns. It is frequently preceded by **also**.

Es stimmt also **doch**.

Sie hat es also **doch** vergessen.

Eigentlich wollte er es heute bringen. Nun kommt er **doch** nicht.

The most common uses of the particle **doch** are listed below.

Doch, when strongly stressed, is used to contradict a negative statement and to answer a negative question in the affirmative.

Er ist nicht daran schuld. **Doch**, er ist daran schuld.

Sind Sie nicht davon überzeugt? **Doch**, ich bin davon überzeugt.

Doch, when unstressed, has persuasive force; the speaker urges the listener: *don't forget* or *come on.*

Du weißt **doch**, daß er sich sehr (darum) bemüht hat.
Don't forget that he tried very hard.

Das ist **doch** Unsinn!
Come on, that is nonsense.

In intonation questions, that is, statements turned into questions by using question intonation, the unstressed **doch** expresses the speaker's assumption or hope that the opposite is not true. **Doch** used in this sense is frequently followed by **wohl**.

Wir meinen **doch** dasselbe?
I assume that we are talking about the same thing.

Er wird **doch wohl** pünktlich hier sein?
I hope he'll be on time.

Doch is used frequently in casual requests together with **mal**.

Komm **doch** mal her.
Why don't you come here for a second?

Zeig mir das **doch** mal.
Let me see it for a second.

Setzen Sie **doch** ein, unterstreichen Sie das Wort, wenn es betont wird, und geben Sie anschließend die Bedeutung des Satzes auf englisch.

1.   Es ist schon zu spät dafür.

2.   Er hat es nicht vergessen?

3.   Sie wohnen jetzt in München.

   4.   Hast du jetzt keine Zeit? Ich habe Zeit.

   5.   Ihnen ist nichts passiert?

   6.   Wir hatten ihn gebeten, es nicht zu tun. Nun hat er es getan.

   7.   Das ist falsch.

   8.   Sie hat nicht genug Erfahrung.

G. The particle **aber**

Aber, when used as a particle, emphasizes feelings of surprise, satisfaction, admiration, or displeasure.

Ihr seid **aber** früh angekommen!
You got here so early!

Der Kuchen hat **aber** geschmeckt!
The cake was really good!

Das ist **aber** schön!
How nice!

Das darf **aber** nicht so weitergehen!
It just must not go on like that!

Setzen Sie **aber** ein, und geben Sie anschließend die Bedeutung des Satzes auf englisch.

   1.   Das ist nett von Ihnen!

   2.   Diese Geschichte ist interessant!

   3.   Der Film war langweilig!

   4.   Das ist teuer!

III. Wiederholungsübungen

A. Setzen Sie die in Klammern stehenden Wörter in ihrer richtigen Form ein. In manchen Sätzen ist ein bestimmter oder unbestimmter Artikel hinzuzufügen.

   1.   Seine Ansicht entspricht ganz _____ Meinung. (mein)

   2.   Es handelt sich um _____ _____ Lebensstil. (ander-)

   3.   Heute morgen bin ich _____ _____ Freund Jürgen begegnet. (mein, alt)

   4.   Man gab die Stelle einem Mann anstatt _____ _____ Frau. (qualifizierter-)

5. Das ist _____ _____ Nachteil. (groß)

6. Man führt es auf _____ _____ Arbeitsteilung zurück.
    (traditionell)

7. Im Gegensatz zu _____ _____ Frauen haben es die
    Männer im _____ und _____ besser im Berufsleben.
    (benachteiligt, groß, ganz)

8. Darin liegt _____ _____ Vorteil. (einzig)

9. Das Buch handelt von _____ _____ Frauenbewegung.
    (zweit-)

10. Aus _____ Grund streben sie die Abschaffung der Arbeitsteilung
    an? (welch-)

B. Setzen Sie die fehlenden Präpositionen ein bzw. die Zusammenziehungen von
    Artikel und Präposition.

1. Wir möchten es gerne _____ euch teilen.

2. Viele führen die Benachteiligung der Frau dar-_____ zurück.

3. Bitte kümmern Sie sich dar-_____.

4. Ich bin noch nicht ganz da-_____ überzeugt.

5. Es handelt sich _____ etwas anderes.

6. _____ Gegensatz _____ ihr verdient er gut.

7. _____ welchem Grund hat er sie angegriffen?

8. Der Film handelt _____ dem Leben einer Frau in der Nach-
    kriegszeit.

9. Ist er erwerbstätig? _____ Gegenteil; er ist schon lange arbeits-
    los.

10. _____ Grunde genommen sollten wir die Befreiung des Men-
    schen anstreben.

C. Vervollständigen Sie die Sätze.

1. Es fragt _____, ob das den Tatsachen entspricht.

2. Es _____ kein Grund anzunehmen, daß er _____
    falsch verhalten hat.

3. _____ Nachteil dieses Berufes kenne ich.

4.   Ich glaube, da irren Sie _____.

5.   Wovon _____ die Geschichte? Von dem Schicksal einer Feministin.

6.   Ich interessiere mich sehr für Literatur, aber in _____ Linie bin ich an Politik interessiert.

7.   Er hat _____ _____ sie verliebt.

8.   Viele Frauen halten sich für befreit. Andere _____ halten sich für benachteiligt.

9.   _____ auf die Party zu gehen, bin ich früh ins Bett gegangen.

10. Es stellte sich _____, daß sie derselben Überzeugung sind.

D.   **Auf deutsch.**

1.   I didn't know what to say to Ulrich.

2.   The question is whether we can rely on him.

3.   It concerns employed women.

4.   Both she and her husband are convinced of it.

5.   Willi acted strangely that evening.

6.   There is no reason to assume that.

7.   They do not have equal rights; instead they are discriminated against.

8.   Their son is only half as successful as their daughter.

9.   It turned out that the competition did the same.

10. The book is about the women's movement.

E.   **Ersetzen Sie das kursiv Gedruckte durch sinnverwandte Ausdrücke, und machen Sie die erforderlichen Änderungen.**

1.   Ist er liberal? *Ganz und gar nicht*; er ist höchst konservativ.

2.   Er hat *sich* sehr taktvoll *benommen.*

3.   *Aus welchem Grund* streben sie das an?

4.   Heutzutage sind die meisten Frauen *erwerbstätig.*

5.   *Es geht um* die Armen.

6.   Sie redet sehr viel. Er *dagegen* ist ziemlich ruhig.

7. Ich *bin* ihr auf dem Weg nach Hause *begegnet.*

8. Alle sollten *gleiche Rechte haben.*

9. Ihre *Lebensweise* gefällt mir.

10. *Anstatt* gegeneinander sollten wir miteinander arbeiten.

Chapter 7

Bertolt Brecht (1895–1956) is one of the great literary figures of our century. He is best known for his plays, such as *Mother Courage* and *The Threepenny Opera*. "Wenn die Haifische Menschen wären" is one of his *Geschichten von Herrn Keuner*. Herr Keuner, Brecht's alter ego, tells witty and provocative stories in order to arouse people from an acceptance of the status quo into an awareness of their ability to create a more enlightened social order. This satire takes on added meaning in light of Brecht's own political beliefs. As a Marxist, he was considered an enemy of the Nazi state, which he fled in 1933. He returned to East Berlin in 1948, where he remained until his death.

Wenn die Haifische Menschen wären
Bertolt Brecht

„Wenn die Haifische Menschen wären", fragte Herrn K. die kleine Tochter seiner Wirtin, „wären sie dann netter zu den kleinen Fischen?" „Sicher", sagte er. „Wenn die Haifische Menschen wären, würden sie im Meer für die kleinen Fische
5 gewaltige Kästen bauen lassen, mit allerhand Nahrung drin, sowohl Pflanzen als auch Tierzeug. Sie würden sorgen, daß die Kästen immer frisches Wasser hätten, und sie würden überhaupt allerhand sanitäre Maßnahmen treffen. Wenn zum Beispiel ein Fischlein sich die Flosse verletzen würde, dann
10 würde ihm sogleich ein Verband gemacht, damit es den Haifischen nicht wegstürbe vor der Zeit. Damit die Fischlein nicht trübsinnig würden, gäbe es ab und zu große Wasserfeste; denn lustige Fischlein schmecken besser als trübsinnige. Es gäbe natürlich auch Schulen in den großen Kästen. In diesen
15 Schulen würden die Fischlein lernen, wie man in den Rachen der Haifische schwimmt. Sie würden zum Beispiel Geographie brauchen, damit sie die großen Haifische, die faul irgendwo liegen, finden könnten. Die Hauptsache wäre natürlich die moralische Ausbildung der Fischlein. Sie würden unterrichtet
20 werden, daß es das Größte und Schönste sei, wenn ein Fischlein sich freudig aufopfert, und daß sie alle an die Haifische glauben müßten, vor allem, wenn sie sagten, sie würden für eine schöne Zukunft sorgen. Man würde den Fischlein beibringen, daß diese Zukunft nur gesichert sei, wenn sie Gehor-

allerhand all sorts of

das Tierzeug animal matter

Maßnahmen treffen to take measures
die Flosse,-n fin

damit ... Zeit so that the sharks should not be deprived of it by an untimely death

der Rachen,- jaws

der Gehorsam obedience

25 sam lernten. Vor allen niedrigen, materialistischen, egoisti-
schen und marxistischen Neigungen müßten sich die Fischlein hüten und es sofort den Haifischen melden, wenn eines
von ihnen solche Neigungen verriete. Wenn die Haifische
Menschen wären, würden sie natürlich auch untereinander
30 Kriege führen, um fremde Fischkästen und fremde Fischlein zu erobern. Die Kriege würden sie von ihren eigenen
Fischlein führen lassen. Sie würden die Fischlein lehren,
daß zwischen ihnen und den Fischlein der anderen Haifische ein riesiger Unterschied bestehe. Die Fischlein, würden
35 sie verkünden, sind bekanntlich stumm, aber sie schweigen
in ganz verschiedenen Sprachen und können einander daher
unmöglich verstehen. Jedem Fischlein, das im Krieg ein paar
andere Fischlein, feindliche, in anderer Sprache schweigende
Fischlein tötete, würden sie einen kleinen Orden aus Seetang
40 anheften und den Titel Held verleihen. Wenn die Haifische
Menschen wären, gäbe es bei ihnen natürlich auch eine Kunst.
Es gäbe schöne Bilder, auf denen die Zähne der Haifische in
prächtigen Farben, ihre Rachen als reine Lustgärten, in denen
es sich prächtig tummeln läßt, dargestellt wären. Die The-
45 ater auf dem Meeresgrund würden zeigen, wie heldenmütige
Fischlein begeistert in die Haifischrachen schwimmen, und die
Musik wäre so schön, daß die Fischlein unter ihren Klängen,
die Kapelle voran, träumerisch, und in allerangenehmste Gedanken eingelullt, in die Haifischrachen strömten. Auch eine
50 Religion gäbe es da, wenn die Haifische Menschen wären. Sie
würde lehren, daß die Fischlein erst im Bauch der Haifische
richtig zu leben begännen. Übrigens würde es auch aufhören,
wenn die Haifische Menschen wären, daß alle Fischlein, wie
es jetzt ist, gleich sind. Einige von ihnen würden Ämter
55 bekommen und über die anderen gesetzt werden. Die ein
wenig größeren dürften sogar die kleineren auffressen. Das
wäre für die Haifische nur angenehm, da sie dann selber
öfter größere Brocken zu fressen bekämen. Und die größeren,
Posten habenden Fischlein würden für die Ordnung unter den
60 Fischlein sorgen, Lehrer, Offiziere, Ingenieure im Kastenbau
usw. werden. Kurz, es gäbe überhaupt erst eine Kultur im
Meer, wenn die Haifische Menschen wären.“

niedrig base
sich hüten vor to guard
    against

verraten (ä,ie,a) to display

erobern to conquer

verkünden to proclaim
stumm mute

Orden ... anheften to pin on
    a medal made of seaweed

prächtig splendid
reine ... läßt parks where it
    would be a sheer joy to frolic

die ... voran led by the band

der Brocken,- morsel

es ... Meer the sea would only
    begin to be civilized

Wortschatz

ab und zu now and then
angenehm pleasant, comfortable
sich auf·opfern to sacrifice oneself
    das Opfer,- victim, sacrifice
aus·bilden to train, educate
die Ausbildung,-en training, educa-
    tion

**bei·bringen (brachte bei, beige-
    bracht)** to teach a skill
bekanntlich as everybody knows, as
    you know
bestehen (bestand, bestanden) aus
    to consist of
damit so that

erst   not until, only ... so far
faul   lazy
glauben an (*acc.*)   to believe in
der **Haifisch,-e**   shark
die **Hauptsache,-n**   the main thing
hauptsächlich   mainly, primarily
der **Held(en)**   hero
der (die) **Ingenieur(in),-e,(-nen)**
   engineer
der **Kasten,-̈**   box; here: fish container
der **Krieg,-e**   war
   einen Krieg führen   to wage war
die **Kultur,-en**   culture, civilization
die **Kunst,-̈e**   art
der **Künstler,-**   the artist
lustig   jovial, merry, amusing
melden   to report
die **Religion,-en**   religion
riesig   enormous, immense

schmecken   to taste
sorgen (**für**)   to provide for, take care
   of, see to something, make sure
überhaupt   in general, anyway, anyhow, at all
unmöglich   impossible; not possibly
der **Unterricht**   instruction, teaching,
   class
unterrichten   to teach, instruct
der **Unterschied,-e**   difference
   **ein Unterschied besteht zwi-
   schen**   there is a difference
   between
verletzen   to injure, hurt
die **Verletzung,-en**   injury
verschieden   various, different
vor allem   above all, most important
die **Wirtin,-nen**   landlady
die **Zukunft**   future
   in Zukunft   in future

Stichworte für die Diskussion

die **Macht**   power
mächtig   powerful
der **Machthunger**   craving for power
machtgierig   greedy for power

eigennützig   self-interested
aufklären   to enlighten
an·spielen auf (*acc.*)   to allude to

Zur Diskussion

1.   Wie ist die Gesellschaft strukturiert, die Brecht in dieser Satire darstellt? Welche gesellschaftlichen Bereiche greift Brecht an? Warum?

2.   Vergleichen Sie die Menschen, wie sie hier gezeichnet sind, mit dem Bild des idealen Menschen, das der Satire zugrundeliegt.

3.   Inwiefern spielt die Satire auf folgende Redewendungen an?

   einen mächtigen Hunger haben   to be tremendously hungry
   Macht geht vor Recht   might is right
   er kann den Rachen nicht voll genug kriegen   he can't get enough
   einem einen Brocken in den Rachen werfen   to throw someone a sop
   sich wohl fühlen wie ein Fisch im Wasser   to be in one's element

Aufsatzthemen

1.   Gehen Sie auf #2 oder 3 der Diskussionsthemen näher ein.

2.   In unserer Gesellschaft ließe es sich (*one could*) besser leben, wenn ...

3.   Schreiben Sie eine Fabel.

I. Grammatisches

A. The general subjunctive

The general subjunctive is used in contrary-to-fact conditions, in unfulfilled wishes, and in polite requests. (For its use in indirect discourse, see Chapter 8.)

The present general subjunctive forms of weak verbs are identical with the past indicative forms. Strong verbs use the same endings as weak verbs, minus the **-t**. If the past indicative stem has an **a**, **o**, or **u**, it receives an umlaut. The endings **-est** and **-et** are usually shortened to **-st** and **-t** when spoken.

> Ich **käme** gerne, wenn sie mich **einlüden**.
> I would be glad to come if they were to invite me.

Haben, **sein**, **werden**, and the modals (with the exception of **wollen** and **sollen**) add an umlaut in the present subjunctive. **War** adds an **-e** to the first and third persons singular and usually drops the **-e-** in the second person singular and plural. (Ich, er, sie **wäre**, du **wärst**, ihr **wärt**).

> Wenn du **mitkämest**, **führe** ich gerne nach Zürich.
> If you came along, I would enjoy driving to Zurich.

> Wenn er doch nur hier **wäre**! **Wäre** er doch nur hier!
> If only he were here!

> Ich **wünschte** (**wollte**), ich **hätte** das nicht gesagt!
> I wish I had not said that!

> **Dürfte** ich Sie mal kurz stören?
> Might I interrupt you briefly?

The future subjunctive forms (**würde**-forms) frequently are used in place of present tense forms in the conclusions of contrary-to-fact statements, and they can be used in the **wenn**-clause as well. The **würde**-forms are used with the verbs **bringen**, **helfen**, **kennen**, and **sterben** since these verbs have irregular subjunctive forms that are rarely used today.

> Wenn ich Zeit **hätte**, **würde** ich das Wochenende in München verbringen.
> If I had time, I would spend the weekend in Munich.

> Wenn es euch Spaß machen **würde**, **könnten** wir noch in eine Disko gehen.
> If you would enjoy it, we could go to a disco.

Würde is not used for *would* expressing habitual action. Rather, the indicative is used with **immer** or **gewöhnlich**.

> Als ich in Wien wohnte, bin ich **immer** (**gewöhnlich**) nachmittags ins Kaffeehaus gegangen.

There is only one past form of the general subjunctive. It is formed with the present subjunctive of **haben** or **sein** and the past participle.

Wenn ich Zeit **gehabt hätte, wäre** ich ins Museum **gegangen**.
If I had had time, I would have gone to the museum.

The English forms *could have* and *should have* always begin with **hätte** in German; *would have* begins with either **hätte** or **wäre**.

Wir **hätten** es ihr schicken **können**, wenn wir ihre Adresse gewußt hätten.
We could have sent it to her if we had known her address.

Eigentlich **hätten** sie es schon gestern machen **sollen**.
They really should have done it yesterday.

Sie **wäre** nach Amerika **gereist**, wenn dies nicht passiert wäre.
She would have traveled to America if this had not happened.

In irreal **wenn**-clauses, **nicht müssen** is used rather than **nicht brauchen zu**.

Er wäre gerne mitgekommen, wenn er **nicht** hätte arbeiten **müssen**.
He would have liked to come along if he had not had to work.

The subjunctive is generally used in clauses introduced by **als (ob)**.

Er sieht aus, **als ob** er verletzt **wäre**.

Sie tut, als **hätte** sie keine Schuld.

Auf deutsch.

1. I wish I could believe in God again.

2. May I please have another glass of wine?

3. Mrs. Müller could not take care of it yesterday.

4. If Erich asked us for help (**die Hilfe**), we would help him.

5. When we were in Berlin, we would go to a bar (**die Kneipe**) every night.

6. If you had been there (**dabei**), we would have enjoyed ourselves more.

7. I wish I had not had to stay home last night.

8. If only she could have visited us.

9. If we had known that, we would not have asked them.

10. Maria acted as if I were at fault.

11. If I had found such a dress, I would have bought it.

12. We should have reported it.

B. Should: indicative and subjunctive uses of **sollen**

> **Sollen** used in the indicative means *supposed to*. When *should* can be replaced
> by *ought to*, the subjunctive must be used because a contrary-to-fact situation
> is implied. **Eigentlich** (*really*) is frequently used with the subjunctive forms of
> **sollen**.

> Er war beim Arzt. Er **soll** weniger essen.
> He saw the doctor. He is supposed to eat less.

> Er **sollte** eigentlich weniger essen.
> He really should (ought to) eat less.

Auf deutsch.

1. They really should take better care of their children.

2. You should try it sometime.

3. We should work more.

4. You're supposed to help them.

5. I really should help them, but I do not have time.

C. Such (a): **solch, so ein**

> In the plural, **solch-** functions as a **der**-word.

> **Solche** lustigen Geschichten lesen wir gern.

> The equivalent of *such a* is **so ein** or the more formal **solch ein**.

> Er ist **so** (**solch**) **ein** komischer Mensch.
> **So** (**solch**) **einen** Fotoapparat wünsche ich mir auch.

Auf deutsch.

1. This is such a wonderful opportunity.

2. We too have such problems.

3. There is such a big difference between them.

4. I enjoy meeting such interesting Germans.

D. There is (are): **es gibt, es ist (sind)**

> **Es gibt** requires the accusative. It denotes existence in general or with reference
> to a time period or large place, such as a city, country, the world, the universe.

> **Es gibt** zu viel Armut.
>
> In Europa **gibt es** viele historische Bauten.
>
> Damals **gab es** noch keine Autos.

Es gibt is used in the following idiomatic expressions.

> Heute **gibt's** Wiener Schnitzel.
> Today we are having Wiener Schnitzel for dinner.
>
> Was **gibt's** heute abend im Fernsehen?
> What's on TV tonight?
>
> **Es gibt** noch viel zu tun.
> There is still much to be done.

Es ist (sind) is used in reference to a person or thing in a clearly defined, limited space, such as a building, a room, or a particular point in the environment. If the sentence does not include a place word or phrase, **da** needs to be added.

> **Es war** kein einziger Arzt im Stadion.
>
> **Es war** kein einziger Arzt **da**.

Auf deutsch.

1. How many schools are there in your town?

2. There were no Germans.

3. I am convinced there is a solution.

4. There were several engineers in the class.

5. Everyone hopes there will be no war.

II. Das passende Wort

A. Only: **nur**, **erst**

The equivalents of the adverb *only* are **nur** or **erst** depending on the meaning intended. **Nur** is used when *only* means *not more, not other than*; its implied meaning is *and that is it, that was all*, or *that will be all*.

> Sie haben **nur** ein Kind.
>
> Wir waren **nur** einmal am Meer.
>
> Ich habe **nur** hundert Mark gespart.

Erst means *only ... so far*; it implies that more is expected.

> Sie haben **erst** ein Kind. (Sie wünschen sich noch eins.)
>
> Wir waren **erst** einmal am Meer. (Wir haben aber vor, noch einmal ans Meer zu fahren).

Ich habe **erst** hundert Mark gespart. (Ich will aber 500 Mark sparen.)

In reference to a point of time, **erst** means *not before (until)*.

Ich komme **erst**, wenn ich dies erledigt habe.
Der Film begann **erst** um neun Uhr.

Setzen Sie das passende Wort ein.

1. Wie lange arbeiten Sie schon dort? _____ seit drei Monaten.

2. Ich blieb _____ ein paar Minuten dort.

3. Ich komme _____ am Wochenende wieder. Ihr müßt schon so lange warten.

4. Der Aufsatz soll _____ zwei Seiten lang sein.

5. Das wird _____ nächste Woche entschieden.

B. Equivalents of *high school*

Because the educational systems in America and in German-speaking countries are in many ways incomparable, it is best to keep the terms that are used in the school system under discussion. Hence, American *high school* is **die High School**. **Das Gymnasium** is the name for a German preparatory high school. **Die Hochschule** refers to an institution of higher learning and **Hochschullehrer** means *college (university) teacher*.

Unsere **High School** ist sehr groß.
Er ist Lehrer an einem **Gymnasium**.
Sie ist Professorin an der Pädagogischen **Hochschule**.

Auf deutsch.

1. He went to high school in Kansas City.

2. She wants to become a college teacher.

3. I attended (**besuchen**) a German (preparatory) high school.

C. To teach: **lehren, unterrichten, beibringen**

lehren: to teach at a college, university, or professional school; to teach the basics of a skill

Professor Müller **lehrt** Philosophie an der Universität München.
Sie haben ihre Kinder früh Lesen und Schreiben **gelehrt**.

unterrichten: to teach a class, instruct

> Sie **unterrichtet** die zehnte Klasse.
>
> Wer **unterrichtet** diesen Kurs?

bei·bringen (**brachte bei, beigebracht**): to teach someone a skill informally

Beibringen is less formal than **lehren**. With reference to the teaching of a skill, it is used much more frequently than **lehren**. The person being taught is in the dative.

> Wer hat dir Kochen **beigebracht**?

Setzen Sie das passende Verb ein.

1. Die zwölfte Klasse wird von Frau Meyer _____.

2. Wer hat denn der Kleinen radfahren _____?

3. An den meisten amerikanischen Universitäten wird Germanistik (*German Studies*) _____.

4. Das mußt du mir mal bei Gelegenheit _____.

D. To study: **lernen**, **studieren**

lernen: to learn, acquire a skill

> Ich **lerne** in diesem Semester Deutsch.
>
> Wo hast du das denn **gelernt**?

studieren: to study (something in depth), go to college, attend a university

> Sie **studiert** Physik.
> Er hat alle Bücher **studiert**, die sich mit diesem Thema befassen.
> Sie hat sechs Semester an der Universität Heidelberg **studiert**.

> Sie **studiert** noch.
> She is still in college.

Studieren must not be used as the equivalent of *to study* in the sense of preparing for class or for an examination. The following equivalents are appropriate.

> Wir **machen** unsere **Aufgaben** nach dem Abendessen.
> Ich will jetzt noch 'was für Mathematik **tun**.
> Ich muß **mich** heute abend **für** die Prüfung **vorbereiten**.

Auf deutsch.

1. She studied at the University of Munich.

   2.   I have to study German tonight.

   3.   Where did you go to college?

   4.   How long did you study for the test?

   5.   We intend to study this problem.

E. Student: **der (die) Schüler(in), der (die) Student(in)**

der (die) Schüler(in),-,(-nen): student other than at the college or university level

> Die **Schüler** der neunten Klasse haben das Fest geplant.

der Student(en), die Studentin,-nen: student at an institution of higher learning

> Wieviele **Studenten** studieren an dieser Universität?

Setzen Sie das passende Nomen ein.

   1.   In unserem Gymnasium gibt es ungefähr 500 _____ .

   2.   Dieser Professor hat zu viele _____ .

   3.   Seine _____ sind alle unter zwölf.

F. Different: **ander-(s), verschieden**

Ander- is the equivalent of *different* if *from* or *than* follows or can be supplied. The form is **anders** if used as a predicate adjective or as an adverb.

Verschieden is used when *different from one another* is meant. **Verschieden** is required if *various* can be substituted for *different*.

> Wir haben **andere** Gründe dafür (**als** Sie).
> Wir haben **verschiedene** Gründe dafür.
> Peter ist **anders als** sein Bruder Paul.
> Die Brüder sind recht **verschieden**.

> **Anders gesagt**, sie sind faul.
> To put it differently, they are lazy.

sich unterscheiden (von): to be different (from), differ

> Wie **unterscheiden sich** die Geschichten (voneinander)?

> Sie **unterscheiden sich** hauptsächlich **darin**, daß die eine viel komplizierter ist als die andere.

Setzen Sie das passende Wort ein.

1. Mein Freund und ich haben leider ganz _____ Interessen.

2. Sie hat _____ Interessen als ihr Freund.

3. Unsere zwei Söhne sind sehr _____.

4. Ihre Ansichten _____ sich in mehreren Hinsichten.

5. _____ gesagt, solche Menschen sind dumm.

6. Ich bin da _____ (*gen.*) Meinung als Sie.

7. Es gibt natürlich viele _____ Ansichten darüber.

8. Letzten Sommer war ich Kellner. Diesen Sommer möchte ich etwas _____ machen.

G. Comfortable: **angenehm, bequem,** and other equivalents

angenehm: comfortable with reference to weather, temperature, quality of life

In Kalifornien ist das Klima sehr **angenehm.**
Ist es Ihnen zu kalt? Nein, es ist **angenehm** so.
Wir haben ein **angenehmes** Leben.

bequem: comfortable to sit in, lie on, walk in (on), move in, etc.

Das ist ein **bequemer** Sessel.
Ich werde mir die **bequemsten** Schuhe anziehen.
Man sitzt (liegt, geht) hier sehr **bequem.**

es sich (*dat.*) **bequem machen:** to make oneself comfortable

Machen Sie **es sich** (**mach es dir**) **bequem.**

Bequem, in reference to a person, means *a bit on the lazy side.*

Sie ist etwas zu **bequem.**

Bequem cannot be used to express *to feel comfortable.* Note the following equivalents.

Wir **fühlen uns wohl** hier.
We feel comfortable here.

Mir ist nicht ganz **wohl** dabei.
I do not feel very comfortable about it.

Auf deutsch.

1. Is the chair comfortable?

2.   Today the weather is very comfortable.

3.   Wear (**anziehen**) something comfortable.

4.   Their life is very comfortable.

5.   He does not feel comfortable in their presence (**die Gegenwart**).

H.   The particle **eigentlich**

Eigentlich is the equivalent of *really* when used in the sense of *actually, in actual fact, to come right down to it*. *Really* in the more emphatic sense of *positively, definitely* is expressed by **wirklich**. **Eigentlich** either precedes or follows the verb and unstressed elements.

Das Auto gehört **wirklich** meinem Bruder.
The car really does belong to my brother.

Eigentlich gehört das Auto meinem Bruder, aber ich darf es ab und zu benutzen.
The car really (actually) belongs to my brother, but I may use it now and then.

Es ist **wirklich** schade, daß sie nicht kommen können.
It really (positively) is a pity that they can't come.

Eigentlich ist es schade, daß sie nicht kommen können.
To come to think of it, it is a pity that they can't come.

In questions, **eigentlich**, like **denn**, expresses interest, curiosity, or irritation. The two words are frequently used together. **Eigentlich** is used when the speaker means to slightly shift the focus of the general topic under discussion. It gives the question a more casual tone.

Was bedeutet das Wort **eigentlich**?
Just what (exactly) does the word mean?

Wann kommen sie **denn eigentlich**?
Just when are they coming?

Wie alt ist Martens **eigentlich**?
Say (tell me), just how old is Martens?

Setzen Sie **eigentlich** ein, und geben Sie anschließend die Bedeutung des Satzes auf englisch. In Sätzen 2, 4 und 6 setzen Sie sowohl **eigentlich** als auch **wirklich** ein, und zeigen Sie die Bedeutungsunterschiede.

1.   Wann beginnt die Vorstellung (*show*)?

2.   Das ist falsch.

3.   Wie teuer ist so ein Wagen?

4. Es ist traurig, daß sie sich so schlecht verstehen.

5. Du könntest mir helfen.

6. Da hast du recht.

7. Wieviel kostet das?

8. Wissen Sie es schon?

I. The particle **überhaupt**

Überhaupt generally follows the verb and unstressed elements. The most common uses of **überhaupt** are outlined below.

In a declarative statement, **überhaupt** means *in general, generally speaking, considered as a whole.*

Wir würden **überhaupt** vieles anders machen.
We would, in general, do many things differently.

Brecht hat **überhaupt** sehr gute Sachen geschrieben.
Generally speaking, Brecht wrote very good things.

Moderne Musik ist **überhaupt** interessant.
Considered as a whole, modern music is very interesting.

In questions, **überhaupt** asks for confirmation of what has been assumed, or it can imply disbelief or irritation.

Stimmt das **überhaupt**?
Tell me, is that really true?

Hast du **überhaupt** Lust dazu?
Do you actually feel like doing that?

Wie ist das **überhaupt** möglich?
How in the world is that possible?

Woher weißt du das **überhaupt**?
How do you know that, anyway?

In negations, **überhaupt** means *at all* or *whatsoever.*

Das habe ich **überhaupt** nicht verstanden.
I did not understand that at all.

Sie hat heute **überhaupt** keine Zeit.
Today she has no time whatsoever.

Setzen Sie **überhaupt** ein, und geben Sie anschließend die Bedeutung des Satzes auf englisch.

1. Ich habe keine Lust dazu.

2. Seid ihr schon hungrig?

3. Das stimmt nicht.

4. Es bestehen große Unterschiede zwischen ihnen.

5. Ob sie wissen, wie gut sie es haben?

6. Wie kannst du so etwas Dummes behaupten?

7. Das habe ich nicht bemerkt.

III. Wiederholungsübungen

A. Setzen Sie die in Klammern stehenden Wörter in ihrer richtigen Form ein. In manchen Sätzen ist ein bestimmter oder unbestimmter Artikel hinzuzufügen.

1. Sie lehrt an _____ _____ Hochschule in Berlin. (Technisch)

2. Wer hat _____ _____ (*f.,sg.*) das beigebracht? (Klein-)

3. Zwischen ihnen besteht _____ _____ Unterschied. (groß)

4. Da bin ich _____ (*gen.*) Ansicht als du. (ander-)

5. Man muß an _____ _____ im Menschen glauben. (Gut-)

6. Wir fühlen uns nicht wohl bei _____ _____ (*pl.*). (dies-, Verwandt-)

7. Jeder muß _____ _____ Erfahrungen machen. (sein, eigen)

8. Leider kann man nicht _____ Leuten glauben. (all)

9. Wer unterrichtet _____ _____ Schüler (*pl.*)? (ältest-)

10. Er studiert an _____ _____ Universität. (staatlich)

B. Setzen Sie die fehlenden Präpositionen ein bzw. die Zusammenziehungen von Artikel und Präposition.

1. _____ Zukunft möchte ich, daß es anders wird.

2. Sie lehrt _____ der Universität Göttingen.

3. Er unterrichtet _____ einem Gymnasium in Freiburg.

4. Die älteren Kinder sorgen _____ die Kleinen.

5. _____ den beiden besteht ein großer Unterschied.

6. Ich muß noch etwas _____ Chemie tun.

7. Ab und _____ gehen wir ins Theater.

8. Er hat ein Semester _____ der Universität Kiel studiert.

9. Wer Nihilist ist, glaubt _____ nichts.

10. Willst du Mathematik studieren? _____ Gegenteil, ich werde Kunstgeschichte studieren.

C. Vervollständigen Sie die Sätze.

1. Laß mich doch in Ruhe! Was willst du _____ von mir?

2. Das Buch hat vierzehn Kapitel. Bisher haben wir aber _____ fünf durchgearbeitet.

3. Ich muß noch meine Aufgaben _____ .

4. Es _____ niemand da, der uns helfen konnte.

5. Zwischen ihnen _____ ein riesiger Unterschied.

6. Ich kann jetzt noch nicht kommen. Ich komme _____ , wenn ich mit dieser Sache fertig bin.

7. Wir sehen das ganz anders _____ sie.

8. Ich erwähne es nur, _____ du es weißt.

9. Worin unterscheiden _____ diese zwei Bilder?

10. Macht _____ _____ bequem.

D. Auf deutsch.

1. Wear something comfortable.

2. We need to buy something different.

3. We cannot possibly do it differently.

4. I have read only thirty pages so far.

5. She is studying German, so that she can study at a German university.

6.   Who taught you that?

7.   They really should try it.

8.   On the contrary, our children are very different.

9.   I don't feel comfortable about it.

10. Only when there are no more wars will life be truly (**wirklich**) beautiful.

E.   Ersetzen Sie das kursiv Gedruckte durch sinnverwandte Ausdrücke, und machen Sie die erforderlichen Änderungen.

1.   Sie kann das *unmöglich* so gemeint haben.

2.   Das ist *die Frau, bei der ich wohne.*

3.   Ich weiß *gar* nicht, was er will.

4.   Ich habe *solch* einen großen Hunger!

5.   Du mußt mir mal *zeigen*, wie man das macht.

6.   Wir gehen *ab und zu* ins Theater.

7.   *Die Hauptsache* ist, sie sind nicht verletzt.

8.   Sie sprechen *hauptsächlich* Deutsch zu Hause.

9.   *Es ist allgemein bekannt*, daß Frauen meistens weniger als Männer verdienen.

10. Was meinst du *denn*?

Chapter 8

Reiner Kunze (b. 1933) lived in the German Democratic Republic until 1977 when he went to West Germany. "Element" is one of the sketches collected in a volume bearing the ironic title *Die wunderbaren Jahre*. Published in the West in 1976, it became an instant bestseller. Like "Element," most of the sketches document incidents in the lives of young people at odds with the authorities.

Element
Reiner Kunze

Auf sein Bücherbrett im Lehrlingswohnheim stellte Michael die Bibel. Nicht, weil er gläubig ist, sondern weil er sie endlich einmal lesen wollte. Der Erzieher machte ihn jedoch darauf aufmerksam, daß auf dem Bücherbrett eines sozialisti-
5 schen Wohnheims die Bibel nichts zu suchen habe. Michael weigerte sich, die Bibel vom Regal zu nehmen. Welches Lehrlingswohnheim nicht sozialistisch sei, fragte er, und da in einem sozialistischen Staat jedes Lehrlingswohnheim sozialistisch ist und es nicht zu den Obliegenheiten der Kirche
10 gehört, Chemiefacharbeiter mit Abitur auszubilden, folgerte er, daß, wenn der Erzieher Recht behalte, in einem sozialistischen Staat niemand Chemiefacharbeiter mit Abitur[1] werden könne, der darauf besteht, im Wohnheim auf sein Bücherbrett die Bibel stellen zu dürfen. Diese Logik, vorgetragen hinter
15 dem Schild der Lessing-Medaille,[2] die Michael am Ende der zehnten Klasse verliehen bekommen hatte (Durchschnittsnote Einskommanull[3]), führte ihn steil unter die Augen des Direktors: Die Bibel verschwand, und Michael dachte weiterhin logisch. Die Lehrerin für Staatsbürgerkunde aber begann,
20 ihn als eines jener Elemente zu klassifizieren, die in Mendelejews Periodischem System[4] nicht vorgesehen sind und durch das Adjektiv „unsicher" näher bestimmt werden.

der **Erzieher**,- teacher

nichts ... habe had no business being

die **Obliegenheit**,-en duty, responsibility
der **Chemiefacharbeiter**,- certified chemical worker

vor·tragen (ä,u,a) to deliver

steil abruptly

die **Staatsbürgerkunde** civics

vor·sehen (ie,a,e) to provide for

---

[1] **das Abitur**: secondary certificate

[2] **die Lessing-Medaille**: an achievement medal named after the leading figure of the German Enlightenment, Gotthold Ephraim Lessing (1729–81).

[3] 1=A

[4] **das Periodische System**: Periodic Table formulated by Dmitri Mendeleyev in 1869. The elements

2

Eines Abends wurde Michael zur Betriebswache gerufen. Ein
Herr in Zivil legte ihm einen Text vor, in dem sich ein Ich

25 verpflichtete, während der Weltfestspiele der Jugend und Studenten die Hauptstadt nicht zu betreten, und forderte ihn
auf zu unterschreiben. – Warum? fragte Michael. Der Herr
blickte ihn an, als habe er die Frage nicht gehört. – Er werde
während der Weltfestspiele im Urlaub sein, sagte Michael,

30 und unter seinem Bett stünden nagelneue Bergsteigerschuhe,
die er sich bestimmt nicht zu dem Zweck angeschafft habe,
den Fernsehturm am Alex[5] zu besteigen. Er werde während
der Weltfestspiele nicht einmal im Lande sein. – Dann könne
er also unterschreiben, sagte der Herr, langte über den Tisch

35 und legte den Kugelschreiber, der neben dem Blatt lag, mitten aufs Papier. – Aber warum? fragte Michael. Der Text
klinge wie das Eingeständnis einer Schuld. Er sei sich keiner
Schuld bewußt. Höchstens, daß er einmal beinahe in einem
VW-Käfer mit westberliner Kennzeichen getrampt wäre. Da-

40 mals hätten sich die Sicherheitsorgane an der Schule über ihn
erkundigt. Das sei für ihn aber kein Grund zu unterschreiben,
daß er während der Weltfestspiele nicht nach Berlin fahren
werde. – Was für ihn ein Grund sei oder nicht, das stehe hier
nicht zur Debatte, sagte der Herr. Zur Debatte stehe seine

45 Unterschrift. – Aber das müsse man ihm doch begründen,
sagte Michael. – Wer hier was müsse, sagte der Herr, ergäbe
sich einzig aus der Tatsache, daß in diesem Staat die Arbeiter
und Bauern die Macht ausübten. Es empfehle sich also, keine
Sperenzien zu machen. – Michael begann zu befürchten, man

50 könnte ihn nicht in die Hohe Tatra[6] trampen lassen, verbiß
sich die Bemerkung, daß er die letzten Worte als Drohung
empfinde, und unterschrieb.
Zwei Tage vor Beginn seines Urlaubs wurde ihm der Personalausweis entzogen und eine provisorische Legitimation aus-

55 gehändigt, die nicht zum Verlassen der DDR berechtigte, und
auf der unsichtbar geschrieben stand: Unsicheres Element.

3

Mit der topografischen Vorstellung von der Hohen Tatra im
Kopf und Bergsteigerschuhen an den Füßen, brach Michael
auf zur Ostsee[7]. Da es für ihn nicht günstig gewesen wäre, von

60 Z. aus zu trampen, nahm er bis K. den Zug. Auf dem Bahnsteig von K., den er mit geschulterter Gitarre betrat, forderte
eine Streife ihn auf, sich auszuweisen. „Aha", sagte der

die Betriebswache plant security
in Zivil in civilian clothes

langen to reach

das Eingeständnis,-se admission

der Käfer,- bug, beetle

sich ergeben aus to derive from
aus·üben to wield
es … machen it is advisable not to make any trouble

sich verbeißen (i,i) to suppress

entziehen (o,o) to confiscate

auf·brechen (i,a,o) to set out

die Streife,-n patrol

are classified according to their atomic number. The table makes it possible to predict the properties
of elements still to be discovered.
[5] **der Alex = Alexanderplatz**: large square in the center of East Berlin
[6] **die Hohe Tatra**: a part of the Carpathian Mountains in northern Czechoslovakia and southern
Poland
[7] **die Ostsee**: Baltic Sea

Transportpolizist, als er des Ausweispapiers ansichtig wurde, und hieß ihn mitkommen. Er wurde zwei Schutzpolizisten übergeben, die ihn zum Volkspolizeikreisamt brachten.
65 „Alles auspacken!" Er packte aus. „Einpacken!" Er packte ein. „Unterschreiben!" Zum zweitenmal unterschrieb er den Text, in dem sich ein Ich verpflichtete, während der Weltfestspiele die Hauptstadt nicht zu betreten. Gegen vierundzwanzig Uhr entließ man ihn. Am nächsten Morgen –
70 Michael hatte sich eben am Straßenrand aufgestellt, um ein Auto zu stoppen – hielt unaufgefordert ein Streifenwagen bei ihm an. „Ihren Ausweis, bitte!" Kurze Zeit später befand sich Michael wieder auf dem Volkspolizeikreisamt. „Alles auspacken!" Er packte aus. „Einpacken!" Diesmal wurde
75 er in eine Gemeinschaftszelle überführt. Kleiner Treff von Gitarren, die Festival-Verbot hatten: Sie waren mit einem Biermann-Song[8] oder mit der Aufschrift ertappt worden: WARTE NICHT AUF BESSRE ZEITEN. Sein Name wurde
80 aufgerufen. „Wohin?" – „Eine schweizer Kapelle braucht einen Gitarristen", sagte der Wachtmeister ironisch. Er brachte ihn nach Z. zurück. Das Konzert fand auf dem Volkspolizeikreisamt statt. „Sie wollten also nach Berlin." – „Ich wollte zur Ostsee." – Der Polizist entblößte ihm die
85 Ohren. „Wenn Sie noch einmal lügen, vermittle ich Ihnen einen handfesten Eindruck davon, was die Arbeiter-undBauern-Macht ist!" Michael wurde fotografiert (mit Stirnband, ohne Stirnband) und entlassen. Um nicht weiterhin verdächtigt zu werden, er wolle nach Berlin, entschloß er
90 sich, zuerst nach Osten und dann oderabwärts zur Küste zu trampen. In F. erbot sich ein Kraftfahrer, ihn am folgenden Tag unmißverständlich weit über den Breitengrad von Berlin hinaus mitzunehmen. „Halb acht vor dem Bahnhof." Halb acht war der Bahnhofsvorplatz blau[9] von Hemden und
95 Fahnen: Man sammelte sich, um zu den Weltfestspielen nach Berlin zu fahren. Ein Ordner mit Armbinde fragte Michael, ob er zu einer Fünfzigergruppe gehöre. – „Sehe ich so aus?" – Der Ordner kam mit zwei Bahnpolizisten zurück. „Ihren Ausweis!" Michael weigerte sich mitzugehen. Er erklärte.
100 Er bat. Sie packten ihn an den Armen. Bahnhofszelle. Verhör. Die Polizisten rieten ihm, eine Schnellzugfahrkarte zu lösen und zurückzufahren. Er protestierte. Er habe das Recht, seinen Urlaub überall dort zu verbringen, wo er sich mit seinem Ausweis aufhalten dürfe. – Er müsse nicht bis
105 Z. zurückfahren, sagten die Polizisten, sondern nur bis D. Falls er jedoch Schwierigkeiten machen sollte, zwinge er sie, das Volkspolizeikreisamt zu verständigen, und dann käme er nicht zu glimpflich davon. Ein Doppelposten mit Hund be-

---

ansichtig (gen.) werden to catch sight of
heißen (ie,ie) to order

ertappen to catch

der Wachtmeister,- sergeant

entblößen to uncover
vermitteln to give
handfest solid

oderabwärts down the Oder River
sich erbieten (o,o) to offer
der Breitengrad,-e latitude

packen to grab

lösen to buy

zwingen (a,u) to force
käme ... davon would not get off so easily
der Doppelposten two guards

---

[8] **Wolf Biermann**: composer of social protest songs who was stripped of his GDR citizenship in 1976. He is now living in the FRG.

[9] Members of the Free German Youth (Freie Deutsche Jugend–FDJ) wear blue shirts.

gleitete ihn an den Fahrkartenschalter und zum Zug. „Wenn
110 Sie eher aussteigen als in D., gehen Sie in U-Haft!" Auf
allen Zwischenstationen standen Posten mit Hund. In D.
erwarteten ihn zwei Polizisten und forderten ihn auf, unverzüglich eine Fahrkarte nach Z. zu lösen und sich zum Anschlußzug zu begeben. Er gab auf. Auf dem Bahnsteig in Z.
115 wartete er, bis die Polizisten auf ihn zukamen. Nachdem sie
Paßbild und Gesicht miteinander verglichen hatten, gaben sie
ihm den Ausweis zurück. „Sie können gehen." – „Wohin?"
fragte Michael.

U-Haft = Untersuchungs-
haft pre-trial detention

unverzüglich without delay
sich begeben (i,a,e) to go

Wortschatz

sich (*dat.*) an·schaffen to buy, get,
  acquire
auf·fordern to ask, bid
der Ausweis,-e ID card, passport
  sich aus·weisen (ie,ie) to show
    one's papers, to prove one's
    identity
sich befinden (a,u) to be, find
  oneself
befürchten to fear
begründen to give reasons for, justify
bestehen (bestand, bestanden) auf
  (*dat.*) to insist on
besteigen (ie,ie) to climb (up)
sich (*dat.*) bewußt sein (*gen.*) to be
  aware of, realize
  ich bin mir keiner Schuld
    bewußt I am not aware
    of having done anything
    wrong
die Bibel,-n Bible
das Bücherbrett,-er bookrack
sich erkundigen über (*acc.*) (nach)
  to inquire about
folgern to conclude
gehören zu to belong to, be part of;
  require
die Macht,-̈e power

nagelneu brand-new
nicht einmal not even
der Paß,-̈sse passport
der Staat,-en state, government
statt·finden (a,u) to take place
suchen nach to search for
unsicher unsafe, uncertain, unstable,
  insecure
unterschreiben (ie,ie) to sign
die Unterschrift,-en signature
der Urlaub,-e vacation
der Verdacht suspicion
verdächtig suspicious
verdächtigen to suspect
der Vergleich,-e comparison
  im Vergleich zu (mit) in com-
    parison with, compared with
    (to)
vergleichen (i,i) mit to compare
  with
sich verpflichten zu to commit
  oneself to
die Verpflichtung,-en commitment
die Vorstellung,-en idea, thought
sich weigern to refuse
das Wohnheim,-e dormitory
der Zweck,-e purpose
  zu dem Zweck for the purpose
zwecklos pointless, of no use

Stichworte für die Diskussion

das Wortspiel,-e play on words
das unerfreuliche Element undesir-
  able element
die Obrigkeit (*sg.* noun) authorities

das Periodensystem periodic table
schikanieren to harass
sich wehren gegen to resist
resignieren to resign oneself

Zur Diskussion

1. Erklären Sie den Titel. Warum wird Michael als „unsicheres Element" bezeichnet?

2. Warum ist es ironisch, daß Michael nicht zu den Weltfestspielen darf?

3. Vergleichen Sie den Erzählstil der drei Erzählabschnitte (*narrative segments*) miteinander. Wie spiegelt sich die zunehmende Einschränkung (*increasing limitation*) von Michaels Freiheit und Selbstsicherheit auch in der Sprache des Textes wider?

4. Wie stellen Sie sich Michaels weiteres Leben vor?

Aufsatzthemen

1. Nehmen Sie an, Sie treffen Michael in einer Kneipe (*bar*) in Ostberlin. Schildern Sie Ihr Gespräch in der indirekten Rede. Benutzen Sie möglichst viele der redeeinleitenden Verben, die in I A aufgelistet sind.

2. Nehmen Sie an, ein(e) Student(in) aus der DDR studiert ein Jahr an dem College oder an der Universität, wo Sie studieren. Beschreiben Sie seine (ihre) Eindrücke.

3. Die Bibel sollte man kennen, weil ...

I.   Grammatisches

A. Direct discourse

In German, initial quotation marks are placed at the bottom of the line, and final marks are placed at the top. The quoted discourse or thought is preceded by a colon.

> Der Erzieher sagte streng: „In einem sozialistischen Wohnheim hat die Bibel nichts zu suchen."

> „Ich befürchte, man könnte mich nicht in die Berge fahren lassen", erklärte Michael.

If a question or an exclamation mark is part of the quote, it is placed in front of the final quotation mark.

> „Wo wollen Sie hinfahren?" erkundigte sich der Polizist.

> „Kommen Sie mit auf die Polizeiwache!" forderte er ihn auf.

Setzen Sie die fehlenden Zeichen ein.

1.   Ein Herr sagte Unterschreiben Sie diesen Text.

2.   Warum fragte Michael.

3. Ich werde während der Weltfestspiele im Urlaub sein erwiderte er.

4. Dann können Sie also unterschreiben entgegnete der Herr.

5. Michael bemerkte Der Text klingt wie das Eingeständnis einer Schuld.

The following verbs are frequently used to introduce direct and indirect discourse.

an·deuten   to indicate
antworten   to answer
behaupten   to assert
bemerken   to remark
beteuern   to assure
betonen   to emphasize
entgegnen   to reply, return
erklären   to explain
erwähnen   to mention
erwidern   to reply, answer
flüstern   to whisper
fort·fahren (ä,u,a;ist)   to continue
fragen   to ask
gestehen (gestand, gestanden)   to admit
hinzu·fügen   to add
meinen   to say
wissen wollen   to want to know

B. The special (indirect discourse) subjunctive

In German, indirect discourse can use the indicative, the general subjunctive, or the special (indirect discourse) subjunctive. The indicative is frequently used in indirect statements when the introductory verb is in the present tense. It is also occasionally used in the past tense to express indisputable facts. The use of the indicative for indirect discourse is more prevalent in spoken than in written German.

Michael sagt, er **muß** auf seinem Recht bestehen.
Sie erwähnte, daß das Konzert heute nicht **stattfindet**.

The special subjunctive is primarily used in formal writing and in impartial reporting.

Der Bundestagspräsident erklärte, Amerika **frage** nach der Stimme Europas, und auch die dritte Welt **sei** darauf angewiesen, daß die Europäer ihre Mitverantwortung für sie **erfüllten**. Europa **könne** und **müsse** zusammenhalten.

The present tense of the special subjunctive is based on the infinitive stem plus the subjunctive endings: **-e**, **-est**, **-e**, **-en**, **-et**, **-en**. The forms of the special subjunctive that are in active use are the only ones which are clearly recognizable as subjunctives and distinguishable from the corresponding indicative forms. Hence the third-person singular forms of all verbs can be used because they end in -e, and the first-person singular forms of the modals and **wissen** can be used. The forms of **sein** that are in use are: first-person and third-person, singular and plural.

> Er bemerkte, er **gehe** auf Urlaub.
>
> Sie meinte, sie **könne** später kommen.
>
> Sie behauptete, sie **wisse** es nicht.
>
> Er entgegnete, er **sei** sich keiner Schuld bewußt.

The choice of tense for the indirect statement depends on the tense of the direct statement. Direct statements in the present or future use the same tense in the subjunctive. Since there is only one past subjunctive, direct statements in the past, perfect, and past perfect are all expressed by the past subjunctive. The past forms of the special subjunctive add the past participle to the correct forms of **sein** or **haben**. The future uses the present special subjunctive of **werden** plus an infinitive.

> Sie erklärte, sie **sei** gestern beim Arzt **gewesen**.
>
> Er behauptete, er **habe** es schon **unterschrieben**.
>
> Sie beteuerte, sie **werde** sich morgen danach **erkundigen**.

If the general subjunctive is used in the direct statement, it must also be used in the indirect statement.

> „Das **wäre** schön." Sie meinte, das **wäre** schön.

Indirect commands are expressed by **sollen**.

> Der Polizist forderte Michael auf, er **solle** (**sollte**) mitkommen.

Übertragen Sie die Sätze in die indirekte Rede (*indirect discourse*).

1. Der Erzieher sagte zu Michael: „Sie dürfen die Bibel nicht lesen."

2. Er fordert ihn auf: „Nehmen Sie die Bibel vom Regal!"

3. Er hat ihn gefragt: „Haben Sie die Bibel noch nie gelesen?"

4. Michael entgegnete: „Ich kenne die Bibel noch nicht."

5. Er wollte wissen: „Könnten wir das nicht anders machen?"

6. Er hat behauptet: „Ich bin mir keiner Schuld bewußt."

7. Er antwortete: „Ich werde nicht nach Berlin fahren."

8. Er meinte: „Ich weiß nicht, wohin ich fahren soll."

C. Demonstrative pronouns

Demonstrative pronouns have the same forms as definite articles, except in the dative plural and in the genitive. **Denen** is used for the dative plural, **dessen** for the masculine and neuter genitive singular, and **derer** for the feminine genitive singular and the plural genitive.

Demonstrative pronouns may be used in place of personal pronouns. They are often placed in first position for stress.

> Kennst du auch Ursula? Nein, **die** kenne ich nicht.
>
> Wissen seine Eltern es denn schon? Ja, **denen** hat er es bereits erzählt.

Demonstrative pronouns, alternate forms are **derjenig-**, **diejenig-**, and **dasjenig-**, function as the stressed antecedents of relative clauses.

> Ich habe viele Freundinnen hier. Doch **die** (**diejenige**), mit der ich mich am besten verstehe, wohnt in einem anderen Studentenwohnheim.
> ... but the one I get along with best is living in a different dormitory.

> Das ist die Ansicht **dessen**, der viel über diese Frage nachgedacht hat.
> That is the view of someone who has thought a lot about that question.

> Die Stimmen **derer**, die dagegen sind, sollten gehört werden.
> The voices of those who are against it should be heard.

Note the use of **dessen** in the idiom **sich** (*dat.*) etwas (*gen.*) **bewußt sein** (*to be aware of something*).

> Ich bin mir **dessen** nicht bewußt.
> I am not aware of that.

When identifying something or someone for the first time, the neuter demonstrative pronoun **das** may refer to masculine and feminine singular predicate nouns as well as to predicate nouns in the plural.

> **Das** ist eine gute Kundin.
>
> **Das** sind unsere Kinder.

An accusative demonstrative pronoun follows a personal pronoun in the dative.

> Ich werde **ihnen das** heute abend sagen.

The genitive forms **dessen** and **deren** are used to clarify the possessive relationship of two different nouns. They mean *the latter's* and refer to the noun that is not the subject.

> Der Fischer erklärte es dem Touristen. **Dessen** Fragen verwunderten ihn.
>
> Anna besuchte Ingrid und anschließend **deren** Schwester.

Vervollständigen Sie die Sätze.

1. _____ ist unsere Tochter.

2. Zuerst verabschiedeten sie sich von ihren Freunden und dann von _____ Eltern (die Eltern ihrer Freunde).

3. Kennst du _____ (*m. sg.*) da?

4. Irene ist mit Stefan befreundet. Sie mag _____ Freund (Stefans Freund) aber noch lieber.

5. Die Leistungen _____, die wirklich hart arbeiten, sind bewundernswert.

6. Der Arzt rief den Patienten an und danach _____ Frau (die Frau des Patienten).

7. _____ sind nette Leute.

8. Habt ihr auch schon von Hans-Jürgen und Lisa gehört? Nein, von _____ haben wir noch nichts gehört.

9. Wir möchten gerne die Ansichten _____ wissen, die Erfahrung darin haben.

10. Wir waren uns _____ nicht bewußt.

D. Infinitive clauses introduced by um, (an)statt, ohne

The prepositions **um**, **(an)statt**, and **ohne** introduce infinitive clauses when the subject of the infinitive clause is the same as the subject of the main clause. English often uses the present participle (infinitive + *-ing*) after the prepositions *instead of* and *without*.

> Wir gingen in die Stadt, **um** einzukaufen.
> We went downtown in order to shop.

> Er rief an, **(an)statt** zu schreiben.
> He called instead of writing.

> Sie mag ihn, **ohne** ihn gut zu kennen.
> She likes him without knowing him well.

In English, *in order* can be omitted in a statement of purpose. In German, however, **um zu** must be used in most instances. A safe rule of thumb is to use **um** whenever *in order* can be supplied in English.

If the subject of a clause introduced by **um**, **(an)statt**, or **ohne** is different from the subject of the main clause, an infinitive clause is normally not used. Instead, **um ... zu** is replaced by the subordinating conjunctions **damit** or **so daß**; **(an)statt** and **ohne** are followed by a **daß**-clause.

Sie fuhren uns zum Bahnhof, **damit (so daß)** wir den Zug nicht verpassen würden.

Sie hat sich selbst darum gekümmert, **anstatt daß** wir es getan haben.
She took care of it herself, instead of our having done it.

Er verlangte es, **ohne daß** wir den Grund wußten.
He demanded it, without our knowing the reason.

Verbinden Sie die Sätze, und übersetzen sie sie anschließend.

1. Er vermutete es. (*without*) Er sagte etwas darüber.

2. Sie lernen Deutsch. (*so that*) Sie können in Deutschland studieren.

3. Der Polizist machte Michael Schwierigkeiten. (*instead of*) Er half ihm nicht.

E. Da-compounds preceding infinitive and dependent clauses

Verbs, adjectives, and nouns with prepositional constructions normally use a **da**-compound before infinitive and dependent clauses. The English equivalents of dependent and infinitive clauses preceded by **da**-compounds are frequently constructions involving a present participle (infinitive + *-ing*).

Es geht **darum**, das Problem möglichst schnell zu lösen.
It is a question of solving the problem as soon as possible.

Sie denkt **daran**, in Deutschland zu studieren.
She is thinking of studying in Germany.

Bilden Sie Sätze.

1. They insist that you come along.

2. Erika always complains about not having enough time.

3. We will see to their having enough to eat.

4. It is a question of doing it as well as possible.

5. Some students tend to do their homework too fast.

6. Rolf and Marta are looking forward to going to Freiburg.

II. Das passende Wort

A. To belong: gehören, gehören zu, angehören

gehören (*dat.*): to belong to, have in one's possession

Der Kugelschreiber **gehört** mir.

gehören zu: to belong to, be part (one) of

> Michael **gehörte** nicht **zu** der Gruppe.
> Sie **gehört zu** den Besten.

Gehören zu can also mean *to require, take.*

> **Dazu gehört** viel Kraft.
> That requires (takes) a lot of strength.

gehören + preposition (*acc.*): to belong, be the proper place for someone or something

> **Gehöre** ich eigentlich **in** diese Klasse?
>
> Füße **gehören** doch nicht **auf** den Tisch.

an·gehören (*dat.*): to belong, be a member of an organization

> Welcher Partei **gehören** Sie **an**?

Auf deutsch.

1. To whom does this Bible belong?

2. She belonged to the same circle.

3. Does this book belong on that shelf?

4. That requires a lot of courage (**der Mut**).

5. This story is one of her best.

6. Heike belongs to the tennis club (**der Tennisverein**).

7. These areas (**das Gebiet,-e**) used to be part of Germany.

B. Vacation: **der Urlaub, die Ferien**

Der Urlaub and **die Ferien** both mean *vacation,* but *vacation from school* must be expressed by **die Ferien,** which is a plural noun.

> Sie ist noch auf (im) **Urlaub** (auf **Ferien**).
>
> Wann beginnen die **Semesterferien**?
>
> Was machst du in den **großen Ferien** (*summer vacation*)?

auf Urlaub (**in die Ferien**) **gehen**: to go on vacation

> **Geht** ihr auch bald **auf Urlaub** (**in die Ferien**)?

Urlaub (Ferien) machen: to take a vacation, to vacation

Wir wollen dieses Jahr im Herbst **Urlaub (Ferien)** machen.

Auf deutsch.

1. Gretel and Ulf are still on vacation.

2. Where will you spend (**verbringen**) summer vacation?

3. When are you going on vacation?

4. Our son is vacationing in the Alps (**die Alpen**).

C. To suspect: **ahnen, vermuten, verdächtigen**

ahnen: to suspect, sense, have a hunch

Davon habe ich nichts **geahnt**.
So etwas haben wir **geahnt**.

vermuten: to suspect, regard as probable or true

Seine Freunde **vermuten**, daß er nach Berlin gefahren ist.

verdächtigen: to suspect, accuse

Sie wurde **verdächtigt**, das Geld gestohlen zu haben.

Vervollständigen Sie die Sätze.

1. Ich ＿＿＿＿＿＿＿, man hat es ihm schon gesagt.

2. Sie haben ihn ungerecht (*unjustly*) ＿＿＿＿＿＿＿.

3. Es überrascht mich überhaupt nicht. Ich habe es ＿＿＿＿＿＿＿.

4. Er wird ＿＿＿＿＿＿＿, einer illegalen Gruppe anzugehören.

5. Weil sie ＿＿＿＿＿＿＿, daß ihm etwas passiert war, verständigte sie die Polizei.

6. Ich ＿＿＿＿＿＿＿, daß sie spät zurückkommen wird.

D. To justify: **begründen**; to be based on: **sich gründen auf**

begründen: to justify, state a reason for something

Bitte **begründen** Sie Ihre Ansichten.

sich gründen auf (*acc.*): to be based (founded) on

Mein Verdacht **gründet sich auf** bestimmte Beobachtungen.

Vervollständigen Sie die Sätze.

1. Bitte _____ Sie Ihre Antwort.

2. Wor-_____ gründet _____ Ihre Meinung?

3. Wie _____ Sie Ihren Entschluß?

4. Unser Urteil _____ _____ auf unsere Erfahrungen.

E. To consist of: **bestehen aus**; to insist on: **bestehen auf**

bestehen (bestand, bestanden) aus: to consist of, be composed (made up) of

Die Mehrheit im Parlament **bestand aus** Konservativen.

bestehen (bestand, bestanden) auf (*dat.*): to insist on

Sie **bestand auf** ihrer Forderung (ihrem Willen).
Meine Eltern **bestehen darauf**, daß ich erst mein Studium beende.

Setzen Sie die passende Präposition ein.

1. Die Klasse besteht _____ Ausländern und Deutschen.

2. Wir bestehen _____ unserem Recht.

3. Es ist noch heute zu erledigen. Ich bestehe _____.

4. Die Gruppe bestand hauptsächlich _____ Schülern und Studenten.

F. The particle **schon**

As an adverb, **schon** means *already* or *yet*.

Sie sind **schon** wieder da.
Sind sie **schon** wieder da?

The particle **schon** has various meanings. The most common ones are outlined below.

Schon is used to express agreement and means *certainly, undoubtedly, indeed.* Frequently the agreement is qualified by a clause introduced by **aber** or **doch**.

Ihr habt's **schon** gut.
You certainly have it good.

Das ist **schon** möglich.
That is indeed possible.

Das stimmt **schon**, aber ich halte es trotzdem für keine gute Idee.
That's undoubtedly true, but I still don't think it's a good idea.

Ich glaube **schon**, doch ich bin mir nicht ganz sicher.
I believe so, but I am not quite sure.

When used with the future, **schon** expresses confidence or reassurance that everything will turn out all right.

Er wird es **schon** erledigen.
I am sure he will take care of it.

Ihnen wird **schon** nichts passieren.
I am certain nothing will happen to them.

In commands **schon** expresses impatience. The sentence frequently begins with **nun**.

Nun sag **schon**!
Come on, say it.

Nun gib's **schon**.
Just give it to me!

Setzen Sie **schon** ein, und geben Sie anschließend die Bedeutung des Satzes auf englisch.

1. Es wird gutgehen.

2. Das ist richtig, aber ich bin trotzdem nicht dafür.

3. Nun komm!

4. Es wird uns gelingen.

5. Das ist wichtig, doch es ist nicht die Hauptsache.

III. Wiederholungsübungen

A. Setzen Sie die in Klammern stehenden Wörter in ihrer richtigen Form ein. In manchen Sätzen ist ein bestimmter oder unbestimmter Artikel hinzuzufügen.

1. Er hatte sich _____ Bergsteigerschuhe angeschafft. (nagelneu)

2. Wir waren uns _____ _____ Sache nicht bewußt. (dies-, wichtig)

3. Gehört er _____ Partei (*f.*) an? (derselb-)

4. Morgen wollen wir _____ _____ Berg besteigen. (höchst-)

5. Seine Ansichten gründen sich auf _____ Erfahrungen. (lang-jährig)

6. Sie bestand auf _____ _____ Bedingungen. (mehrer-, wichtig)

7. Eltern sollten ihre Kinder nicht mit _____ Kindern vergleichen. (ander-)

8. _____ der Kassetten gehören _____ _____ Bruder. (einig-, mein, älter-)

9. Gehört dieses Buch auf _____ _____ Bücherbrett? (klein)

10. Goethes Gesammelte Werke bestehen aus _____ Bänden (*volumes*). (viel)

B. Setzen Sie die fehlenden Präpositionen ein bzw. die Zusammenziehungen von Artikel und Präposition.

1. Der Professor machte ihn dar-_____ aufmerksam.

2. Er bestand _____ seinem Recht.

3. Sie sind noch _____ Urlaub.

4. Wir haben lange _____ einem passenden Geschenk gesucht.

5. Jemand hat sich _____ dir erkundigt.

6. Sie gehört _____ den Klügsten.

7. Verglichen _____ ihnen geht es uns gut.

8. Unser Entschluß gründet sich _____ folgende Überlegung (*consideration*).

9. Die Erzählung besteht _____ zwei Teilen.

10. _____ Vergleich _____ seinem Bruder ist er groß.

C. Vervollständigen Sie die Sätze.

1. Wir üben die neuen Ausdrücke, _____ sie wirklich zu lernen.

2. Er sagte, er _____ nicht zu Hause gewesen.

3. Heute abend will ich lesen, _____ fernzusehen.

4. Sie fragte uns, ob wir Spaß gehabt _____.

5. Wann geht ihr denn _____ Urlaub?

6. Welchen Klubs gehörst du _____?

7. Ich bin mir _____ eben erst bewußt geworden.

8. Sie ist einfach weggeblieben, ohne _____ wir den Grund ihres Wegbleibens erfuhren.

9. Ich will mich nicht _____ verpflichten.

10. Das ist das Urteil _____, die viel davon verstehen.

D. Auf deutsch.

1. A short time later (**kurz danach**) he found himself at the station.

2. I was not aware that she had refused to sign the papers.

3. A policeman inquired about him; I find that suspicious.

4. The police suspect him of being against the state.

5. It is pointless to insist on it.

6. Compared to that it sounds good.

7. The meeting (**die Versammlung**) will take place in our dormitory.

8. They climbed several high mountains when they were on vacation.

9. I suspected something like that.

10. Does he belong to the same group?

E. Ersetzen Sie das kursiv Gedruckte durch sinnverwandte Ausdrücke, und machen Sie die erforderlichen Änderungen.

1. Ich *vermute*, das war als Drohung gemeint.

2. Sie hat *danach gefragt*.

3. Ich *wußte* es nicht.

4. *Um wieviel Uhr beginnt* das Konzert?

5. Wir machen diesen Kurs mit, *so daß* sich unser Deutsch verbessert.

6. Das ist *sicherlich* richtig, aber ich bin trotzdem dagegen.

7. Sie *befanden sich* auf dem Bahnhof, als ein Polizist sie ansprach.

8. Ich *habe* mich *geweigert*, es ihnen zu begründen.

9. Sie *will absolut* schon morgen fahren.

10. Wann gehen sie auf *Urlaub*?

Chapter 9

Hans Eggers (b. 1907) is the author of *Deutsche Sprachgeschichte* and *Deutsche Sprache im 20. Jahrhundert*. The following excerpt from an article touches on a subject of particular interest to English-speaking students of German: the changes occurring in the German language as a result of the influence of English. The language used in this text is a good example of "Sachprosa," expository prose.

Veränderungen in der deutschen Sprache der Gegenwart

Hans Eggers

Wissenschaft und Technik entwickeln sich in unseren Tagen rasch. Fortwährend werden neue Erkenntnisse gewonnen, neue Erfindungen gemacht, neue Vorstellungen entwickelt, die nach sprachlicher Bezeichnung verlangen. Die neuen Wör-
5 ter kursieren in Fachkreisen, bis auch die breite Öffentlich-keit Interesse gewinnt. Dann dringen sie auch in den allge-meinen Wortschatz ein, viel schneller, als daß der Lexiko-graph sie sofort buchen könnte. So findet sich in einem Wörterbuch von 1971 selbstverständlich der Eintrag „Um-
10 welt"; aber die Wörter „Umweltschutz, -schützer, -verschmut-zung, -gefährdung" sind nicht verzeichnet. Denn mögen sie auch in Fachliteratur und Fachgespräch schon viel früher eine Rolle gespielt haben, so sind sie doch erst seit 1970 in die Gemeinsprache eingedrungen.
15 Neue Erfahrungen, Vorstellungen, Erkenntnisse, Begriffe und auch Dinge fordern immer erneut ebenso viele neue Be-zeichnungen. Dadurch wird der Wortschatz fortwährend um Spezialausdrücke vermehrt. Aber Erkenntnisse werden durch neue Erkenntnisse überholt, Verfahren und Appara-
20 turen technisch verbessert, Gegenstände durch neue, moder-nere ersetzt. In den Veränderungen des Wortschatzes spiegelt sich, wie die Sprachgenossen darauf reagieren. Durch die Massenmedien wird das Eindringen des fachlich-sachlichen Wort- und Ausdrucksschatzes aus der verwal-
25 teten, organisierten, technisierten Welt in jedermanns All-tagssprache begünstigt und ungemein beschleunigt. Bis an

kursieren to circulate

ein·dringen (a,u) to make one's way into

buchen to make an entry

die Gefährdung,-en endan-gering
denn mögen for even if

überholen to replace by

der Sprachgenosse(n) mem-ber of a language community

verwalten to administer

begünstigen to promote

die Schwelle des 20. Jahrhunderts waren das Amts- und Fachgespräch, waren Akten, Urkunden, Formulare und die fachbezogenen Schriften, die nur wenige Leser fanden, die
30 Quellen eines entsprechenden Wortschatzes, und ihr Widerhall in der Öffentlichkeit war gering.

Durch die Massenmedien ist das anders geworden, und die Entwicklung schreitet rapide fort. Auch das ungewohnteste, fremdartigste Wort dringt bis in das letzte Haus, und die
35 Sprachgenossen gewöhnen sich an das Ungewohnte. Sie lernen, es zu verstehen, greifen es auf und fügen manches ihrem Individualwortschatz ein. Das betrifft sowohl den Fachwortschatz wie insbesondere Schlagwörter aus dem politischen Leben. „Herzinfarkt" und „Kreislaufstörungen", „Kunststoff"
40 und „Textilfaser" sind Wörter aus Wissenschaft und Technik, „Denkpause", „Talsohle", „etwas außerhalb der Legalität" stammen aus der Politik.

Es kann hier nicht darauf ankommen, viele Neuwörter zu sammeln und anzugeben, aus welchem Bereich sie stammen.
45 Wichtig ist aber der Hinweis, daß bei der heutigen internationalen Verflechtung der Politik und der Wirtschaft, aber auch der Wissenschaften und der Künste, sehr viele Ausdrücke aus fremden Sprachen in den modernen deutschen Wortschatz Eingang finden. Heute ist in Deutschland wie
50 in allen Ländern des Westens vor allem der amerikanische Einfluß, auch im sprachlichen Bereich, besonders stark. Man sollte allerdings nicht übersehen, daß es auch in früheren Zeiten ähnlich starke Überfremdungen gegeben hat. Man braucht nur an den französischen Spracheinfluß im 18. Jahr-
55 hundert zu erinnern. Nur Weniges ist davon bis heute erhalten geblieben; das allermeiste ist längst wieder aus dem deutschen Ausdrucksschatz verschwunden. Auch heute darf man damit rechnen, daß der anglo-amerikanische Spracheinfluß – zeitbedingt, wie er ist – wieder zurückgehen wird.
60 Gewiß gibt es Hunderte von angloamerikanischen Wörtern im deutschen Sprachgebrauch, Ausdrücke wie „Boom" und „Public Relations", „Hit" und „Party, Hobby, Gag, Jeans" und „Team". Besonders die Sprache der Wirtschaft und der Werbung, der Teenager, aber auch mancher moderner Wis-
65 senschaftszweige ist voll von Amerikanismen; es hat jedoch den Anschein, als sei diese modische Welle, die sich in den fünfziger Jahren überschlug, schon wieder im Abebben.

Viel nachhaltiger als die Fremdwörter, an denen die Sprachgemeinschaft mit der Zeit die Lust verliert, wirken allerdings
70 Lehnbildungen[1], die man leicht übersieht und denen nur wenig Beachtung geschenkt wird. Die bei der gegenwärtigen politischen Lage in den Massenmedien oft gebrauchte Bezeichnung „Gipfelkonferenz" ist nichts anderes als eine Übersetzung aus „summit conference", und für „Verhandlungen

---

die Schwelle,-n threshold

die Akte,-n file
die Urkunde,-n document

der Widerhall resonance

das Schlagwort,¨er catchword, slogan
der Kunststoff,-e synthetic material
die Textilfaser,- textile fiber
die Talsohle,-n depression
etwas … Legalität slightly outside the law

es … ankommen the point is not to

die Verflechtung,-en interconnection

die Überfremdung,-en foreign infiltration

der Zweig,-e branch
als … Abebben as if the trend, which peaked in the fifties, is tapering off
nachhaltig wirken to have a lasting effect

---

[1] **die Lehnbildung**: an expression formed in analogy to one existing in another language

75 auf höchster Ebene" ist das amerikanische „on the high-
est level" das Vorbild.   Besonders durch die Zeitungen
und die Nachrichten-Redaktionen der Rundfunkanstalten,   **die Redaktion,-en** editorial
die viele amerikanische Agenturnachrichten übernehmen und   office
sehr rasch übersetzen müssen, werden solche Lehnbildungen   **die Rundfunkanstalt,-en**
80 geschaffen. Aus solchen Quellen stammt wohl auch das heute   radio station
häufige „einmal mehr" (engl. *once more*), wo man früher
„wieder einmal" sagte und schrieb, und „nicht länger" (nach
no longer) statt „nicht mehr".

Wortschatz

ab·hängen (i,a) von   to depend on
ähnlich   similar
ähnlich sein (sehen) (*dat.*)   to be
   (look) like someone
allerdings   although, mind you, to be
   sure
der **Begriff,-e**   concept, idea
betreffen (i, betraf, o)   to concern
   was mich betrifft   as far as I am
      concerned
die **Bezeichnung,-en**   label, name
die **Ebene,-n**   level
der **Einfluß,:sse auf** (*acc.*)   influence
   on
   beeinflussen   to influence
entwickeln   to develop
die **Entwicklung,-en**   development
erkennen (erkannte, erkannt)   to
   recognize, understand
die **Erkenntnis,-se**   knowledge, understanding, recognition
ersetzen durch   to replace by, substi-
   tute with
das **Fach,:er**   subject area, province,
   branch of knowledge
der **Fachwortschatz**   jargon, lingo
der **Fortschritt,-e**   progress
sich gewöhnen an (*acc.*)   to get used
   to, become accustomed to
der **Hinweis,-e auf** (*acc.*)   reference
   to, allusion to
hin-weisen (ie,ie) auf (*acc.*)   to refer
   to, allude to, point out
das **Interesse,-n an** (*dat.*) (**für**)   interest in

sich interessieren für   to be interested in
interessiert sein an (*dat.*)   to be
   interested in
das **Jahrhundert,-e**   century
die **Massenmedien** (*pl.*)   mass media
die **Nachricht,-en**   news, communication
öffentlich   public
die **Öffentlichkeit**   general public
die **Quelle,-n**   source
reagieren auf (*acc.*)   to react to
die **Reaktion,-en auf** (*acc.*)   reaction
   to
rechnen mit   to count on
sammeln   to collect
die **Sammlung,-en**   collection
stammen aus   to come (stem) from
stark   strong
übersetzen   to translate
die **Übersetzung,-en**   translation
die **Umwelt**   environment
der **Umweltschutz**   environmental
   protection
die **Umweltverschmutzung**   pollution
ungewohnt   unusual, unfamiliar,
   strange
die **Verhandlung,-en**   negotiation
das **Vorbild,-er**   (role) model
werben (i,a,o)   to advertise
die **Werbung**   advertisement
die **Wirtschaft**   economy
wirtschaftlich   economic

die **Wirtschaftswissenschaft**   eco-
   nomics
die **Wissenschaft,-en**   science

der (die) **Wissenschaftler(in),-,**
   (**-nen**) scientist
das **Wörterbuch,-̈er**   dictionary

Stichworte für die Diskussion

der **Amerikanismus, Amerikanismen**
   Americanism
die **Sprachkenntnisse** (*pl.*)   knowledge of foreign languages

das **Sprachstudium**   language studies
zweisprachig   bilingual
die **Fremdsprache,-n**   foreign language

Zur Diskussion

1. Nennen Sie einige aus dem Amerikanischen stammende Ausdrücke, die Sie öfters gehört oder gelesen haben.

2. Wie erklären Sie sich den starken Einfluß des Amerikanischen auf das Deutsche in den letzten vierzig Jahren?

3. Auf welchen anderen Gebieten (*areas*) zeigt sich der amerikanische Einfluß in Deutschland sehr stark?

4. Welche deutschen Wörter und Begriffe, die ins Englische übernommen worden sind, fallen Ihnen ein?

Aufsatzthemen

1. Mein Verhältnis zur deutschen Sprache. Äußern Sie sich zu folgenden Überlegungen: Was hat Ihnen den Anstoß (*impetus*) gegeben, Deutsch zu lernen? Was finden Sie besonders befriedigend (*satisfying*), was besonders frustrierend am Erlernen des Deutschen? Was motiviert Sie, Ihr Deutschstudium fortzusetzen? Was haben Sie durch dieses Studium gewonnen?

2. Gehen Sie ausführlicher auf #2 oder #3 der Diskussionsthemen ein.

3. Beschreiben Sie eine lustige (ärgerliche, verwirrende) Situation, die sich aus einem sprachlichen Mißverständnis ergab.

I. Grammatisches

A. Passive voice

The passive voice is used when the focus of attention shifts from the agent performing an action, the subject, to the object which is being acted upon. The direct object of the active sentence corresponds to the subject of the passive sentence, and the subject of the active sentence corresponds to the **von**-phrase in the passive sentence.

Active

> Ein Kollege benachrichtigte sie.
> A colleague informed them.

Passive

> Sie **wurden** von einem Kollegen **benachrichtigt**.
> They were informed by a colleague.

German forms the passive with **werden** as the auxiliary, followed by a participle as the second part of the predicate. In the passive, the participle of **werden** is **worden** rather than **geworden**.

Present

> Die Sache **wird diskutiert**.
> The matter is (being) discussed.

Past

> ... **wurde diskutiert**.
> ... was discussed.

Present Perfect

> ... **ist diskutiert worden**.
> ... has been discussed.

Past Perfect

> ... **war diskutiert worden**.
> ... had been discussed.

Future

> ... **wird diskutiert werden**.
> ... will be discussed.

The passive present infinitive is formed by the participle + **werden** and the past infinitive by the participle + **worden** + **sein**.

Present Infinitive

> Die Sache muß **diskutiert werden**.
> The matter must be discussed.

Past Infinitive

> Die Sache muß **diskutiert worden sein**.
> The matter must have been discussed.

In German, there are actional and statal passive forms. The actional passive is formed with **werden** and describes a process; the statal passive is formed with **sein** and can only describe the result of a process, that is, a state. Because all English passives look like German statal passives, you may be tempted to use German statal passives where actional passives are required. When you wish to express a process, be sure to use the auxiliary **werden**.

Actional Passive

Die Türen **werden** jeden Abend **geschlossen.**

Statal Passive

Die Türen **sind** ab sechs **geschlossen.**

Whereas the direct object in an active sentence can become the subject of the passive sentence, the indirect object cannot become a grammatical subject in the passive sentence. Hence, when the indirect object is the focus of the sentence, it remains a dative object.

Seine Vorgesetzte teilte **dem Angestellten** den Entschluß mit.

Dem Angestellten wurde der Entschluß von seiner Vorgesetzten mit-geteilt.
The employee was told the decision by his superior.

Verbs that take only a dative object, such as **danken** and **helfen**, must keep the dative object in the passive sentence. Because there is no accusative object in the active, there cannot be a grammatical subject in the passive sentence.

Ihm wurde wiederholt **gedankt.**
He was thanked repeatedly.

Ihnen ist von Freunden **geholfen worden.**
They were helped by friends.

In German, some verbs that normally do not take any objects, such as **arbeiten** and **lachen**, can form passives to express an activity. However, these sentences contain no grammatical subject or agent, and the verb is always in the third-person singular. Frequently, these impersonal passive constructions contain **es** in first position. **Es** functions merely as a syntactical filler when no other element precedes the inflected verb.

Auf der Party **wurde** viel **gelacht.**

Es wurde auf der Party viel **gelacht.**
There was a lot of laughter at the party.

Since the focus in passive sentences is usually on the grammatical subject, the active agent is frequently not mentioned. If a personal agent is mentioned, it is preceded by **von**. Impersonal causes are introduced by **durch** (*as the result of, by means of*).

Diese Entdeckung ist **von** einem deutschen Wissenschaftler gemacht wor-den.
Ältere Wörter werden **durch** neue ersetzt.
Das Hotel wurde **durch** eine Lawine (*avalanche*) zerstört.

Setzen Sie die Sätze ins Passiv.

1. Die Industrie verschmutzt unsere Umwelt.

2.   Sie haben die Resultate anerkannt. (Omit the subject)

3.   Wir rechnen mit Erfolg. (Omit the subject.)

4.   Die Techniker unseres Jahrhunderts erfanden viel Neues.

5.   Die Polizei hat uns verständigt.

6.   Eine amerikanische Wissenschaftlerin entdeckte das Gesetz.

7.   Sie hat den Brief noch nicht unterschrieben.

8.   Wer unterrichtet diese Klasse?

9.   Sie beeinflußten uns sehr.

10. Die Gesellschaft benachteiligt Frauen immer noch.

Auf deutsch. (Be sure to use the appropriate passive, that is, the actional or statal passive.)

1.   It was told to us by a visitor.

2.   These books should be collected.

3.   It has been acknowledged (**anerkennen**) by the Americans.

4.   He was last (**zuletzt**) seen Sunday evening.

5.   The books were picked up (**abholen**) last night.

6.   The books were already picked up when I came to get them.

7.   They were given the entire collection.

8.   Children are very much influenced by their environment.

9.   It was not meant that way (**so**).

10. They were asked about it.

B. Equivalents of the passive

German uses the passive less frequently than English, especially in everyday speech. Besides the passive, German has several other constructions that are equivalents of the English passive. The most common of these constructions are sentences with **man**. It is used when no personal agent is expressed.

Das macht **man** nicht in Amerika.
That is not done in America. People don't do that in America.

An equivalent of **can** + passive infinitive is **sich lassen** + active infinitive.

> Dieses Gefühl **läßt sich** nicht **erklären.**
> This feeling cannot be explained.

> Manche Worte **lassen sich** nicht **übersetzen.**
> Some words cannot be translated.

English passive constructions containing inflected forms of the modals *can,* *must,* or *should* plus a passive infinitive can be expressed in German either by using the same constructions as in English or by using an inflected form of **sein** + **zu** + active infinitive.

> Das **kann arrangiert werden.**
> Das **ist zu arrangieren.**
> That can be arranged.

> Der Brief **muß** noch heute **geschrieben werden.**
> Der Brief **ist** noch heute **zu schreiben.**
> The letter must still be written today.

> Seine Worte **sollten** nicht allzu ernst **genommen werden.**
> Seine Worte **sind** nicht allzu ernst **zu nehmen.**
> His words should not be taken too seriously.

Drücken Sie die Sätze anders aus.

1. Das soll noch heute getan werden.

2. Ihr Akzent kann kaum imitiert werden.

3. Die Resultate wurden anerkannt.

4. Name und Anschrift (*address*) müssen angegeben werden.

5. Sie wurden schlecht behandelt (*treated*).

C. Extended attributes

In German, present participles (formed by adding **d** to the infinitive) as well as past participles can be used as attributive adjectives and extended by other modifiers. Extended attributes preceding the noun they modify are characteristic of expository prose. They can be identified by following these steps:

1. Look for a **der**-word or an **ein**-word followed by a series of words which are not adjectives. Very often a preposition following the **der**- or **ein**-word is a signal for this construction.

2. Look for the noun that fits that article.

3. Find the present or past participle preceding the noun.

Now transform the extended attribute into a relative clause. The verb for the relative clause is derived from the participle. Its tense depends on the tense of the main verb and the context of the sentence.

Die durch (1) die Umweltverschmutzung **verursachten** (3) **Probleme** (2) sind groß.

Die Probleme, die durch die Umweltverschmutzung verursacht werden, sind groß.

Study the following examples:

Die bei der gegenwärtigen politischen Lage in den Massenmedien oft gebrauchte Bezeichnung „Gipfelkonferenz" ist eine Übersetzung aus „summit conference."

Die Bezeichnung „Gipfelkonferenz", die bei der gegenwärtigen politischen Lage oft gebraucht wird, ist eine Übersetzung aus „summit conference."

Sie nehmen die für ihre Erkenntnisse benötigten Bezeichnungen aus anderen Sprachen.

Sie nehmen die Bezeichnungen, die sie für ihre Erkenntnisse benötigen, aus anderen Sprachen.

Der daraus entstandene Schaden beläuft sich auf viele Millionen.

Der Schaden, der daraus entstanden ist, beläuft sich auf viele Millionen.
The damage which resulted from it runs into the millions.

Übertragen Sie die erweiterten Adjektivkonstruktionen in Relativsätze.

1. Der mit sinkenden Besucherzahlen einhergehende Umsatzschwund bringt immer mehr Filmtheater in Schwierigkeiten. (**einhergehen:** *to accompany*; **der Umsatzschwund:** *drop in revenues*)

2. Die Bundesrepublik und die DDR haben das zwischen beiden deutschen Staaten ausgehandelte Kulturabkommen unterzeichnet. (**aushandeln:** *to negotiate*; **das Kulturabkommen:** *cultural agreement*; **unterzeichnen:** *to sign*)

3. Der Historiker erhielt den zeitgeschichtlichen Preis für eine Arbeit über das 1917 erschienene Anti-Kriegsbuch „Die Biologie des Krieges." (**zeitgeschichtlich:** *related to contemporary history*)

4. Bundespräsident Richard von Weizsäcker will das aus aller Welt eingetroffene schriftliche Echo auf seine vor einem Jahr gehaltene Rede zum 40. Jahrestag des Kriegsendes einer deutschen Universität zur Verfügung stellen. (**eintreffen:** *to arrive*; **das Echo auf:** *response to*; **die Rede:** *speech*; **der Jahrestag:** *anniversary*; **zur Verfügung stellen:** *to put at someone's disposal*)

D. Articles and endings with names of languages

The names of languages are neuter adjectival nouns, but they are frequently used without an article and ending.

> Ich verstehe (spreche, lerne, kann) **Französisch**.
>
> In gutem **Englisch** sollte es so heißen.

The article plus a secondary ending is often used when the language as such is referred to.

> **Das Amerikanische** klingt anders als **das Englische**, das in England gesprochen wird.

The article plus an ending must be used when the verb is **übersetzen** or **stammen**.

> Sie übersetzt **aus dem Spanischen ins Deutsche**.
>
> Das Wort stammt aus **dem Französischen**.

In German (*in English*, etc.) can either be expressed by **in** + noun or by **auf** + adverb. The names of languages are not capitalized when they are used as adverbs or adjectives.

> Sie gab eine Zusammenfassung **in Englisch**.
>
> Ich werde den Inhalt des Artikels **auf deutsch** zusammenfassen.
>
> Er hat ihr ein paar **englische** Bücher geschenkt.

Auf deutsch.

1. How does one say this in German?

2. This word comes from English.

3. That is an American expression.

4. The book has already been translated into German.

E. Was born: **bin (wurde) geboren**

Either the present tense of **sein** or the past tense of **werden** is used as the auxiliary of **geboren**. Forms of **sein** are used for the living if either the date or place of birth is mentioned, whereas forms of **werden** are used when both the date and place of birth are stated. When referring to the dead, forms of **werden** are always used.

> Ich **bin** 1965 **geboren**.
>
> Sie **ist** auch in Kiel **geboren**.
>
> Ich **wurde** am 9. März 1939 in Neumünster **geboren**.
>
> Thomas Mann **wurde** 1875 **geboren**.

Vervollständigen Sie die Sätze.

1. Unsere Tochter _____ 1977 geboren.

2. Johann Sebastian Bach _____ 1685 geboren.

3. Ich _____ am 24.6.59 in Mannheim geboren.

4. Meine Brüder _____ auch in Amerika geboren.

II. Das passende Wort

A. To recognize: **erkennen, anerkennen**

erkennen (**erkannte, erkannt**): to recognize, arrive at an understanding of

> Man hat endlich **erkannt**, wie wichtig der Umweltschutz ist.
> Sie werden hoffentlich ihren Fehler **erkennen**.

erkennen an (*dat.*): to recognize by

> Ich habe ihn **an** seinem Gang **erkannt**.
> I recognized him by the way he walks.

an·erkennen: to recognize, give recognition (credit) to, acknowledge

> Böll wird allgemein als großer Schriftsteller **anerkannt**.

Auf deutsch.

1. Most professors recognize the hard work of their students.

2. She almost didn't recognize me.

3. I recognized her by her voice (**die Stimme**).

4. Their achievements need to be recognized.

B. Strong: **stark**; strict: **streng**

stark: strong, powerful, severe, intense

> Der amerikanische Einfluß ist besonders **stark**.
> Nach der Operation hatte sie **starke** Schmerzen.

streng: stern, strict, rigorous

Streng is not an equivalent of *strong*.

> Sie ist eine **strenge** Lehrerin.
> Die Regeln sind zu **streng**.

Setzen Sie das passende Wort ein.

1. Er hat oft _____ Kopfschmerzen.

2. Allzu _____ Gesetze verfehlen (*miss*) oft ihren Zweck.

3. Sie machte ein _____ Gesicht.

4. Der Kaffee ist mir einfach zu _____ .

C. To get used to: **sich gewöhnen an**: to be used to: **gewöhnt sein an, (es) gewohnt sein**

sich gewöhnen an (*acc.*): to get used to, become (grow) accustomed to

Man **gewöhnt sich** an alles.

Hast du **dich an** die neue Umgebung **gewöhnt**?

gewöhnt sein an (*acc.*) or (**es**) **gewohnt sein**: to be used to, have grown accustomed to

Wir **sind** endlich **daran gewöhnt**.

Ich **bin** so etwas nicht **gewohnt**.

Die Studenten **sind** (**es**) **gewohnt**, hart zu arbeiten.

Setzen Sie den passenden Ausdruck ein.

1. Allmählich hat er _____ _____ die starken Schmerzen _____ .

2. Ich bin es nicht _____ , so früh aufzustehen.

3. Es dauerte lange, bis wir _____ _____ waren.

4. Wir _____ so viel Verantwortung nicht _____ .

5. Er ist es auch nicht _____ .

D. Plural forms of **das Wort**: **Worte, Wörter**

The noun **das Wort** has two plural forms. When referring to words that are spoken in context, **Worte** is used.

Er dankte ihnen mit warmen **Worten**.

Mit anderen **Worten**, es betrifft Sie nicht.

When referring to individual words, such as words in a vocabulary list or in a dictionary, **Wörter** is used.

In diesem **Wörterbuch** stehen viele neue **Wörter** noch gar nicht drin.

Diese **Wörter** muß ich noch lernen.

Setzen Sie die passende Pluralform von **Wort** ein.

1. Ich versuche, täglich zehn neue deutsche _____ zu lernen.

2. Ihre _____ haben uns sehr beeindruckt.

3. Manche _____ vergesse ich immer wieder.

4. Ich glaube seinen _____ nicht.

E. To realize: **sich bewußt (klar) sein, begreifen, einsehen, merken, feststellen**

Equivalents of *to realize* in the sense of *to be (become) aware* are **sich** (*dat.*) **bewußt sein (werden)** and **sich** (*dat.*) **klar sein (werden)**.

Mir **war** nicht **klar**, daß Sie mit mir gerechnet hatten.

Wir **waren** uns nicht **bewußt**, daß es Sie nicht betrifft.

Ihr **wurde** allmählich **bewußt (klar)**, daß er sie zu sehr beeinflußt.

Begreifen (begriff, begriffen) and **ein·sehen** are the equivalents of *to realize* in the sense of *to understand, appreciate.* Both words frequently imply initial or continued resistance to understanding something.

Schließlich **begriffen** wir, wie wichtig die Angelegenheit ist.

Wann wirst du endlich **begreifen**, daß es so nicht weitergeht?

Du mußt **einsehen**, daß es so besser ist.

Er will nicht **einsehen**, daß er unrecht hat.

Ich habe endlich **eingesehen**, daß ihm nicht zu helfen ist.

To realize in the sense of *to notice, sense* is expressed by **merken. Merken** stresses the immediacy of a realization and frequently is preceded by **sofort, gleich**, or **gar nicht**.

Ich habe sofort (gleich) **gemerkt**, daß er mich nett findet.

Wir hatten gar nicht **gemerkt**, daß es schon so spät war.

The equivalent of *to realize* in the sense of *to discover* is **fest·stellen**.

Dann **stellte** ich **fest**, daß ich mich geirrt hatte.

Wir haben eben **festgestellt**, daß wir aus derselben Stadt stammen.

Auf deutsch.

1. I gradually (**allmählich**) realized (became aware of the fact) that it depends on me.

2. I just realized (discovered) that I have no money with (**bei**) me.

3. Try to realize (understand) how important it is to me.

4. We did not realize (notice) how late it was.

5. I just realized (discovered) that it is too late.

6. When will people finally realize (understand) that more must be done against pollution?

7. We have realized (become aware) that they think differently about this matter than we do.

8. Do you realize (understand) that?

F. The particle **allerdings**

Allerdings qualifies a statement and means *although, mind you, to be sure*. It either precedes or follows the verb.

> Die Geschichte ist interessant. **Allerdings** ist sie sehr lang.
> Sie ist recht sympathisch. **Allerdings** mag ich ihr lautes Lachen nicht.
> Professor Henzel verlangt sehr viel von uns. Das stimmt **allerdings**, aber wir lernen auch wirklich was bei ihr.

Allerdings (**nicht**) used by itself expresses strong agreement. It means *you can say that again* or *I agree completely*.

> Das ist mir zu teuer. **Allerdings**!
> Das Wetter ist wirklich nicht schön. **Allerdings nicht**!

Ersetzen Sie das kursiv Gedruckte durch **allerdings**, machen Sie die erforderlichen Änderungen, und geben Sie anschließend die Bedeutung des Satzes auf englisch.

1. Ich würde den Sommer gerne in Deutschland verbringen; *doch* ich müßte meine Stelle hier aufgeben.

2. Die meisten von uns studieren gerne hier. Wir arbeiten *jedoch* sehr viel.

3. Fandst du den Film auch so blöde? *Ja!*

4. Sie ist mit ihrer Stelle zufrieden, *aber* sie bekommt zu wenig bezahlt.

5. Das war nicht nett von ihr. *Ich bin ganz deiner Meinung.*

G. The particle **wohl**

Used as a particle, **wohl** expresses probability or conjecture and means *probably, no doubt, I assume*. It follows the verb and unstressed elements.

Du bist **wohl** verrückt.
You must be crazy.

Wir werden unseren Urlaub **wohl** in der Schweiz verbringen.
We will probably spend our vacation in Switzerland.

Es ist **wohl** anzunehmen, daß das Buch ins Deutsche übersetzt wird.
No doubt the book will be translated into German.

Das betrifft uns **wohl** nicht. **Wohl** kaum.
I assume it does not concern us. I doubt it.

Ersetzen Sie das kursiv Gedruckte durch **wohl**, machen Sie die erforderlichen Änderungen, und geben Sie anschließend die Bedeutung des Satzes auf englisch.

1. Er *muß* schon zu Hause sein.

2. *Wir nehmen an*, daß sie einen großen Einfluß auf ihn hat.

3. *Ich glaube*, daß ich Wirtschaftswissenschaft studieren werde.

4. *Wahrscheinlich* rechnen sie mit unsrem Kommen.

III. Wiederholungsübungen

A. Setzen Sie die in Klammern stehenden Wörter in ihrer richtigen Form ein. In manchen Sätzen ist ein bestimmter oder unbestimmter Artikel hinzuzufügen.

1. Ihr _____ Interesse für _____ Fach ist offensichtlich. (groß, dies-)

2. Sie sieht _____ _____ Bruder sehr ähnlich. (ihr, jünger)

3. Im _____ begegnet man _____ _____ Ausdrücken. (Deutsch-, viel, amerikanisch)

4. Wir haben nur _____ Einfluß auf _____ Entscheidungen. (wenig, ihr)

5. Ich habe ihn an _____ _____ Akzent (*m.*) erkannt. (sein, französisch)

6. Sie stammt aus _____ _____ Gegend (*f.*) in Bayern. (lieblich)

7. Wie hat er auf _____ _____ Antwort reagiert? (euer, negativ)

8. Was _____ Kurse betrifft, so bin ich sehr zufrieden. (mein)

9. Es gibt so viel _____ hier, an das wir uns erst noch gewöhnen müssen. (Ungewohnt-)

10. Das hängt ganz von _____ _____ _____
    (*f.*) ab. (unser, neu, Vorgesetzt-)

B. Setzen Sie die Präpositionen ein bzw. die Zusammenziehungen von Artikel
   und Präposition.

1. Er ist überhaupt nicht dar-_____ interessiert.

2. Man gewöhnt sich _____ das Ungewohnte.

3. Er wies uns _____ etwas Wichtiges hin.

4. Dieser Ausdruck stammt auch _____ dem Amerikanischen.

5. Ich erkannte ihn _____ der Stimme.

6. Ältere Wörter werden _____ neue ersetzt.

7. Denken Sie doch nur _____ die Sprache der Werbung.

8. Es hängt wohl _____ ihnen ab.

9. Mein Interesse _____ den Wissenschaften ist während des Stu-
   diums gewachsen.

10. Wir hatten eigentlich nicht _____ so vielen Gästen gerechnet.

C. Vervollständigen Sie die Sätze.

1. Goethe _____ 1749 geboren.

2. Man gewöhnt _____ letzten Endes an alles.

3. Unsere Zufriedenheit hängt zum großen Teil von unserem beruflichen Erfolg _____.

4. Mit seiner Unterstützung läßt _____ rechnen.

5. _____ mich betrifft, so brauchen Sie sich keine Sorgen zu machen.

6. Sie interessiert _____ sehr _____ Fremdsprachen.

7. Die Arbeit _____ noch heute zu machen!

8. Diese Übungen _____ mündlich gemacht.

9. Wir _____ es eigentlich nicht gewohnt, so viel zu arbeiten.

10. Man hat viele Probleme bereits erkannt, aber einige sind noch nicht er-
    kannt _____.

D. Auf deutsch.

1. The general public has not yet recognized (understood) this problem.

2. People have become used to it.

3. We have to learn these words.

4. Michael was photographed (**fotografieren**) by a policeman.

5. I was born in Zürich.

6. That is too expensive. You can say that again!

7. Do you like their advertising?

8. Professor Schiffer has a large collection of dictionaries.

9. I don't understand this concept. To be sure, it is very difficult (**schwierig**).

10. I am sure that can be done (**machen**).

E. Ersetzen Sie das kursiv Gedruckte durch sinnverwandte Ausdrücke, und machen Sie die erforderlichen Änderungen.

1. Seine Frau *hat* einen starken *Einfluß auf* ihn.

2. So etwas *kann* nicht leicht *erkannt werden*.

3. Sabine hat *wohl* recht.

4. Die heutigen *ökonomischen* Probleme sind kaum mehr lösbar.

5. Diese Ausdrücke *kommen* aus dem Amerikanischen.

6. Unsere Umwelt ist sehr verschmutzt. Man tut jetzt *aber* viel für den Umweltschutz.

7. *Zeitungen, Radio* und *Fernsehen* üben einen großen Einfluß auf die Öffentlichkeit aus.

8. Dein Bruder *sieht aus wie* du.

9. Allmählich bin ich *mir dessen bewußt geworden*.

10. Das *muß* sofort *gemacht werden*. (Ersatzkonstruktion für das Passiv)

Chapter 10

Siegfried Lenz (b. 1926) is one of the most widely read contemporary German authors. He has been awarded many literary prizes for his novels, stories, plays, and essays. Like much of his work, "Der große Wildenberg" reflects his concern for the powerless and voiceless.

Der große Wildenberg
Siegfried Lenz

Mit dem Brief kam neue Hoffnung. Er war nur kurz, enthielt
keine Anrede, er war mit gleichgültiger Höflichkeit diktiert   **gleichgültig** indifferent
worden, ohne Anteilnahme, ohne die Absicht, mir durch eine   **die Anteilnahme** personal
versteckte, vielleicht unfreiwillige Wendung zu verstehen zu   interest
5 geben, daß meine Sache gut stand. Obwohl ich den Brief
mehrmals las, nach Worten suchte, die ich in der ersten Aufregung überlesen zu haben fürchtete, und obwohl all meine
Versuche, etwas Gutes für mich herauszulesen, mißlangen,
glaubte ich einige Hoffnungen in ihn setzen zu können, denn
10 man lud mich ein, oder empfahl mir, zum Werk herauszukom-   **das Werk,-e** plant, factory
men und mich vorzustellen.
Ich faltete den Brief zusammen, legte ihn, damit ich ihn
gegebenenfalls schnell zur Hand hätte, in die Brieftasche und   **gegebenenfalls** if necessary
fuhr hinaus zur Fabrik. Es war eine Drahtfabrik, ein langge-
15 strecktes, flaches Gebäude; es war dunkel, als ich hinausfuhr,
und es schneite. Ich ging an einer hohen Backsteinmauer   **die Backsteinmauer,-n** brick
entlang, ging in ihrem Windschutz; elektrische Bogenlampen   wall
erhellten den Weg, niemand kam mir entgegen.   **entgegen·kommen (a,o)** to
In das Pflaster der Straße waren Schienen eingelassen, sie   come toward
                                                               die Schiene,-n track
20 glänzten matt, der Schnee hielt sich nicht auf ihnen. Der   **matt** dull
Schienenstrang führte mich zu einer Einfahrt, er verließ in
kurzem Bogen die Straße, lief unter einem Drahtgitter hin-
durch und verschwand im Innern eines schwarzen Schuppens.   **der Schuppen,-** shed
Neben dem Tor stand ein Pförtnerhaus aus Holz, es wurde
25 von einer schwachen elektrischen Birne erleuchtet, die an der   **die Birne,-n** electric bulb
Decke hing.
Im Schein der Birne erkannte ich den Pförtner, einen alten,
mürrischen Mann, der vor einem schäbigen Holztisch saß und   **mürrisch** sullen

mich beobachtete. Hinter seinem Rücken brannte ein Koks-
30 feuer. Ich ging an das Häuschen heran, und der Pförtner
legte sein Ohr an das Fenster und wartete auf meine Anmeldung; ich schwieg. Der Mann wurde ärgerlich und stieß ein
kleines Fenster vor mir auf. Ich spürte, wie ein Strom von
verbrauchter, süßlicher Luft ins Freie drang. Der Pförtner   **ins ... drang** escape the room
35 war offenbar besorgt, daß zuviel Luft aus seinem Raum ent-
weichen könnte, und er fragte ungeduldig: **entweichen (i,i)** to escape
„Zu wem wollen Sie? Sind Sie angemeldet?"
Ich sagte, daß ich bestellt sei; wenn er wolle, könne ich ihm   **bestellt sein** to have an
den Brief zeigen. Der Brief sei von einem Mann namens Wil-   appointment
40 denberg unterzeichnet.
Als ich diesen Namen nannte, blickte der Pförtner auf seine
Uhr, dann sah er mich an, bekümmert und mit sanftem Spott,   **bekümmert** troubled
und ich fühlte, daß er seinen Ärger vergessen hatte und nur   **der Spott** mockery
ein berufsmäßiges Mitleid für mich empfand.
45 „Ist Herr Wildenberg nicht da?" fragte ich.
„Er ist fast immer da", sagte der Pförtner. „Es kommt selten
vor, daß er verreist ist. Aber Sie werden ihn heute nicht
sprechen können."
Und dann erzählte er mir, wie schwer es sei, an Wildenberg
50 heranzukommen; er erzählte mir, wieviel auf diesem großen
Mann laste, der in schweigender Einsamkeit, hinter fernen
Türen, seine Entschlüsse fasse, und daß es zwecklos sei, wenn
ich, obgleich ich bestellt sei, zu dieser Stunde noch herkäme.
Ich solle am nächsten Tag wiederkommen, empfahl mir der
55 Pförtner, hob die Schultern, seufzte und sagte, daß das der   **seufzen** to sigh
einzige Rat sei, den er mir geben könne, ich täte gut daran,
ihn zu befolgen.
Ich befolgte den Rat des Pförtners und ging nach Hause,
und am nächsten Morgen, in aller Frühe, machte ich mich
60 wieder auf den Weg zur Fabrik. Die Bogenlampen brannten
noch, es war kalt, und von der Werkskantine roch es nach   **die Werkskantine,-n** cafeteria
Kohl. Der Pförtner empfing mich freundlich, er schien auf
mich gewartet zu haben. Er winkte mir, draußen stehen zu
bleiben, telefonierte längere Zeit und erklärte schließlich mit   **mit ... Eifer** enthusiastically
65 glücklichem Eifer, daß es ihm gelungen sei, mich auf die Spur   **auf die Spur setzen** to put on
zu setzen, ich könne nun ohne Schwierigkeiten bis zu Dok-   the right track
tor Setzkis Büro gehen, seine Sekretärin würde mich dort
erwarten.
Die Sekretärin war forsch und mager, sie bot mir eine Tasse   **forsch** brash
70 Tee an, den sie gerade gekocht hatte, und entschuldigte sich   **mager** skinny
mit einer eiligen Arbeit. Ich wertete den Tee als gutes Zei-
chen, das Angebot hatte mich seltsamerweise so zuversicht-   **zuversichtlich** optimistic
lich für meine eigene Sache gemacht, daß ich der Sekretärin
eine von meinen beiden Zigaretten hinüberreichen wollte,
75 doch sie lehnte ab. Ich rauchte auch nicht, weil Dr. Setzki   **ab·lehnen** to decline
jeden Augenblick aus seinem Zimmer kommen konnte, ich
hörte Geräusche hinter seiner Tür, Knistern und Murmeln.   **das Knistern** rustling

Es wurde hell draußen, die Bogenlampen erloschen, und die
Sekretärin fragte mich, ob sie das Licht im Zimmer ausknip-
80 sen dürfe. Ich antwortete ihr lang und umständlich, in der
Hoffnung, sie dadurch in ein Gespräch zu ziehen, denn es war
mir ihretwegen peinlich, daß Dr. Setzki mich so lange warten
ließ. Aber das Mädchen ging nicht auf meine Bemerkungen
ein, sondern verbarg sich sofort wieder hinter ihrer Schreib-
85 maschine, wo sie sicher war.
Dr. Setzki kam spät, er war unerwartet jung, entschuldigte
sich, daß er mich so lange hatte warten lassen, und führte
mich über einen Gang. Er entschuldigte sich vor allem damit,
daß Wildenberg, der große einsame Arbeiter, keinen zur Ruhe
90 kommen lasse, immer wieder frage er nach, versichere sich
aller Dinge mehrmals und verhindere dadurch, daß man einen
genauen Tagesplan einhalten könne. Ich empfand fast ein
wenig Furcht bei der Vorstellung, in wenigen Sekunden Wildenberg gegenüberzusitzen, ich spürte, wie auf den Innen-
95 flächen meiner Hände Schweiß ausbrach, und sehnte mich
nach dem Zimmer der Sekretärin zurück.
Dr. Setzki durchquerte mit mir ein Büro und brachte mich
in ein Zimmer, in dem nur ein Schreibtisch und zwei Stühle
standen. Er bat mich, auf einem der Stühle Platz zu nehmen
100 und auf Dr. Petersen zu warten, das sei, wie er sagte, die
rechte Hand Wildenbergs, die mir alle weiteren Türen zu
dem großen Mann öffnen werde. Er zeigte sich unterrichtet,
in welcher Angelegenheit ich hergekommen war, sprach mit
großer Bewunderung von Wildenbergs Geschick, Leute auszu-
105 suchen, und verabschiedete sich schließlich, indem er mir die
Hand flüchtig auf die Schulter legte. Als ich allein war, dachte
ich noch einmal an seine Worte, hörte noch einmal seinen
Tonfall, und jetzt schien es mir, als sei die Bewunderung, mit
der er von Wildenberg gesprochen hatte, heimliche Ironie.
110 Dr. Petersen war, wie die Sekretärin, die unter einem Vorwand ins Zimmer kam, sagte, auf einer Sitzung. Sie konnte
nicht sagen, wann er wieder zurück wäre, aber sie glaubte zu
wissen, daß es nicht zu lange dauern würde; dafür, meinte
sie, seien Sitzungen zu anstrengend. Sie lachte vielsagend
115 und ließ mich allein.
Die Sekretärin hatte recht. Ich hatte zehn Minuten gewartet,
da erschien Dr. Petersen, ein Hüne mit wässerigen Augen; er
bat mich, Platz zu behalten, und wir sprachen über meine
Bewerbung. Sie sei, sagte er, immer noch bei Wildenberg, er
120 habe sie bei sich behalten, trotz seiner enormen Arbeitslast,
und ich käme diesem großen Mann gewiß entgegen, wenn ich
nicht weiter danach fragte, sondern meinen Aufenthalt bei
ihm so kurz wie möglich hielte.
„Ich bin sicher", sagte Dr. Petersen, „Herrn Wildenbergs
125 Laune wird um so besser sein, je kürzer Sie sich fassen. Leute
seiner Art machen alles kurz und konzentriert." Dann bat er

erlöschen (i,o,o) to go out

umständlich in a roundabout way

der Schweiß sweat

durchqueren to pass through

das Geschick knack

flüchtig lightly

heimlich concealed
der Vorwand,⸚e pretext

anstrengend exhausting

der Hüne,-n giant

entgegen·kommen (a,o) (dat.) to accommodate

sich kurz fassen to be brief

mich, ihm zu folgen, klopfte an eine Tür, und als eine Stimme
„Herein" rief, machte er mir noch einmal ein hastiges Zeichen,
all seine Ratschläge zu bedenken, und ließ mich eintreten. Ich
130   hörte, wie die Tür hinter mir geschlossen wurde.
„Kommen Sie", sagte eine freundliche, schwache Stimme,
„kommen Sie zu mir heran."
Ich sah in die Ecke, aus der die Stimme gekommen war, und
ich erkannte einen kleinen, leidvoll lächelnden Mann hinter   **leidvoll** sorrowful
135   einem riesigen Schreibtisch. Er winkte mir aus seiner Ver-
lorenheit mit einem randlosen Zwicker zu, reichte mir die   **der Zwicker,-** pince-nez
Hand, eine kleine, gichtige Hand, und bat mich schüchtern,   **gichtig** gouty
Platz zu nehmen.
Nachdem ich mich gesetzt hatte, begann er zu erzählen, er
140   erzählte mir die ganze Geschichte der Fabrik, und wenn ich
in einer Pause zu gehen versuchte, bat er mich inständig,   **inständig bitten (a,e)** to
zu bleiben. Und jedesmal, wenn ich mich wieder setzte, be-   beseech
dankte er sich ausführlich, klagte über seine Einsamkeit und   **ausführlich** at length
wischte mit dem Ärmchen über den leeren Schreibtisch. Ich
145   wurde unruhig und erinnerte mich der Ratschläge, die man
mir gegeben hatte, aber sein Bedürfnis, sich auszusprechen,   **sein ... auszusprechen** his
schien echt zu sein, und ich blieb.   need to talk
Ich blieb mehrere Stunden bei ihm. Bevor ich mich verab-
schiedete, fragte ich nach meiner Bewerbung. Er lächelte
150   traurig und versicherte mir, daß er sie nie gesehen habe, er
bekomme zwar, sagte er, gelegentlich etwas zur Unterschrift
vorgelegt, aber nur, um sich nicht so einsam zu fühlen, denn
man entreiße es ihm sofort wieder. Und er gab mir flüsternd   **entreißen (i,i)** to snatch away
den Rat, es einmal bei Dr. Setzki zu versuchen, der habe
155   mehr Möglichkeiten und sei über den Pförtner zu erreichen:
ich mußte ihm glauben.
Ich verabschiedete mich von dem großen Wildenberg, und als
ich bereits an der Tür war, kam er mir nachgetrippelt, zupfte   **nach·trippeln** to totter behind
mich am Ärmel und bat mich, ihn bald wieder zu besuchen.   **am Ärmel zupfen** to tug at
160   Ich versprach es.   someone's sleeve

Wortschatz

die **Absicht,-en** intention
  mit Absicht intentionally, on
    purpose
  in der Absicht, zu with the
    intention of
absichtlich intentionally, deliber-
  ately
an·bieten (o,o) to offer
das **Angebot,-e** offer
ärgerlich sein über (*acc.*) to be
  annoyed about something
ärgerlich sein auf (über) (*acc.*) to
  be annoyed, angry with someone

der **Aufenthalt,-e** stay
sich auf·halten (ä,ie,a) to stay
sich bedanken bei to thank
das **Bedürfnis,-se nach** need for
befolgen to follow, comply with
besorgt sein um to be worried about
sich bewerben (i,a,o) um (bei) to
  apply for (to)
die **Bewerbung,-en** application
der **Draht,-̈e** wire
empfehlen (ie,a,o) to recommend
empfinden (a,u) to feel, sense, perceive

die **Empfindung,-en** feeling, sensation

sich **entschließen (o,o)** to decide

der **Entschluß,⁀sse** decision

    einen Entschluß fassen to make a decision

die **Fabrik,-en** factory

fragen nach to ask for (after), inquire about

die **Geduld** patience

geduldig patient

    ungeduldig impatient

ihretwegen on her (their) account

peinlich embarrassing

der **Rat,** (*pl.*) **Ratschläge** advice

riechen (o,o) nach to smell like

die **Sache,-n** matter, affair, business, concern, cause

schüchtern shy

sich sehnen nach to long for

die **Sehnsucht nach** longing for

die **Sitzung,-en** meeting

sprechen (i,a,o) to see, speak (meet) with someone

spüren to feel, sense

telefonieren mit to speak on the phone with

verbergen (i,a,o) to conceal, hide

verhindern to prevent

verreisen (ist) to go on a trip

verreist sein to be on a trip

Stichworte für die Diskussion

ironisch ironic

die **Ironie** irony

der **überraschende Wendepunkt** the surprising turning point

geheimnisvoll tun mit to make a big mystery of

leistungsfähig productive, efficient

Zur Diskussion

1. Charakterisieren Sie die Atmosphäre in der Fabrik.

2. Was für ein Bild malen (*paint*) die Angestellten von Wildenberg? Wie ist Wildenberg in Wirklichkeit? Wie ist die Diskrepanz zu verstehen?

3. Ist der Leser Ihrer Meinung nach auf den überraschenden Wendepunkt vorbereitet?

4. Wie erklären Sie es sich, daß Wildenberg weiterhin die meiste Zeit in seinem Büro verbringt? Warum erzählt er dem Besucher die Geschichte der Fabrik?

5. Was stellt die Geschichte an der dargestellten Gesellschaft in Frage?

Aufsatzthemen

1. Gehen Sie auf #5 der Diskussionsthemen näher ein.

2. Schildern Sie ein Interview, in dem Sie sich um eine Stelle bewerben.

3. Beschreiben Sie die erste Begegnung mit einem Menschen, den Sie interessant finden.

I. Grammatisches

A. Dependent infinitives after **helfen, lehren, lernen**; the verbs of the senses; **lassen**

After the verbs **helfen, lernen,** and **lehren** the infinitive is generally used without **zu**; but if an object or a modifier precedes the infinitive, an infinitive clause with **zu** is normally used.

> Sie **hilft** (**half**) ihm **kochen.**
>
> Sie **lernt** (**lernte**) Auto **fahren.**
>
> Sie **lehrt** (**lehrte**) den Jungen **lesen.**
>
> Hilf mir doch, das Auto **zu waschen.**
>
> Sie **lehrt** uns, die Worte richtig **auszusprechen.**

The verbs indicating the senses (**sehen, hören, fühlen, spüren**) are followed by an infinitive without **zu**. In English, the equivalent verbs are frequently followed by a present participle (verb + *-ing*).

> Ich **sehe** (**sah**) sie am Schreibtisch **sitzen.**
> I see (saw) her sitting at her desk.

> Wir **hörten** ihn **telefonieren.**
> We heard him talking on the phone.

The perfect of these verbs is generally formed with a double infinitive.

> Wir haben ihnen **putzen** (*clean*) **helfen.**
>
> Ich habe sie am Schreibtisch **sitzen sehen.**
>
> Wir haben sie **telefonieren hören.**
>
> Sie hat die Krankheit **kommen fühlen.**

A dependent clause introduced by **wie** is used frequently after **lernen, lehren, fühlen, spüren, sehen,** and **hören**.

> Sie **lehrte** uns, **wie** diese Laute gebildet werden.
> She taught us how these sounds are made.

> Ich habe **gefühlt** (**gespürt**), **wie** ich rot wurde.
> I felt myself turning red.

> Wir **hörten, wie** die Tür hinter uns geschlossen wurde.
> We heard the door being closed behind us.

Lassen is used without **zu**, and the perfect is formed with a double infinitive. **Lassen** can mean *to let, allow* and *to have something done.*

> Sie **lassen** mich **mitkommen.**
>
> Sie haben mich **mitkommen lassen.**
>
> Ich **lasse mir** die Zeitung ins Haus **schicken.**

Wir **lassen** ihn etwas früher **kommen**.

Depending on the context, the last sentence can mean *We are permitting him to come a little earlier* or *We are having him come a little earlier*.

Auf deutsch.

1. Today I am having my hair cut. (**die Haare schneiden**)

2. I saw him do it.

3. I'll help you study the new words.

4. Sigrid lets him use (**benutzen**) her car.

5. We let her take it home last night.

6. She is teaching them to think independently (**selbständig**).

7. We heard him explain his decision.

8. I felt it getting hot.

B. The preposition **wegen**: because of, on account of, due to

Wegen generally takes the genitive. It may either precede or follow the noun or pronoun it refers to.

Ich kann **wegen** meiner Mutter nicht kommen.
Sie tut es ihres Vaters **wegen** nicht.

Meinetwegen (deinetwegen, seinetwegen, ihretwegen, unseretwegen, euretwegen, ihretwegen) are the equivalents of *for my (your, etc.) sake, on my (your, etc.) account, because of me (you, etc.)*.

Es war mir **ihretwegen (seinetwegen)** peinlich.
I was embarrassed on her (his) account.

Das machen wir doch nicht nur **euretwegen**.
We are not only doing it for your sake.

The idiom **meinetwegen** means *for all I care*.

Meinetwegen kann er ruhig bleiben.
For all I care, he can stay.

Auf deutsch.

1. We did it for his sake.

2. We stayed home because of the rain.

3. Due to his illness he wasn't able to go to work.

4.   For all I care, you needn't come along.

C.   Intransitive and transitive verbs

There are a number of frequently used transitive English verbs whose German equivalents are not transitive, that is, they cannot be followed by a direct object. However, many of these verbs can be made transitive by adding the prefix **be-** to the infinitive. In some cases the meaning stays the same, in some it changes. Some intransitive verbs can take prepositional objects.

antworten (*dat.*) (**auf**) (*acc.*): to answer

beantworten: to answer

> Hat sie dir schon **geantwortet**?
> Hat sie schon auf deinen Brief **geantwortet**?
> Hat sie deinen Brief schon **beantwortet?**

folgen (*dat.*): to follow (person, street, advice)

befolgen: to follow (rules, advice, etc.)

> Ich bin seinem Rat **gefolgt.**
> Wir haben seinen Rat **befolgt.**

steigen (**ie,ie**) (**auf**) (*acc.*): to climb, rise

besteigen (**ie,ie**): to climb up (on top of)

> Die Preise sind schon wieder **gestiegen.**
> Wir sind auf mehrere hohe Berge **gestiegen.**
> Sie **besteigen** nur die höchsten Berge.

The verb *to wake up* has two German equivalents: **aufwachen**, which is intransitive and **wecken**, which is transitive.

> Ich bin mitten in der Nacht **aufgewacht.**
> Bitte **wecke** mich morgen früh um sieben.

Auf deutsch.

1.   Did you follow them?

2.   Please answer my question.

3.   When should I wake you up?

4.   Why don't you answer me?

5.   I woke up at six.

6.   They climbed the Matterhorn (*n.*).

7.   We have to follow the rules (**Regel,-n**).

II. Das passende Wort

A. To stay: **bleiben, wohnen, übernachten, sich aufhalten**

bleiben (ie,ie;ist): to stay, remain

> Schön, daß ihr gekommen seid. Wie lange könnt ihr **bleiben**?
> Wir waren bei Freunden, aber wir sind nicht lange **geblieben**.

wohnen bei (in): to stay (live) with (at)

> Ich **wohne** zur Zeit **bei** Freunden.
> Wo **wohnen** Sie? Wir **wohnen im** Bahnhofshotel.

übernachten: to stay, spend the night

> Wir haben meistens in Jugendherbergen (*youth hostels*) **übernachtet**.

sich auf·halten (ä,ie,a): to stay, spend a period of time

> Ich kann **mich** nicht lange **aufhalten**, denn ich habe eine Verabredung um vier.
> Wir haben **uns** ein paar Tage in Hamburg **aufgehalten**.

Auf deutsch.

1.   Last night we stayed in a little inn (**Gasthaus**).

2.   He is staying with relatives.

3.   Did you ever spend some time (**länger**) in Munich?

4.   We are going to stay in Vienna for a week. We will stay at the **Imperial**.

5.   Why don't you stay for dinner, Matthias? (Use imperative + **doch**.)

B. To speak on the phone: **telefonieren**; to call someone on the phone: **anrufen**

telefonieren: to be (speak) on the phone

> Er **telefoniert** gerade.
> Ich habe schon **mit ihr telefoniert**.

Since **telefonieren** is an intransitive verb, it cannot be used for *to phone someone*.

an·rufen (ie,u): to call someone on the telephone

Ich **rufe** dich heute abend **an.**

einen Anruf machen: to make a phone call

Ich muß eben noch schnell **einen Anruf machen.**

Auf deutsch.

1.   We talked on the phone with them last night.

2.   I tried to call you.

3.   Dad is on the phone at the moment.

4.   Elke had to make a call.

5.   They called us Sunday.

C.   The meanings of **Glück, glücklich**

The primary meaning of **das Glück** is *luck, fortune.* However, **glücklich** means *happy* rather than *lucky, fortunate.*

> Viel **Glück!**
> Good luck!
>
> Was für (welch) **ein Glück!**
> How lucky (fortunate) you are!

Glück haben: to be fortunate (lucky)

> **Glück gehabt!**
> You were lucky!
>
> Da hab ich mal wieder **Glück gehabt.**
> I was in luck again.

The opposite of **Glück haben** is **Pech haben.**

> **Was für ein Pech!**
> What bad luck!

Der (die) Glückliche is an adjectival noun and means *the lucky one (person).*

> Du **Glückliche(r)!**
> You lucky thing!

Zum Glück is a sentence adverb and means *luckily, fortunately.* **Glücklicher-weise** is a synonym.

> **Zum Glück (glücklicherweise)** ist er wieder gesund.

Wir hatten **zum Glück (glücklicherweise)** ein billiges Hotel gefunden.

das Unglück: bad luck, misfortune

Das bringt **Unglück**.
That brings bad luck.

Er hat im Leben viel **Unglück** gehabt.
He suffered a lot of misfortune in life.

Unglück can also mean *accident* or *disaster*.

Bei dem **Unglück** gab es mehrere Verletzte.
Several people were injured in the accident.

So (welch) ein **Unglück**!
What a disaster!

das Glück: happiness

Jeder sehnt sich nach privatem **Glück**.
Everyone longs for personal happiness.

glücklich: happy; **unglücklich**: unhappy

Ich bin ja so **glücklich**!
Er machte ein ganz **unglückliches** Gesicht, als er das hörte.

Auf deutsch.

1.   Custer had bad luck.

2.   Luckily she found her passport.

3.   They are happily married.

4.   You were lucky.

5.   How lucky!

6.   She looked so happy.

D.   To follow: **folgen, befolgen, verfolgen**

folgen (*dat.*): to follow, understand

Ich zeige Ihnen den Weg. **Folgen** Sie mir bitte.
Können Sie mir **folgen**, oder spreche ich zu schnell?

folgen aus: to follow from, become clear

Aus seinen Bemerkungen **folgt**, daß wir recht behalten.

befolgen: to follow, act in accordance with, comply with

> **Befolgen** Sie meinen Vorschlag.

verfolgen: to follow up, pursue

> Wir wollen diese Idee (diesen Gedanken, dieses Ziel) **verfolgen**.
> Ich habe diese Angelegenheit mit großem Interesse **verfolgt**.
> Die Polizei hat den Dieb **verfolgt**.

Verfolgen can also mean *to persecute*.

> Die Juden wurden von Hitler **verfolgt**.

Vervollständigen Sie die Sätze.

1. Wir werden Ihr_____ Rat _____.

2. Die Partei _____ bestimmt_____ Ziele.

3. Langsamer! Wir können Ihnen nicht _____.

4. Minderheiten (*minorities*) werden oft _____.

5. _____ seinen Worten _____, daß er es absichtlich getan hat.

E.   To offer: **anbieten, bieten**; to request: **bitten**; to pray: **beten**

an·bieten (o,o): to offer help, advice, employment, etc.; to offer for sale or consumption

> Man hat mir die Stelle **angeboten**.
> Darf ich Ihnen ein Glas Wein **anbieten**?

bieten (o,o): to offer, present

> Das Orchester **bietet** (**bot**) fast immer ein ausgezeichnetes Programm.

bitten (bat, gebeten): to ask, request

> Er **bittet** (**bat**) uns ab und zu um Hilfe.
> Sie hat mich um einen Gefallen **gebeten**.

beten: to pray

> In der Kirche wird **gebetet**.

Setzen Sie das passende Verb ein.

1. Ich habe ihnen _____, sie vom Flugplatz abzuholen.

2.   Dieses Kino _____ gute Filme.

3.   Darf ich Ihnen eine Tasse Kaffee _____?

4.   Warum hast du uns denn nicht um Hilfe _____?

5.   Als Kind habe ich jeden Abend vorm Einschlafen _____.

6.   Damals _____ wir ihn öfters um Rat.

F.   To decide: **sich entscheiden, sich entschließen, beschließen**

sich entscheiden (ie,ie) (für, gegen): to decide (on, against)

Entscheiden must be used if a choice between alternatives is implied.

Ich kann **mich** nicht **entscheiden**, ob ich mitgehen oder zu Hause bleiben soll.

Wir haben **uns für (gegen)** einen Schiurlaub **entschieden**.

sich entschließen (o,o): to decide, make up one's mind, resolve

Ich habe **mich entschlossen**, ihm die Wahrheit zu sagen.

Er **entschloß sich**, es noch einmal zu versuchen.

Beschließen (o,o) is a synonym for **sich entschließen**.

Frau Becker hat **beschlossen**, ihre Stelle aufzugeben.

There are two German equivalents of *to make a decision*. If a decision involves a choice, **eine Entscheidung treffen (i,a,o)** is used. Otherwise, **einen Entschluß fassen** is appropriate.

Haben Sie bereits **eine Entscheidung getroffen**? Nein, wir haben uns noch nicht entschieden, welches Haus wir kaufen wollen.

Ich habe endlich **einen Entschluß gefaßt**.

Mein **Entschluß** ist **gefaßt**.

Note the following equivalents of *to decide*.

zu der Ansicht kommen: to decide, come to the conclusion

Ich **bin zu der Ansicht gekommen**, daß er recht hatte.

bestimmen: to decide, determine

Sie will immer alles **bestimmen**.

Auf deutsch.

1.   Have you decided which car you are going to buy?

2. We decided to move (**umziehen**).

3. He always wants to decide which movie to see.

4. We've made a big decision. We are going to get married.

5. You have to decide yourself whether you want to apply for that job.

6. Sonja has finally made a decision. She is going to study in Freiburg instead of Göttingen.

G. Late: (zu) spät, sich verspäten, Verspätung haben

spät: late

> Es **wird** heute abend **spät**.
> Sie **kommt** oft **spät** nach Hause.

zu spät: (too) late

> Er hat seine Arbeit **zu spät** eingereicht.
> Sie kommt fast immer ein paar Minuten **zu spät**.

The opposite of **zu spät** is **rechtzeitig** (*on time*).

> Bitte komm heute **rechtzeitig** nach Hause.

sich verspäten: to be late, delayed, held up

> Leider habe ich **mich** etwas (um zwanzig Minuten) **verspätet**.
> Der Zug hat **sich verspätet**.

Verspätung haben: to be late (refers to public transportation)

> Der Zug (der Bus) **hat** zwanzig Minuten **Verspätung**.

Wie spät ist es means *what time is it.*

Auf deutsch.

1. I am sorry I was late.

2. It was too late to call her.

3. Will they get the letter on time?

4. German trains are hardly ever (**fast nie**) late.

5. What time is it?

6. She'll be late tonight.

H. The uses of **zwar**

Zwar is used in two ways. Like **allerdings**, it qualifies a statement. Its English equivalents are *admittedly, to be sure, it is true that.* **Zwar** generally follows the verb. The clause following must contain **aber**, **doch**, or **jedoch**.

> Der Ring ist **zwar** sehr schön, aber er ist zu teuer.
>
> Diese Unterschiede bestehen **zwar**, jedoch sie sind nicht sehr groß.

Und zwar introduces a phrase that clarifies or enlarges upon the preceding statement. English equivalents are *in fact, and moreover, and what is more.*

> Ich lerne Deutsch, **und zwar** schon seit drei Jahren.
>
> Er ist verreist, **und zwar** nach Italien.

Auf deutsch.

1. It is late to be sure, but I still have to call him.

2. I saw her yesterday; in fact her whole family was here.

3. Admittedly, it was not nice of me, but I had to do it.

4. I knew there would be a problem; in fact, I told them it could not be done.

III. Wiederholungsübungen

A. Setzen Sie die in Klammern stehenden Wörter in ihrer richtigen Form ein. In manchen Sätzen ist ein bestimmter oder unbestimmter Artikel hinzuzufügen.

1. Die Angelegenheit war _____ _____ Sekretärin peinlich. (besorgt)

2. Sie hat sich bei _____ _____ Fabriken beworben. (mehrer-, groß)

3. Möchten Sie _____ _____ (*m.*) sprechen? (unser, Vorgesetzt-)

4. Du _____ (*m.*)! (Glücklich-)

5. Er sucht nach etwas _____ für seine Mutter. (Passend-)

6. Wir befolgen _____ _____ Ratschläge gern. (solch, praktisch)

7. Ich sehne mich oft nach _____ _____ Zeit in Salzburg zurück. (schön)

8. Wir haben _____ _____ Entschluß gefaßt. (wichtig)

9. In autoritären Staaten werden _____ _____ Gruppen verfolgt. (viel, verschieden)

10. Wir sollen auf _____ _____ Berg steigen? (dies-, hoch)

B. Setzen Sie die fehlenden Präpositionen ein bzw. die Zusammenziehungen von Artikel und Präposition.

1. _____ Glück war es nicht sehr teuer.

2. Sie war sehr ärgerlich _____ ihn.

3. Es roch _____ Kohl.

4. Ich bin _____ meinen Freund besorgt.

5. Er hat es sicherlich nicht _____ Absicht gesagt.

6. Ich befürchte, ich komme _____ spät.

7. Er fragte _____ seiner Bewerbung.

8. Sie war _____ der Absicht gekommen, mir einen Rat zu geben.

9. Alle Menschen haben ein Bedürfnis _____ Liebe.

10. Bewerben Sie sich _____ Frau Schlüter _____ die Stelle.

C. Vervollständigen Sie die Sätze.

1. Er hat lange _____ seinem Freund telefoniert.

2. Ich habe _____ bereits _____ ihm bedankt.

3. Er rief in _____ Absicht an, unseren Entschluß zu hören.

4. Sehnst du _____ nach deiner Freundin?

5. Dar-_____ folgt, daß wir recht haben.

6. Sie hörte, _____ die Tür geschlossen wurde.

7. Wir haben den Entschluß _____, nächsten Sommer nach Alaska zu reisen.

8. Ich glaube, du hast die richtige Entscheidung _____.

9. Ich habe _____ leider _____ zehn Minuten verspätet.

10. Sie war _____ sehr ärgerlich darüber, doch sie hat kein einziges Wort gesagt.

D. Auf deutsch.

1. We stayed in an expensive hotel.

2. I searched for the right answer, but I could not answer her question.

3. We decided against vacationing in Europe.

4. She asked me to wake her up in an hour.

5. Luckily I woke up on time.

6. That was embarrassing to my sister.

7. That cannot be prevented.

8. He is on a trip. Therefore it is pointless to call him.

9. For all I care, you can tell him what I think of his plan.

10. Dora was lucky. Now she is very happy.

E. Ersetzen Sie die unterstrichenen Ausdrücke durch sinnverwandte, und machen Sie die erforderlichen Änderungen.

1. Ich *sehne mich nach* meinem Freund.

2. Hat er das *absichtlich* gesagt?

3. Ich möchte noch *einen Anruf machen*.

4. Sie *machen* nächste Woche *eine Reise*.

5. Ich werde *mich* nicht lange dort *aufhalten*.

6. Wir sind *zu spät* gekommen.

7. Ich *spürte*, daß der Alte einsam war.

8. Wir *haben* endlich *einen Entschluß gefaßt*.

9. *Glücklicherweise* hat alles geklappt.

10. Ich bin *in der Absicht* gekommen, Ihnen unsere Pläne zu erklären.

Chapter 11

The writer **Günter de Bruyn** (b. 1926) is well known in the German Democratic Republic. "Eines Tages ist er wirklich da" touches on an experience common to countless East and West Germans who, after the close of World War II, never stopped hoping that their missing loved ones would return one day. The title and first sentence suggest that for the narrator the wait is over, that his brother has finally come home. Yet as the story unfolds, the reader begins to doubt the reliability of the narrating voice. This suspicion is confirmed with the final realization that the homecoming is only a dream.

Eines Tages ist er wirklich da
Günter de Bruyn

Und eines Tages dann ist Karlheinz, mein großer Bruder, wirklich wieder da. Er ist am Kino vorbeigegangen bis zur Litfaßsäule, und genau an der Stelle, die wir alle benutzten und die ich noch heute benutze, kommt er über die Straße, im weißen Nylonhemd, das Jackett im Arm, eine Hand in der Tasche, ohne jedes Gepäck – das werden zwei Lastträger bringen oder das Expreßgutauto. Er geht genau auf die Stelle zu, an der das Eckhaus gestanden hat, durch das wir immer hindurch mußten, sieht die Rasenfläche und hebt dann den Blick zu unserem vierten Stock hinauf. Irgendwann einmal wird er beim Anblick des jetzt im Licht stehenden Hinterhauses[1] „Die Sonne bringt es an den Tag, ausgleichende Gerechtigkeit" oder ähnliches sagen, aber jetzt ist er noch zu erstaunt, kennt sich nicht gleich aus, zweiundzwanzig Jahre sind eine lange Zeit. Er ist nicht verwirrt, nur erstaunt und dabei ruhig und souverän wie immer.
Sein Blick sagt: So ist das also jetzt mit dem Haus, in dem ich geboren bin, das hatte ich anders in Erinnerung, fertig, abgemacht, und er geht über die Straße, die leer und still ist, denn es ist wohl ein Sonntagmorgen im Sommer, und ich gehe Milch holen, den Kleinen an der Hand, dem es ein Erlebnis ist, mit seinem Vater auf die Straße zu gehen, und

die **Litfaßsäule,-n** advertising column

jedes any

die **Rasenfläche** lawn

irgendwann einmal at some point

die ... **Gerechtigkeit** the truth will make itself known, poetic justice

souverän a superior air about him

fertig, abgemacht and that's that

[1] **das Hinterhaus**: part of a tenement house accessible only through a courtyard and thus considered inferior

der hoffentlich niemals vergessen wird, wie das war, als sein
Onkel heimkam, morgens, unerwartet.
25 Und wir gehen aufeinander zu, langsam, zögernd, gar nicht
so, wie man sich das als kinoerfahrener Mensch vorstellt.
Zwar habe ich ihn sofort erkannt, wäre aber doch vorbeigegangen an ihm, wenn er nicht reagiert hätte; denn schließlich
ist er ja vorbereitet, er weiß, daß er nach Hause kommt,
30 muß damit rechnen, seinen jüngsten Bruder zu treffen; ich
aber gehe aus dem Haus, um für meine Kinder Milch zu
holen, und kann nicht ahnen, daß der große Bruder plötzlich
nach zweiundzwanzig Jahren ohne Nachricht über die Straße
kommt, da muß man zögern, auch wenn er sich kaum verän-
35 dert hat oder gerade deshalb, denn das ist doch gegen jede
Erfahrung, aber wahrscheinlich sieht man die Falten und
Schärfen des Gesichts, den verbrauchten Glanz der Augen,   **der Glanz** sparkle
den Fettansatz erst später, jetzt nur die noch immer ver-
trauten Züge, den spöttisch-wohlwollenden Blick, die schmale   **spöttisch-wohlwollend** mocking yet kindly
40 Hand, gegen die die eigene stets plump und bäurisch schien   **stets** always
und einem klarmachte, daß dem Großen nachzueifern ziem-   **nach·eifern** (*dat.*) to emulate
lich sinnlos war. Natürlich ist dieser fatale Eindruck der   **fatal** unpleasant
Unterlegenheit auch gleich wieder da, als ich ihm die Hand
schüttle und ihm dann etwas spät und nicht ohne das Gefühl
45 unzulässigen Theaterspielens um den Hals falle und er wie   **unzulässig** inappropriate
immer lacht über meinen Hang zur Rührseligkeit. Und auch   **die Rührseligkeit** sentimentality
als ich ihm seinen Neffen vorstelle, lacht er ein bißchen,
weil es ihm komisch vorkommt, daß sein kleiner Bruder eine
Familie hat, und bei mir kommt sofort was von dem alten
50 Trotz wieder: Ja, grinse nur, aber ich will eben nichts an-   **der Trotz** stubbornness
deres als immer zu Hause bleiben und mittelmäßig und nor-   **grinsen** to sneer
mal sein. Natürlich will ich das nur, weil ich weiß, daß ich
nichts anderes kann, schlimm ist nur, daß auch meine Frau
das plötzlich weiß, als sie Karlheinz gegenübersteht. Ich bin
55 ein bißchen beschämt, ein bißchen eifersüchtig, ein bißchen
bockig, sehr, sehr stolz auf meinen großen Bruder und von   **bockig** obstinate
einer Riesenfreude erfüllt über diese Heimkehr, an der ich ja
nie gezweifelt habe, die nun aber durch die unvermutete Un-   **unvermutet** unexpected
terbrechung der angenehmen Monotonie meines Lebens etwas
60 Unwirkliches zu haben scheint.
Am schnellsten überwindet meine Tochter diesen Eindruck.
Ungeduldig hört sie sich noch mit an, wie ich von unserer letzten Begegnung erzähle, vierundvierzig, der zerstörte Bahnhof, Aussteigeverbot, zehn Minuten Aufenthalt, er mit vielen
65 anderen in der Tür des Viehwaggons, gedrängt die Mütter   **gedrängt** crowded
davor, ein Pfiff, Winken, Weinen, dann fragt sie ungeduldig
ihren Onkel, wie er es fertiggebracht hat, zweiundzwanzig   **fertig·bringen** (a,a) to be capable of
Jahre Mutter und Bruder ohne Nachricht zu lassen, und ich
habe Angst, daß er jetzt die Wirklichkeit seiner Heimkehr
70 durch Unsicherheit und ungenaue Erinnerung selbst in Frage
stellen, daß er vielleicht sogar zugeben wird, Karlheinz nicht

zu sein. Aber er beginnt sofort sicher und genau zu erzählen,
und alles stimmt mit dem überein, was wir schon wissen:
Saint-Nazaire, im Rücken schon der Motorenlärm der ameri-
75 kanischen Panzer, er sagt zu seinem Fahrer, wir machen Pri-   **der Panzer,-** tank
vatfrieden, sie steigen aus, laufen den Allied Forces entgegen,
eine Hecke trennt sie plötzlich, für immer. Ja, das stimmt,   **die Hecke,-n** hedge
das wußten wir schon; siebenundvierzig kam der Fahrer zu-
rück und besuchte uns. Aber dann? Was geschah dann?
80 Wir sitzen alle um den Küchentisch, er mir gegenüber und
stopft sich die Pfeife mit märchenhaft duftendem Tabak, eine   **duftend** smelling
Spezial-Blend, er raucht keine fabrikmäßig gemischten Sorten.   **fabrikmäßig ... Sorten**
Zwei Minuten nach der Trennung vom Fahrer hatten sie ihn   factory-made blends
schon geschnappt, Verhöre, Gegenüberstellungen, kurze Aus-   **die Gegenüberstellung,-en**
85 bildung und dann ein feines Leben in Luxemburg am Sender   confrontation
für die deutsche Armee, aber nur bis Mai fünfundvierzig,
dann PW, Lager, Hunger, Läuse, er war reif für ein Angebot   **das Lager,-** camp
vom Geheimdienst, zwanzig Jahre Verpflichtung, Schweiz,
Österreich. Tanger, Griechenland, Südafrika. Er schüttelt
90 sich. Aus, vorbei! Angst, hierherzukommen? Da lacht er
wieder den kleinen Bruder aus, den Weltfremden, den Haus-
vater. Keine Bange, der Wechsel war lange geplant, er hat   **keine Bange** don't worry
es sich verdient, hier auszuruhen. Es fällt mir schwer, verste-
hend zu lächeln, weil ich an Mutter denke.
95 In unserem Trabant fahren wir hinaus zu ihr ins Altersheim.   **der Trabant** make of car in
Noch ist Sonntag. Er fährt. Ich habe Angst vor jedem Poli-   the GDR
zisten, weil ich nicht wage, ihn nach seiner Fahrerlaubnis zu
fragen.   Aber er fährt gut, das hat er im Kloster gelernt
bei den französischen Trappisten[2], den Schweigemönchen, die
100 nicht sprechen und nicht schreiben dürfen, aber Auto fahren.
Zwanzig Jahre hat er für eine Irrenanstalt Kranke gefahren.   **die Irrenanstalt,-en** insane
Gleich nach der Trennung vom Fahrer war er hinter der Hecke   asylum
auf Leute vom Maquis gestoßen, war geflohen, hatte plötzlich
vor einer endlosen Mauer gestanden, einer weißen, hohen,
105 unüberwindlichen, er hatte sie überwunden, die stummen
Brüder hatten ihn verborgen, in den Tagen der Ardennen-
schlacht[3] schon hat er die Gelübde abgelegt, ehrlichen Glau-   **Gelübde ab·legen** to take
bens, aber es gibt Heimweh von solcher Stärke, daß alle   vows
Schwüre der Welt dagegen unwirksam werden.   **der Schwur,¨e** oath
110 Dann gehen wir den Parkweg zum Heim hinauf, er voran,
den Kleinen an der Hand, meine Tochter am Arm wie seine
Braut. Als wir ihm Mutters weißes Haar hinter dem Fen-
ster zeigen, winkt er ausgelassen, er weiß ja nicht, daß sie   **ausgelassen** exuberant
so weit nicht mehr sieht. Natürlich spricht er auch viel zu
115 leise mit ihr, aber sie fährt ihn nicht an wie uns immer: **an·fahren (ä,u,a)** to snap at

---

[2] **Trappisten:** Trappists Monks who belong to the Order of Cistercians of the Strict Observance.
Before the reforms in the late 1960s, they slept, ate, and worked in common in perpetual silence.

[3] **Die Ardennenschlacht:** Battle of the Bulge fought in December and January 1944–45 in the
Ardennes (wooded hill country in Belgium and in northeastern France) in which the German offensive
was defeated

Habt ihr denn nicht schon in der Schule deutlich und laut
sprechen gelernt? Ihn umarmt sie nur immerfort und redet
mit ihm wie mit Vater, an den ich mich kaum noch erin-
nere, denn er fiel schon in Polen, für mich war Karlheinz
120   immer so was wie Vater, und jetzt ist er wieder da, beruhi-
gend vertraut in seiner Selbstsicherheit, verwirrend fremd in
seiner Jugendlichkeit, endlich wieder da, im weißen Hemd,
nach zweiundzwanzig Jahren. Er hat doch nicht schreiben
können bei Gefahr seines Lebens. Kaum war sein Fahrer hin-
125   ter der Hecke verschwunden gewesen, hatte er sich ans Steuer
gesetzt und war losgebraust, Richtung Heimat, zwei Monate   **los·brausen** to take off at a
hatte er sich am Rhein verstecken müssen, ehe er unbemerkt   high speed
hinüberkam. Winterschlaf bei einer Bäuerin im Harz[4], an
einem Aprilabend endlich hatte er die Stadtgrenze erreicht,
130   in einer Feldscheune bei Schönefeld – in vier Stunden hätte   **die Feldscheune,-n** barn
er zu Hause sein können – hatte ihn der Russe erwischt oder   **erwischen** to catch
eine Russin vielmehr, eine Majorin, die ihn bei sich behielt,
vier Monate in Uniform, ohne ein Wort Russisch zu können,
Nataschas Entlassung, Heimkehr nach Sibirien, dort lebt er   **die Entlassung,-en** discharge
135   als Pelztierjäger, drei Kinder, in vier Wochen muß er zurück,
der Flug dauert nur Stunden, Tage dann aber die Fahrt mit
dem Hundeschlitten.   **der Hundeschlitten,-** dog sled
Irrsinniger Schmerz überfällt mich bei dem Gedanken an die
Entfernung, die uns bald wieder trennen wird, aber er sieht
140   mich von seinem Platz neben der Mutter her spöttisch an,
und ich lasse meinen Kopf nicht an seine Schulter fallen,
weil meine Frau dabei ist und die Kinder, die Große schon
dreizehn, und ich weiß, daß ich Fieber habe, nicht schlafen
kann und ruhig liegen muß, um die Frau nicht zu stören,
145   die neben mir atmet, aber ich kann nicht mehr ruhig liegen,
mein Kopf schmerzt, mich dürstet, doch das alles ist nicht so
schlimm, da ja endlich mein großer Bruder wieder da ist, im
weißen Nylonhemd, nach zweiundzwanzig Jahren.

Wortschatz

sich aus·kennen (kannte aus, ausge-
kannt) to know an area, a field
very well
aus·lachen to laugh at, ridicule
dabei sein to be present
dabei sein + zu + infinitive to be in
the process of
dauern to last, take (time)

eifersüchtig sein auf (*acc.*) to be
jealous of
die Entfernung,-en distance
sich erinnern an (*acc.*) to remember,
recall
die Erinnerung,-en an (*acc.*) memory of
fliehen (o,o;ist) to flee

---

[4] **Der Harz**: the most northerly mountain range in Germany, occupying parts of West and East
Germany

irrsinnig tremendous, crazy
mittelmäßig average
der **Neffe(n)** nephew
(das) **Österreich** Austria
der (die) **Österreicher(in),-,(-nen)**
　　Austrian
österreichisch Austrian
der **Russe(n)** Russian man (boy)
die **Russin,-nen** Russian woman
　　(girl)
russisch⁻ Russian
(das) **Rußland** Russia
schlimm bad
die **Schweiz** Switzerland
der (die) **Schweizer(in),-,(-nen)**
　　Swiss (national)
Schweizer Swiss
schwer·fallen (ä, fiel, a;ist) (*dat.*) to
　　be difficult
　　es ist mir schwergefallen it was
　　　　difficult for me
selbstsicher self-assured
die **Selbstsicherheit** self-assurance,
　　self-confidence
der **Sender,-** radio (TV) station

spöttisch mocking, scoffing, sneering
stimmen to be right, correct
　　stimmt es, daß is it true that
　　hier stimmt was nicht there is
　　　　something wrong here
der **Stolz** pride
stolz sein auf (*acc.*) to be proud of
überwinden to overcome
unüberwindlich insurmountable
die **Unterlegenheit** inferiority
　　sich unterlegen fühlen (*dat.*) to
　　　　feel inferior
sich verändern to change
vertraut sein mit to be familiar
　　(acquainted) with
vorbereiten auf (*acc.*) to prepare for
vor·kommen (kam vor, vorgekom-
　　men; ist) (*dat.*) to seem, appear
　　to
wagen to dare, venture
der **Zweifel,-** doubt
zweifellos undoubtedly, without a
　　doubt
zweifeln an (*dat.*) to doubt

Stichworte für die Diskussion

der **Fiebertraum,⁻e** feverish dream
das **Wunschdenken** wishful thinking
der **Minderwertigkeitskomplex,-e**
　　inferiority complex

weltmännisch urbane, sophisticated
bewältigen to come to terms with
das **Wunder,-** miracle
das **Leitmotiv,-e** recurring image

Zur Diskussion

1. Warum träumt der Ich-Erzähler von seinem älteren Bruder? Beschreiben Sie
    die Träume. Was haben sie gemeinsam?

2. Was erfährt der Leser über die Beziehung des Erzählers zu seinem älteren
    Bruder?

3. Wie wird das Thema von Wirklichkeit, Unwirklichkeit und Wunder entwickelt?
    Welche Bedeutung hat das weiße Nylonhemd? Hinweis: Nylon galt als die
    Wunderfaser (*miracle fiber*) der Nachkriegszeit.

4. Welche stilistischen Züge des Textes deuten darauf hin, daß es sich um einen
    Traum handelt?

Aufsatzthemen

1. Beschreiben Sie einen Traum.

2. Schildern Sie Ihr Verhältnis zu einem Bruder oder einer Schwester.

3. Schreiben Sie eine Geschichte, in der ein Wunder geschieht.

I. Grammatisches

A. Articles before names of countries

The gender of most countries is neuter. These names are used without the article, unless the name is used with an attribute.

> **Deutschland** hat eine schwierige Vergangenheit.
>
> **Das heutige Deutschland** ist ganz anders als **das Vorkriegsdeutschland**.

Feminine, masculine, and plural names of countries require an article.

> **die Bundesrepublik Deutschland (die BRD)** the Federal Republic of Germany
> **die Deutsche Demokratische Republik (die DDR)** the German Democratic Republic
> **der Irak** Irak
> **der Iran** Iran
> **der Libanon** Lebanon
> **die Niederlande** (*pl.*) Netherlands
> **die Schweiz** Switzerland
> **die Sowjetunion** Soviet Union
> **die Tschechoslowakei** Czechoslovakia
> **die Türkei** Turkey
> **die USA** (*pl.*) USA
> **die Vereinigten Staaten** (*pl.*) United States

Although **Irak, Iran**, and **Libanon** are masculine, they are used without an article as well. When preceded by the preposition **in**, an article is generally used.

> Der Kongress wird in **der DDR** stattfinden.
>
> Wir halten uns gerne in **der Schweiz** auf.
>
> Habt ihr schon die Nachrichten aus **den USA** gehört?
>
> (**Der**) **Iran** und (**der**) **Irak** sind Moslemländer.
>
> Wir waren letztes Jahr **im Libanon.**

When the name of a country is preceded by an article, the preposition **in** must be used as the equivalent of *to*.

> Ich möchte einmal **in** die Sowjetunion reisen.
>
> Sie fliegt öfters **in** den Iran.

Vervollständigen Sie die Sätze.

1. Bald danach ging er _____ _____ BRD.

2. Sie fliegen nächsten Monat _____ _____ Vereinigten Staaten.

3. Sie stammt aus _____ Schweiz.

4. Ich habe vor, _____ _____ DDR zu reisen.

5. Waren Sie schon einmal in _____ Sowjetunion?

6. Wir haben sowohl _____ Libanon als auch _____ Irak Zweigstellen (*branch offices*).

B. Equivalents of the directional preposition *to*

There are various equivalents of the preposition *to* to express direction. Because movement from one place to another is involved, the accusative case is required when a two-way preposition is used.

Nach is used when the proper name of the destination is expressed, but only when that name is not preceded by an article.

Wir fliegen nächste Woche **nach Rom.**
Sie reisen oft **in die Schweiz.**

In is used with destinations such as: **die Berge, das Gebirge, das Land, der Norden, der Osten, die Stadt, der Süden,** and **der Westen.**

Weihnachten fahren wir immer **in** die Berge (**ins** Gebirge).
Sie sind **in** den Westen geflohen.
Er wurde **in** verschiedene Länder geschickt.

In is also used with: **das Bett, das Büro, das Kino, die Kirche, das Konzert, das Museum, die Schule, das Theater, die Vorlesung.**

In a few instances, the preposition **zu** can be used as well as **in: zur Schule (zur Kirche, zu Bett) gehen.**

An means *up to, to the edge.* It is used with destinations such as: **der Fluß** (and names of rivers), **die Grenze, das Meer, der See, die See.**

Hast du Lust, mit uns **ans Meer** zu fahren?
Als ich in Bonn wohnte, bin ich fast täglich **an den Rhein** gegangen.

Bis an or **bis** (**nach**) means *as far as.*

Wir sind **bis an** die Grenze gekommen.
Ihr fahrt also heute nur **bis nach** Basel?

Zu is used when *to* refers to people.

Ich fahre morgen **zu** meinen Eltern.

Aufs Land fahren is the equivalent of *to go to the country.*

Sonntags fahren wir öfters **aufs** Land.

The same prepositions are used when location, instead of destination, is designated. The dative case is required when a two-way preposition is involved.

In den Bergen hat es geschneit.
An der Grenze mußten wir uns ausweisen.
Als Kind lebte ich **auf dem Land.**

Vervollständigen Sie die Sätze.

1. Sie ist ＿＿＿＿＿＿ verschieden＿＿ Länder gereist.

2. Sie sind vor einigen Monaten ＿＿＿＿＿＿ d＿＿ Westen geflohen, und zwar ＿＿＿＿＿＿ d＿＿ BRD.

3. Wir wollen heute ＿＿＿＿＿＿ Meer fahren.

4. Am ersten Tag sind wir nur bis ＿＿＿＿＿＿ d＿＿ Grenze gefahren.

5. Er hat vor, im September ＿＿＿＿＿＿ d＿＿ DDR zu reisen.

6. Im Sommer fahren sie oft ＿＿＿＿＿＿ Land.

7. Gehen wir doch runter ＿＿＿＿＿＿ d＿＿ Fluß.

8. Ab und zu geht sie auch sonntags ＿＿＿＿＿＿ Büro.

9. Gehst du ＿＿＿＿＿＿ d＿＿ Vorlesung?

10. Seid ihr am Wochenende ＿＿＿＿＿＿ d＿＿ Berge gefahren?

C. Declension in titles

Articles, nouns, and adjectives occurring in the titles of books, newspapers, journals, etc. are inflected. If the form of the inflected article is different from the form as it appears in the original title, it is not included in the quotation marks.

„Die Zeit" ist eine renommierte Wochenzeitung.
Das stand in der „Zeit."
Kennst du Wagners „Meistersinger?" Diese Melodie stammt aus den „Meistersingern."
„Der Tod in Venedig" ist verfilmt worden. Habt ihr den „Tod in Venedig" gesehen?

Only the first word and nouns are capitalized in titles of books, essays, etc. The adjectives in the names of newspapers, journals, and magazines are capitalized.

> Die wichtigste Zeitung in der DDR ist „Neues Deutschland."

Bilden Sie Sätze.

1. Elke / lesen / das / in / die / „Süddeutsche Zeitung" (Perfekt)

2. bekommen / ihr / „Der Tagesspiegel" (Präsens)

3. ich / finden / „Der große Wildenberg" spannend (Perfekt)

4. das / stehen / in / die „Frankfurter Allgemeine" (Vergangenheit)

D. Equivalents of **in** + year

The preposition *in* is not used when referring to the date of a year.

> Seine Familie hatte ihn **1944** (**'44**) zum letzenmal gesehen.

im Jahre is more formal.

> **Im Jahre** 1944 sahen sie ihn zum letztenmal.

Vervollständigen Sie die Sätze. Falls der Satz bereits vollständig ist, setzen Sie ein X.

1. Sie ist auch _____ '69 geboren.

2. Die Revolution hat _____ 1848 stattgefunden.

3. Wir waren _____ 1985 zum letzten Mal in Europa.

II. Das passende Wort

A. To listen (to): **zuhören, sich anhören, hören auf, Musik (Radio**, etc.) **hören**

zu·hören (*dat.*): to listen (to)

Zuhören is the most general term. It is used in the context of a conversation or of receiving instructions.

> Ich **habe** leider nicht genau **zugehört**, als sie es erklärte.
> **Hör** mal **zu**.

sich (*dat.*) etwas **an·hören**: to listen attentively and critically, hear (a speech, concert, program)

> Könnt ihr **euch** mal einen Moment **anhören**, was ich zu sagen habe?

Haben Sie **sich** ihre Rede (*speech*) **angehört**?

Das Konzert will ich **mir** unbedingt **anhören**.

The idiom **das hört sich gut an** means *that sounds good*.

(**Sich**) **mit anhören** stresses having to listen against one's will; it often suggests impatience. Note that **mit** acts as part of the verb, not as a preposition.

Ich kann das nicht mehr **mit anhören**.

Ungeduldig **hörte** sie **sich mit an**, wie er davon erzählte.

hören auf (*acc.*): to listen to, heed

Junge Leute **hören** nicht gerne **auf** den Rat ihrer Eltern.

Musik (**Radio**, **Platten**, **Kassetten**) **hören**: to listen to music (the radio, records, cassettes)

Ich **höre** beim Arbeiten gerne **Musik**.

Abends **hören** wir oft **Platten**.

Vervollständigen Sie die Sätze.

1. Warum hast du nicht ＿＿＿＿＿＿ den Arzt ＿＿＿＿＿＿?

2. ＿＿＿＿＿＿ Sie gut ＿＿＿＿＿＿, damit ich es nicht zu wiederholen brauche.

3. Wir haben ＿＿＿＿＿＿ ein Klavierkonzert ＿＿＿＿＿＿.

4. Junge Leute ＿＿＿＿＿＿ gerne Radio.

5. Wir mußten all den Unsinn mit ＿＿＿＿＿＿.

6. Das ＿＿＿＿＿＿ ＿＿＿＿＿＿ gut an.

7. Er kann gut ＿＿＿＿＿＿. Er unterbricht einen fast nie.

8. ＿＿＿＿＿＿ wir doch auch noch diese Kassette.

B. Bad: **schlecht, schlimm, übel, böse**

schlecht: bad, poor, morally bad

Ich habe ein **schlechtes** Gewissen (*conscience*).

Er hat **schlechte** Laune.

Ich habe eine **schlechte** Note in diesem Kurs bekommen.

Sie hat einen **schlechten** Eindruck auf uns gemacht.

Ihre Vorgesetzte behandelt sie **schlecht**.

Er is ein **schlechter** Mensch.

schlimm: bad, serious

Schlimm is used when a subjective judgment is expressed.

> Das finde ich überhaupt nicht **schlimm**.
> Es gibt **Schlimmeres**.
> Das **Schlimmste** kommt noch.
> Sie ist in einer **schlimmen** Lage.
> Das ist eine **schlimme** Krankheit.

übel: bad, offensive

Übel is frequently used in contexts where **schlecht** or **schlimm** can also be used. However, there is a slight difference in meaning. **Übel** implies a strong dislike; it is emphatic and means *really bad*.

> Er ist ein **übler** Kerl.
> Ich halte das für eine **üble** Sache (Angelegenheit).
> Sie hat einen **üblen** Eindruck auf mich gemacht.

(gar) nicht übel: not bad, pretty good

> Wie geht's? **Gar nicht übel**.
> Der Film war **nicht übel**.

böse: (morally) bad, evil

> Was für **böse** Menschen!

The equivalent of *too bad* is **schade**.

> Das ist aber **schade**. or **Schade!**

Vervollständigen Sie die Sätze.

1. Er ist ein _____ Koch.

2. Wie war das Konzert? Gar nicht _____.

3. Ich finde das nicht _____.

4. Hast du aber _____ Laune!

5. Wir halten es für ganz _____.

6. Nach dieser Lehre ist der Mensch _____.

7. Man hat uns _____ behandelt.

8. _____! Es ist schon zu spät.

9. Sie hat eine _____ Erkältung.

10. Ich habe ein _____ Gewissen.

C. Even: **sogar, selbst**

Either **sogar** or **selbst** is used to emphasize sentence units.

> **Sogar** (**selbst**) er hat das gesagt.
> Sie hat es **sogar** (**selbst**) ihren Eltern erzählt.

When *even* modifies the verb, only **sogar** can be used.

> Er hat es **sogar** zugegeben.

(**Selbst** in this sentence would mean that he himself admitted it.)

The equivalent of *not even* is **nicht (ein)mal** or **auch ... nicht**.

> **Nicht einmal** seine Eltern sind dagegen.
> **Auch** sie hat **nicht** darauf reagiert.

The equivalent of *without even* + verb + -*ing* is **ohne auch nur ... zu** + infinitive.

> **Ohne auch nur** fünf Minuten zu warten, fuhr er los.

Auf deutsch.

1. They even laughed about it. (*even* modifies *laugh*)

2. Even he laughed about it.

3. Not even she doubted it.

4. Without even saying a word, she left the room.

D. To change: **ändern, sich ändern, sich verändern**

Ändern is the most general term. It is used in the sense of *to make changes, alter*.

> Wir müssen unsere Pläne **ändern**.
> Das **ändert** die Sache.
> Ich kann es nicht **ändern**.
> Das läßt sich nicht **ändern**.
> Er **ändert** andauernd seine Meinung.
> Das **ändert** nichts **an** der Tatsache, daß sie falsch gehandelt haben.

Sich ändern implies changes in the character, conduct, or attitude of persons; changes in situations, the weather, the times.

Sie hat **sich** sehr **geändert**. Sie ist viel toleranter geworden.

Er wird **sich** nie **ändern**.

Hier hat **sich** viel (nichts) **geändert**.

Das Wetter hat **sich** über Nacht **geändert**.

Die Zeiten **ändern sich** eben.

Sich verändern generally implies a change in appearance.

Hast du **dich** aber **verändert**! Du siehst ja viel jünger aus!

Berlin hat **sich** seit dem Krieg sehr **verändert**.

Vervollständigen Sie die Sätze.

1. Wir haben unser Ziel _____.

2. Das läßt sich nicht _____.

3. Er hat _____ überhaupt nicht _____. Er sieht noch genauso aus wie vor 10 Jahren.

4. Die Zeiten haben sich _____.

5. Ich bin eben so. Ich kann _____ nicht _____.

6. Das _____ die Sache.

7. Diese Gegend hat _____ stark _____.

8. Das _____ nichts dar-_____, daß hier etwas nicht stimmt.

E. To know: **wissen, Bescheid wissen, kennen, sich auskennen**

wissen (**u,u**): to know (facts, answers, details, results, etc.)

Keiner **weiß**, wie alt er ist.

Davon **wußte** ich ja gar nichts.

Soviel ich **weiß**, kommen sie morgen.

Bescheid wissen (**über**): to know, be informed about; to be an expert on a subject

Sie **wissen** schon **Bescheid**.

Sie **weiß** über Fotoapparate (Autos) **Bescheid**.

kennen (**kannte, gekannt**): to know, be acquainted (familiar) with

Kennt ihr Frankfurt?

Sie **kannten** meinen Neffen gut.

Kennen Sie dieses Bild?

sich aus·kennen in (*dat.*): to know your way around, know a region, be knowledgeable in a field or discipline

> Wir **kennen uns** in München **aus**.
>
> Sie **kennt sich** in der deutschen Geschichte **aus**.

Auf deutsch.

1. She knows all about cars.

2. Do you know her well?

3. I already know.

4. They know their way around in Berlin.

5. He knows German literature (**die Literatur**) well.

F. First: **erstens, erst, zuerst**

Erstens means *first of all, in the first place* and must be used when enumerating.

> Ich komme nicht mit. **Erstens** ist mir das Wetter zu schlecht, und zweitens habe ich keine Zeit.

Erst is used when a strong contrast is implied, as in *first ... then* or *first ... before.*

> **Erst** die Arbeit, dann das Vergnügen!
>
> Mach **erst** einmal dies fertig, bevor du mit etwas Neuem anfängst.
>
> Bevor wir uns entschließen, es zu kaufen, wollen wir **erst** mal sehen, wie teuer es ist.

Zuerst is used when referring to the first in a series of events without any emphatic contrast. Frequently, **zuerst** is shortened to **erst**.

> Wer kam **zuerst**?
>
> Sie sprach **zuerst** (**erst**).
>
> **Zuerst** (**erst**) hatten wir Schwierigkeiten.

Setzen Sie das passende Wort ein.

1. Sprich doch _____ mal mit deinen Eltern darüber, ehe du einen Entschluß faßt.

2. Wir waren _____ da.

3. Ich möchte ihn _____ näher kennenlernen, bevor ich eine Partnerschaft mit ihm eingehe.

4.   Wir kaufen das Auto nicht. _____ ist es uns zu teuer, und
     zweitens ist es ein Gebrauchtwagen.

5.   _____ wollten wir es nicht glauben.

G. The uses of **eben**

Eben functions as an adjective, adverb, or particle. Used as an adjective, it means *level, flat.*

Der Weg ist recht **eben**.

As an adverb, it means *just (just then, just now), a short while ago.* A synonym is **gerade**. When **eben** functions as an adverb or as a particle, it follows the verb, pronouns, and unstressed nouns.

Sie war **eben** noch hier.
Ich wollte dich **eben** anrufen.

The particle **eben** is used when the speaker wishes to minimize the effort or time it takes to do something. Its implications are *it won't take long, I hope you won't mind the interruption.* It is often preceded or followed by **mal**.

Ich will **eben** mal Henning anrufen.
Können Sie mir mal **eben** einen Gefallen tun?
Mach **eben** mal die Tür auf.

Eben can suggest an explanation, meaning *the fact is.*

Ich will **eben** nichts anderes.
Wir hatten **eben** nicht mit ihrem Kommen gerechnet.

Eben can imply resigned acceptance of something. Synonyms for **eben** used in this sense are **halt** and **nun mal**. **Nun mal** has greater generalizing force and is more emphatic.

Dann müssen wir **eben** (**halt**) warten.
All we can do is wait.

Deutsch ist **eben** (**halt, nun mal**) eine schwere Sprache.
German simply is a difficult language.

So ist es **eben** (**halt, nun mal**).
I (we) can't help it. That's just how things are.

Eben can express agreement and mean *exactly.* A synonym is **genau**.

Das ist es ja **eben**.
That's exactly it.

Der Film war verwirrend. **Eben!**
The movie was confusing. Exactly!

Ersetzen Sie das kursiv Gedruckte durch **eben**, und geben Sie anschließend die Bedeutung des Satzes auf englisch.

1. Das ist eine peinliche Angelegenheit. *Allerdings*!

2. Ich muß *kurz* in die Bibliothek.

3. Wir laden ihn nicht ein, *denn* wir mögen ihn nicht. (Ändern Sie die Wortstellung.)

4. Sie brauchen *halt* ein neues Auto.

5. So ist es *nun mal*.

6. Jemand hat *gerade* nach dir gefragt.

7. In Norddeutschland ist das Land *flach*.

8. Er will *halt* nur Durchschnittliches leisten.

H. The particle **nur**

As a particle, **nur** follows the verb, pronouns, and unstressed nouns. It is used in questions introduced by an interrogative and adds the flavor *on earth* or *in the world*.

Was ist **nur** mit ihm los?
What on earth is the matter with him?

Wie kannst du **nur** so etwas sagen?
How in the world can you say something like that?

When used in commands, **nur** means *(just) go ahead*.

Versuch es **nur**!
Go ahead and try it!

Sagen Sie es **nur**!
Just go ahead and say it!

In commands that contain a negation, **nur** implies a threat in the sense of *whatever you do, don't you (dare)*. It can be replaced by **bloß** or **ja**. All three words are usually stressed.

Laß das **nur** (**ja**, **bloß**) niemand wissen!
Don't you dare let anyone know that!

Kommt **nur** (**ja**, **bloß**) nicht wieder so spät nach Hause!
Don't you dare come home so late again!

Nur nicht!
For heaven's sake, don't!

Ersetzen Sie das kursiv Gedruckte durch **nur**, machen Sie die erforderlichen Änderungen, und geben Sie anschließend die Bedeutung des Satzes auf englisch.

1. *Ich möchte ja wirklich mal wissen,* warum er immer zu spät kommt.

2. *Du brauchst keine Angst zu haben,* ihn zu fragen.

3. *Es ist mir recht, wenn* du es verkaufst.

4. *Wir sind absolut dagegen,* daß ihr das tut.

III. Wiederholungsübungen

A. Setzen Sie die in Klammern stehenden Wörter in ihrer richtigen Form ein. In manchen Sätzen ist ein bestimmter oder unbestimmter Artikel hinzuzufügen.

1. _____ Sommer fahren wir wieder einmal in _____ _____ Schweiz. (nächst-, unser, geliebt)

2. Warum ist er eifersüchtig auf _____ _____ Bruder? (sein, älter)

3. Das fällt _____ _____ Studenten schwer. (meist-)

4. Das kam _____ _____ Leuten sicherlich komisch vor. (jung)

5. Im „_____ Deutschland" stand nichts darüber. (neu)

6. Oft fühlen sich _____ Kinder _____ _____ Geschwistern unterlegen. (jünger, ihr, älter)

7. Wir zweifeln an _____ _____ Absichten. (sein, ehrlich)

8. _____ _____ Deutsch hat uns erstaunt. (ihr, perfekt)

9. Ich werde auf _____ _____ Rat hören. (Ihr, gut)

10. Er war nicht vorbereitet auf _____ _____ Rückkehr (*f.*) seines Bruders. (unerwartet)

B. Setzen Sie die fehlenden Präpositionen ein bzw. die Zusammenziehungen von Artikel und Präposition.

1. Bitte hör _____ mich!

2. Wir sind _____ die See gefahren.

3. Dar-_____ läßt sich nichts ändern.

4. Er war sehr stolz _____ seinen Bruder.

5. Erinnerst du dich noch _____ meinen Neffen?

6. Sie kennt sich _____ Wien gut aus.

7. Ich fliege morgen _____ die Vereinigten Staaten.

8. Sie ist eifersüchtig _____ ihre jüngere Schwester.

9. Dar-_____ waren wir nicht vorbereitet.

10. Sind Sie _____ diesem Problem vertraut?

C. Vervollständigen Sie die Sätze.

1. Sie haben ihren Urlaub in _____ Schweiz verbracht.

2. Wir haben vor, in _____ Tschechoslowakei zu fahren.

3. Ohne auch _____ ein einziges Wort zu sagen, verließ er das Büro.

4. Ich höre mir gerne deutsche Lieder _____.

5. Hast du Lust, _____ _____ Berge mitzufahren?

6. Er stammt aus _____ Türkei.

7. Ich kann _____ leider nicht _____ Ihren Namen erinnern.

8. Ich fand ihn komisch. Kam er _____ auch seltsam vor, Ilse?

9. Das hört _____ gut an.

10. Sie hat ein Jahr in _____ DDR gelebt.

D. Auf deutsch.

1. They came to America in 1935.

2. Unfortunately, I don't remember Austria very well.

3. He was jealous of her.

4. Hartmut has changed. He no longer feels inferior to his older brother.

5. The German visitors know their way around here.

6. I don't think that is so bad.

7. He appears confused to me.

8.   Inez is always listening to the radio.

9.   Even we had counted on that.

10.   First of all, it is not true, and secondly it is not his business.

E.   Ersetzen Sie das kursiv Gedruckte durch sinnverwandte Ausdrücke, und machen Sie die erforderlichen Änderungen.

1.   Ihre Deutschkenntnisse sind *durchschnittlich*.

2.   *Auch* sie war nicht glücklich darüber.

3.   Das *finden* die meisten Studenten schwer.

4.   Das *stimmt* nicht.

5.   Karlheinz *kam* seinem Bruder immer noch spöttisch *vor*.

6.   Das ist für *den Sohn meiner Schwester*.

7.   Das Buch ist nicht *schlecht*.

8.   Wir *kennen uns* auf diesem Gebiet nicht *aus*.

9.   Seit seiner Krankheit *ist* er *anders*.

10.   Ich *kenne* diesen Ort sehr gut.

Chapter 12

The following article appeared in the influential *Frankfurter Allgemeine Zeitung*. In it the journalist **Brigitte Mohr** discusses some of the images foreigners have of the "typical" German. Her reflections are based on a book summarizing the responses of former Humboldt Fellowship holders who came to Germany from all over the world to conduct research in their fields. At the end of the stay, they were asked to give their impressions of life in their host country. Flattering or unflattering, these observations will be of interest to Germans and to students of German language and culture.

Die Deutschen: kontaktarm und kleinbürgerlich?

Brigitte Mohr

Gibt es den typischen Deutschen? Vielleicht nicht, sicher aber gibt es ihn in den Vorstellungen der Nachbarn, so wie es in den Gehirnen der Deutschen den typischen Franzosen, Engländer, Amerikaner gibt. Trotz aller Nachkriegsbemü-
5 hungen um Völkerverständnis, trotz Vereinter Nationen und Unesco, trotz Friedens- und Vorurteilsforschung – das Klischee lebt. Verändert es sich wenigstens ein bißchen? Oder hat es neue Klichees geboren?

Auffallend ähneln sich die „typisch deutschen" Eigenschaften, **auffallend ähneln sich** there is a striking resemblance
10 die ausländische Wissenschaftler, Gäste der Alexander-von-Humboldt-Stiftung, nach ein- bis zweijährigem Aufenthalt in **die Stiftung,-en** foundation
der Bundesrepublik festgestellt haben. Es waren just – in der Reihenfolge der Nennungen – „Fleiß, Liebe zur Arbeit" (25 Prozent), „Disziplin, Ordnungsliebe, Treue gegenüber Gesetz
15 und Regel" (11 Prozent), „Zuverlässigkeit, Pflicht-und Verantwortungsbewußtsein" (10 Prozent). Fast ebenso oft wurden Aufrichtigkeit, Sorgfältigkeit und Sparsamkeit genannt. All diese Eigenschaften, dem Bild des deutschen Michel[1] aufgemessen, ergänzen sie sich nicht geradezu ideal zum Klischee **sich ergänzen zu** to add up to
20 des Kleinbürgers? Die Humboldt-Stipendiaten wurden, obwohl sie als höfliche Gäste in ihrer Bewertung sicher recht **froh werden** (*gen.*) to take pleasure in
vorsichtig waren, ihrer Beobachtungen nicht recht froh. Ein

---

[1] **Der deutsche Michel**: the stereotypical plain honest German

irischer Mathematiker formulierte: „Was mich in Deutschland gestört hat – die deutsche Ordnung. Was mir in Deutsch-
25 land gefallen hat – die deutsche Ordnung." Und ein Schweizer
nannte die Bundesrepublik eine „Super Schweiz", was ver-
mutlich nicht schmeichelhaft gemeint war. Vermißt wurden   **schmeichelhaft** flattering
an den Deutschen just die Eigenschaften, die man eher als
großbürgerlich oder elitär bezeichnen könnte: Risikofreude,
30 Phantasie, Flexibilität, Improvisationsfähigkeit und immer
wieder – Humor. Nur ein einziger von knapp 300 Humboldt-
Stipendiaten, ein Koreaner, entdeckte bei den Deutschen einen „Sinn für Humor." Hatte er zufällig eine lustige Hauswirtin?
35 Die Untersuchung der Humboldt-Stiftung ist interessant und
bedenkenswert in verschiedener Hinsicht. Die Stiftung hat
seit 1953 rund 6000 ausländische Wissenschaftler gefördert
und pflegt auch enge Nach-Kontakte mit den einstigen Stipen-   **Nach-Kontakte pflegen** to
diaten. Die wissenschaftlichen, aber auch die politischen Be-   stay in touch with
                                                                 einstig former
40 ziehungen ihrer Heimatländer zur Bundesrepublik werden von
diesen Menschen sehr wesentlich mitgeprägt. Um so mehr   **wesentlich mitgeprägt** are
Gewicht sollte man ihrem Urteil beimessen. „Die auswärtige   shaped substantially
                                                                 Gewicht bei·messen (i,a,e)
Kulturpolitik beginnt zu Hause", das heißt in der Bundesre-   to attach importance to
publik, heißt es in einer Humboldt Veröffentlichung. Bei den   **heißt es** so it says
45 Stipendiaten handelt es sich nicht um ergraute, arrivierte
Professoren, sondern um vielversprechende Nachwuchswissenschaftler im Alter zwischen 25 und 40 Jahren. Viele hatten schon in Deutschland studiert, kommen also zum zwei-
ten oder dritten Male hierher, oft mit Frau und Kindern.
50 Wohlwollen, Intelligenz und Vertrautheit mit den deutschen
Verhältnissen darf man bei diesen Kritikern mithin vorausset-   **mithin** therefore
zen. Alle kamen sie gern und freiwillig in die Bundesrepublik,
und „sie verließen sie als Freunde."
Immerhin, zu fast 75 Prozent waren sie mit ihrem Aufent-
55 halt voll zufrieden. Unzufriedenheit bezog sich meist auf die
Wahl der falschen Forschungsstätte. So vermerkte es Barbara Goth in ihrem Bericht: „Wie lebt man in der Bundesrepublik? Zum Deutschlandbild ausländischer Gastwissen-
schaftler", in dem 295 Stipendiaten-Aussagen ausgewertet   **aus·werten** to analyze
60 sind. Keine Repräsentativbefragung – gewiß; dazu war die
Auswahl viel zu klein, aber gerade weil hier keine vorgegebe-   **vorgegeben** standardized
nen Fragen statistisch ausgezählt wurden, sind Übereinstim-
mungen im Urteil, ist das Zusammenschießen der Beobach-   **das Zusammenschießen**
tungen an bestimmten allergischen Punkten besonders be-   convergence
65 merkenswert.
Zu diesen Punkten zählt die „Kontaktarmut" der West-   **die Kontaktarmut** unsociabil-
deutschen. Dazu Barbara Goth: „Begriffe wie Wärme,   ity
Offenheit, Spontaneität sucht man in dieser Zusammen-
stellung vergebens." Sie wären gerade als Gegengewichte   **vergebens** in vain
70 gegen Organisationstalent, Disziplin und Obrigkeitshörigkeit **Obrigkeitshörigkeit** subjec-
wichtig. Das mitmenschliche Klima hat „nichts von Herz-   tion to authority

lichkeit, sondern läßt eher frösteln", und dies inmitten einer Prosperität, die alle ausländischen Gäste bewundern, vielleicht manchmal etwas neidvoll. Das deutsche „Wirtschaftswunder" beeindruckt besonders die osteuropäischen Wissenschaftler, die von der Stiftung in steigender Zahl in die Bundesrepublik eingeladen werden; verblüfft zeigten sich aber auch die Amerikaner. Ihr einhelliges Urteil: „Der Durchschnittswohlstand ist in Deutschland höher als in den Vereinigten Staaten", jedoch das Leben „gehetzter und unbeherrschter" als dort. Arbeitslosigkeit, Randgruppen der Gesellschaft haben die ausländischen Wissenschaftler kaum bemerkt. Vielleicht haben sie sich zu ausschließlich in Hochschulkreisen aufgehalten? Sehr wohl bemerkt, und in sehr negativer Weise, haben sie jedoch die Einstellung der Deutschen gegenüber den Gastarbeitern. Die Skala der Bewertung reicht von „kühl, überheblich, schlechte Behandlung" bis „peinlich." Besonders peinlich waren die Erfahrungen der türkischen Wissenschaftler.

Von insgesamt 130 Aussagen über das Verhalten der Deutschen gegenüber Ausländern sind immerhin 104 positiv – ganz besonders die der Osteuropäer – oder bedingt positiv (oder nur höflich?), 26 dagegen negativ, eine recht hohe Zahl. „Skeptisch, zurückhaltend, überheblich, oft intolerant" lauten die charakteristischen Vokabeln. Ganz schlimm wird es, wenn die Gäste die Deutschen hinter dem Autosteuer beobachten. Da sind sich alle einig: „Unhöflich, rücksichtslos, aggressiv, einfach schrecklich." Doch auch in Geschäften, bei Veranstaltungen, in der Straßenbahn, wo die einzelnen in der Masse unterzutauchen glauben, wirkten sie auf die ausländischen Gäste häufig „aggressiv" und dabei „verdrießlich." Die Kontaktscheu der Deutschen wird teilweise den Formalismen des Umgangs zugeschrieben. Titel und Dienstgrade spielen in den Augen der Gäste eine viel zu große Rolle bei uns. Das registrierten schon die Humboldt Stipendiaten vor zwanzig Jahren mit Befremden. Es scheint sich nicht geändert zu haben. Soziale Unterschiede dagegen, die den Stipendiaten damals noch unangenehm auffielen, hat der allgemeine Wohlstand eingeebnet. Nur noch in zwei Berichten, aus Amerika und Australien, werden sie ausgeprägter gefunden als in der eigenen Heimat.

Kontaktmangel kennzeichnet in den Augen der Gastwissenschaftler das gesamte Hochschulleben: die Beziehungen zwischen den Professoren untereinander, zwischen Hochschullehrern und Studenten. Teilweise wird die „starke Polarisierung der Lehrenden in den hochschulpolitischen Auseinandersetzungen" dafür verantwortlich gemacht. Fast bestürzend ist, daß die Humbold-Stipendiaten in der Bundesrepublik so gut wie nichts von der Hochschulreform bemerkt haben, die angeblich seit Jahren läuft. Die „hierarchische Struktur" des

---

läßt ... frösteln tends to make one shiver

verblüfft perplexed
einhellig unanimous

unbeherrscht lacking in self-control

überheblich arrogant

bedingt in a qualified sense

wirken auf to appear to
verdrießlich ill-humored

der Umgang social relations
der Dienstgrad,-e rank

das Befremden displeasure

ein·ebnen to level out
ausgeprägt pronounced

Kontaktmangel lack of contact

die Auseinandersetzung,-en clash

angeblich supposedly

Lehrkörpers wird heute so gut wie vor zehn und zwanzig
Jahren bemängelt.

Der Spiegel, den uns die ausländischen Gäste vorhalten, zeigt
uns erwachsenen Deutschen keine allzu schmeichelhaften,
125   zumindest ambivalente Züge. In merkwürdigem und vielleicht ermutigendem Kontrast dazu stehen ihre Beobachtungen über die deutschen Jugendlichen. Sie sind nicht ausschließlich positiv, das sei nicht verschwiegen. Zumal die
Gäste aus Fernost und dem Vorderen Orient kritisieren die
130   Freiheiten, die sich die junge Generation in der Bundesrepublik herausnimmt: Rauchen, Sex, Alkohol werden erwähnt.
Dabei muß, wie bei vielen anderen Äußerungen, bedacht
werden, aus welcher Kultur und Gesellschaft der Urteilende
kommt. Bedauert wird häufig, daß „die eigentlich typi-
135   schen deutschen Eigenschaften, nämlich Fleiß, Sauberkeit,
Ehrlichkeit", der jungen Generation nicht mehr viel bedeuten.
Soll man sich diesem Bedauern anschließen, oder sollte man
Betrachtungen darüber anstellen, ob und warum wohl die
jungen Deutschen vom Kleinbürger-Image ihrer Eltern wegzu-
140   driften scheinen?

Im Gegensatz zu der Kontaktscheu und auch dem Materialismus der älteren Deutschen jedenfalls ist in den Augen dieser
Ausländer die junge Generation liberaler, weltoffener, spon-
taner, weniger autoritätsgläubig, weniger von Vorurteilen ge-
145   prägt. Sie zeige mehr Gemeinschaftssinn, versuche sich von
„Konsumzwang und Massenkultur" zu lösen, und wünsche
sich „eine einfachere und echte Art des Lebens, ohne große
materielle Ambitionen."

Sollten diese Beobachtungen zutreffen, so würde das Bild des
150   Deutschen von morgen andere, weniger effiziente, dafür sym-
pathischere Züge tragen, jedenfalls nicht mehr die des deutschen Michel, immer vorausgesetzt, daß an den Jugendlichen
später nicht doch auch wieder die „typischen" deutschen
Charakterzüge hervortreten, die Ausländer an den Deutschen
155   diesseits und jenseits der Mauer bemerkt haben wollen.

sich an·schließen (o,o) to join in
Betrachtungen an·stellen über to reflect upon

zu·treffen (i,a,o) to be accurate

Wortschatz

das **Alter** age
    im Alter von at the age of
der (die) **Ausländer(in),-,(-nen)** for-
    eigner
ausländisch foreign
bedauern to regret
bedauernswert deplorable
bedenken (bedachte, bedacht) to
    keep in mind, remember
betrachten als (*acc.*) to regard, look
    upon as

sich beziehen (bezog, bezogen) auf
    (*acc.*) to refer to
die **Beziehung,-en zu** relationship
    with
die **Eigenschaft,-en** quality, charac-
    teristic
sich (*dat.*) **einig sein in** (**über**) to
    agree about, be in agreement
die **Einstellung,-en zu** (**gegenüber**)
    attitude toward
fähig capable

die **Fähigkeit,-en**   ability, capability
fest·stellen   to detect, discover, realize
der **Fleiß**   industriousness, diligence
fleißig   industrious, hard-working
die **Forschung,-en**   research
häufig   frequently
immerhin   anyhow, all the same, at any rate
jedenfalls   in any case, anyhow, at any rate
die **Liebe zu**   love for
neuerdings   lately, as of late
pflichtbewußt   conscientious
das **Pflichtbewußtsein**   sense of duty
rücksichtslos gegen   inconsiderate toward
rücksichtsvoll gegen   considerate toward
der **Sinn,-e**   sense, meaning
der **Sinn für Humor**   sense of humor
sorgfältig   careful
die **Sorgfältigkeit**   conscientiousness
sparen   to save (money, time)

sparsam   thrifty
die **Sparsamkeit**   thriftiness
das **Stipendium, Stipendien**   scholarship, grant
treu   loyal
die **Treue**   loyalty
überein·stimmen mit   to agree with
die **Übereinstimmung,-en**   agreement
verantwortlich   responsible (cause)
verantwortungsbewußt   responsible (person, attitude)
das **Verantwortungsbewußtsein**   sense of responsibility
vermissen   to miss
vermutlich   presumably
voraus·setzen   to assume, presuppose
der **Zufall,ˑe**   chance, coincidence
  durch Zufall   by chance
zufällig   by chance
zufällig + verb   to happen to + verb
die **Zuverlässigkeit**   reliability
  zuverlässig   reliable

Stichworte für die Diskussion

stereotyp   stereotyped
die **Klischeevorstellung,-en**   stereotype

weitverbreitet   widespread
verallgemeinern   to generalize
berechtigt sein   to be justified

Zur Diskussion

1. Fassen Sie die im Artikel erwähnten angeblichen (*alleged*) Eigenschaften der Deutschen zusammen. Läßt sich Ihrer Meinung nach ein gewisser Zusammenhang (*relationship*) erkennen zwischen den als positiv und den als negativ bewerteten Eigenschaften?

2. Falls Sie bereits einmal in Deutschland waren, vergleichen Sie Ihre Beobachtungen und Erfahrungen mit denen, die im Artikel zusammengefaßt werden. Was hat Ihnen in Deutschland besonders gefallen oder mißfallen?

3. Was für einen Eindruck hatten die Ausländer von den deutschen Jugendlichen? Wie sind die Unterschiede zwischen den Generationen zu erklären?

4. Nennen Sie einige der Gründe, warum es Klischeevorstellungen von den typischen Bürgern eines Landes oder von Minderheiten (*minorities*) gibt. Worin liegen die Gefahren von solchen stereotypen Bildern?

Aufsatzthemen

1. Beschreiben Sie eine(n) Deutsche(n), die (den) Sie näher kennen. Inwiefern decken sich (*coincide*) Ihre Eindrücke von ihr (ihm) mit den im Artikel erwähnten Eigenschaften?

2. Gibt es Ihrer Meinung nach den typischen Amerikaner? Beschreiben Sie ihn oder begründen Sie, warum es den typischen Amerikaner Ihrer Meinung nach nicht gibt.

3. Gehen Sie auf #2 oder 4 der Diskussionsthemen näher ein.

I. Grammatisches

A. Sentence adverbs ending in **-erweise**

Many sentence adverbs are formed with the suffix **-erweise**. They are used frequently in spoken German. Some of the most common ones are listed below:

bedauerlicherweise   regrettably, unfortunately
begreiflicherweise   understandably
dummerweise   stupidly, unfortunately
erstaunlicherweise   astonishingly enough, it is amazing
fälschlicherweise   incorrectly, erroneously, by mistake
glücklicherweise   fortunately, it is fortunate that
interessanterweise   interestingly enough, it is interesting
merkwürdigerweise   strangely enough, strange to say
möglicherweise   possibly, it is possible that
normalerweise   normally, as a rule
seltsamerweise   astonishingly, amazingly enough
verständlicherweise   understandably

Ich hatte **fälschlicherweise** angenommen, daß sie noch in Kiel wohnt.
Erstaunlicherweise sind sie derselben Ansicht.

Setzen Sie die Satzadverbien ein.

1. In dieser Hinsicht stimmten sie alle überein. (*it is interesting that*)

2. Sie können einander nicht verstehen. (*unfortunately*)

3. Klischeevorstellungen sind gefährlich. (*understandably so*)

4. Er hat einen Sinn für Humor. (*normally*)

5. Wir glaubten, daß er verantwortungsbewußt ist. (*foolishly*)

6. Sie ist zuverlässig. (*it is fortunate that*)

B. Descriptive adjectives ending in **-er**

Descriptive adjectives ending in **-er** that are derived from the names of cities, some countries, and numbers referring to decades have no declensional endings. The **-er** suffix of adjectives referring to decades corresponds to the English suffix *-ties.* These adjectives can be used as nouns; **-n** is added to form the dative plural.

> Das ist der berühmte **Berliner** Humor.
>
> **Schweizer** Uhren gehören mit zu den besten.
>
> Sie ist in den **vierziger (40er)** Jahren geboren.
>
> Er ist in den **Dreißigern.**

Auf deutsch.

1. Böll wrote many of his stories in the fifties.

2. They have their money in Swiss banks. (**die Bank,-en**)

3. Have you seen the Hamburg city hall? (**das Rathaus**)

4. The sixties were turbulent (**stürmisch**) times.

5. His parents are in their seventies.

II. Das passende Wort

A. To remember: **sich erinnern an, denken an, einfallen, sich merken, bedenken**

sich erinnern an (*acc.*): to remember, recall

> Ich **erinnere mich an** vieles aus meiner frühen Kindheit.

Note the spelling of **er-in-nern.**

denken an: to remember, keep in mind

> **Denk daran,** daß du heute zum Zahnarzt mußt.
>
> **Denken Sie daran,** noch heute dort anzurufen.

ein·fallen (fällt ein, fiel ein, eingefallen; ist) (*dat.*): to remember, think of, recall (a word, name, title, number)

When using **einfallen,** the subject of the English sentence becomes the dative object, and the direct object becomes the subject.

> Mir **fällt** sein Name im Augenblick nicht **ein.**
> I can't remember his name at the moment.

sich (*dat.*) **merken**: to remember, make a mental note of (a word, fact, number, date, place, etc.)

> Diesen Ausdruck muß ich **mir merken.**

Merk dir das!

Er kann **sich** Zahlen einfach nicht **merken**.

bedenken (**bedachte, bedacht**): to remember, bear in mind

Wir müssen sein Alter **bedenken**.

Bedenken Sie, daß diese Studenten erst seit drei Jahren Deutsch lernen.

Wissen can also be an equivalent of *to remember*.

Ich **weiß das nicht mehr**.
I can't remember.

Weißt du noch, als (wann, wie, ob, etc.) …?
Do you remember when (how, whether, etc.) …?

Auf deutsch.

1. I just remembered what I wanted to tell you.

2. I can't remember.

3. Remember to pick up (**abholen**) Stefan.

4. I remember nothing.

5. Remember, they have a lot of experience.

6. Do you remember how we met?

7. Remember that the Schmidts are coming for dinner tonight.

8. I find it difficult to remember dates (**Daten**).

B. Number: **die Nummer, die Zahl, die Anzahl**

die Nummer,-n: a number used for identification (house, room, document, ticket, telephone)

Ich habe ihre **Hausnummer** vergessen.

Die **Nummer** Ihres Passes, bitte.

die Zahl,-en: numeral, digit, figure, number (definite quantity)

Die **Zahl** 3 ist unteilbar.

Sie hat ein gutes Gedächtnis für **Zahlen**.

Die **Zahl** der ausländischen Touristen in unserem Land steigt jedes Jahr.

die Anzahl: number in the sense of indefinite quantity

The noun following **Anzahl** is either in apposition or in the genitive.

Eine **Anzahl** Schüler waren schon einmal in Europa.

Er hat sich eine **Anzahl** hübsche(r) Sachen angeschafft.

Setzen Sie das passende Nomen ein.

1. Die _____ der Mitglieder ist auf 120 gesunken.

2. Wir hatten Zimmer _____ 14.

3. Es gibt eine _____ Probleme.

4. Er haßt _____.

5. Eine _____ Studenten haben sich um das Stipendium beworben.

6. Die _____ der Toten ist auf 18 gestiegen.

C. To miss: **vermissen**, **verpassen**, and other equivalents

vermissen: to miss, notice or regret the absence of

Man **vermißt** ein Verantwortungsbewußtsein bei ihm.

Vermißt du deine Freundin sehr?

A synonym of **vermissen** is **fehlen** (*dat.*) The subject of the English sentence
becomes the dative object, and the direct object becomes the subject.

Sein Freund **fehlt** ihm sehr.
He misses his friend very much.

Ihre Bücher **fehlen** ihr.
She misses her books.

verpassen: to miss, fail to reach (meet with, attend, take advantage of)

Leider hat er den Zug **verpaßt**.

Ich habe Anja **verpaßt**. Sie war schon weg, als ich anrief.

Schade. Wir haben das Konzert **verpaßt**.

Wir dürfen den richtigen Zeitpunkt (die Gelegenheit) nicht **verpassen**.

A synonym of **verpassen** when it means *to fail to attend* or *fail to take advan-*
tage of is **versäumen**.

Sie hat noch keine einzige Klasse **versäumt**.

Schade, daß Sie gestern nicht dabei waren. Sie haben etwas **versäumt**.

Wie war der Film? Du hast nichts **versäumt**.

Setzen Sie das passende Verb ein.

1. Ich habe es wieder einmal _____, dir zum Geburtstag zu gratulieren.

2. Obwohl es bereits mehrere Jahre her ist, daß seine Frau gestorben ist, _____ er sie immer noch sehr.

3. Mach schnell, sonst _____ wir noch den Anfang des Films.

4. Sie _____ einen Sinn für Humor bei ihm.

5. Komm bald wieder! Du _____ mir sehr.

6. Wir haben die Chance _____, ihm unsere Gründe dafür zu erklären.

7. Wir haben schon öfters den letzten Bus _____.

8. Ich hoffe, ihr _____ die Gelegenheit nicht, ihn besser kennenzulernen.

D. Recently: **vor kurzem, kürzlich, neulich, in letzter Zeit**

vor kurzem, kürzlich: recently, a while ago

Sie waren **vor kurzem (kürzlich)** bei uns.

neulich: recently, the other day

Sie hat mich **neulich** angerufen.

in letzter Zeit: recently, lately

In letzter Zeit hat er oft schlechte Laune.

Auf deutsch.

1. She called me the other day.

2. We saw a good movie recently.

3. Recently she has been feeling much better.

E. Careful(ly): **sorgfältig, vorsichtig**

sorgfältig: careful(ly), attentive(ly)

Lesen Sie den Text bitte sehr **sorgfältig**.

vorsichtig: careful(ly), cautious(ly)

Bei Schnee und Eis muß man **vorsichtig** fahren.

Setzen Sie das passende Wort ein.

1. Nachdem ich die Geschichte mehrere Male _____ gelesen hatte, begann ich sie zu verstehen.

2. Sei _____. Das Messer ist scharf.

3. Die meisten Studenten machen ihre Aufgaben recht _____.

4. Wenn wir im Dunkeln nach Hause gehen, sind wir _____.

F. To agree: **übereinstimmen, zustimmen,** and other equivalents

Equivalents of *to agree with someone's views* are **überein·stimmen mit** or **zu·stimmen** (*dat.*).

> Helmut und Jutta **stimmen mit** uns **überein.**
> In diesem Punkt habe ich **mit** den anderen nicht **übereingestimmt.**
> Ich **stimme** dir **zu,** Marianne.

Agreement can also be expressed by the noun **Meinung** when it is used in a genitive construction together with an inflected form of **sein.**

> **Der Meinung bin** ich auch.
> I agree.

> Wir **sind** völlig (überhaupt nicht) **Ihrer Meinung.**
> We couldn't agree more (less).

> Sie **waren** ganz **unserer Meinung.**
> They agreed with us completely.

Finden or **meinen** is used to express casual agreement or to ask the question *don't* (*wouldn't*) *you agree.*

> Ja, das **finde** (**meine**) ich auch.
> **Findet** (**meint**) ihr nicht auch, daß Ingrid recht hat?

Sich einig sein implies strong collective agreement.

> Barbara und ich **sind uns einig,** daß wir erst in ein paar Jahren heiraten wollen.

Auf deutsch.

1. I agree with you completely, Julia.

2. We are in agreement that it is too late.

3. Wouldn't you agree, Frau Mehrens?

4. We agree with Professor Bartram.

5.   I agreed with my friends.

G.   To use: **benutzen, verwenden, gebrauchen, verbrauchen**

benutzen or **benützen**: to use for a specific purpose, take advantage of

Wir **benutzen** das Arbeitszimmer auch als Gästezimmer.

Bitte **benutzen** Sie keine Sekundärliteratur für Ihre Arbeiten.

Ich habe die Gelegenheit (die Zeit) **benutzt**, um an dem Projekt zu arbeiten.

Er hat mich für seine Zwecke **benutzt**.

verwenden: to use, make use of, expend

Wir **verwenden** nur die hochwertigsten Stoffe.

Ich glaube, wir können Ihren Vorschlag (Ihre Idee) **verwenden**.

Ich suche eine Stelle, wo ich meine Kenntnisse **verwenden** kann.

Sie haben viel Zeit (Energie, Geld) auf diese Arbeit **verwendet**.

gebrauchen: to use, find (see) some use for

Die Tasche kann ich gut **gebrauchen**.

Das ist nicht zu **gebrauchen**.

Ich könnte ein Paar neue Schuhe **gebrauchen**.

These verbs can be used interchangeably in certain contexts. For instance, with reference to a word, an expression, or a book any of the equivalents are appropriate.

Wie **benutzt** (**verwendet, gebraucht**) man dieses Wort?

Dieser Ausdruck wird häufig **benutzt** (**verwendet, gebraucht**).

Wir **benutzen** (**verwenden, gebrauchen**) das neue Lehrbuch.

verbrauchen: to use (up), consume

Wir haben leider schon das ganze Geld **verbraucht**.

Heutzutage wird weniger Fleisch **verbraucht**.

Setzen Sie ein passendes Verb ein.

1.   Wir _____ diese Maschine für verschiedene Zwecke.

2.   Könntet ihr diesen Tisch _____? Wir haben uns einen neuen gekauft.

3.   Das Sofa kann auch als Bett _____ werden.

4.   Die Amerikaner _____ mehr Energie als die Deutschen.

5. Welches Benzin (*gasoline*) _____ Sie für diesen Wagen?

6. Bitte erklären Sie mir, wie man diesen Ausdruck _____.

7. Welches Buch _____ Sie?

8. Bei dieser Arbeit kann ich meine Erfahrungen gut _____.

H.   To wait: **warten, abwarten, erwarten**

warten: to wait (the most general term)

> **Warte** mal!
> Wir **warten** jetzt schon zwei Wochen auf Antwort.

ab·warten: to wait (and see)

Abwarten implies waiting for the right moment, results, etc.

> Wir wollen **abwarten**, was sie dazu meint.
> **Warten** Sie doch seine Antwort (das Resultat, die Ergebnisse) **ab**.

erwarten: to wait (implies impatience)

> Sie können es nicht **erwarten**, ihre Tochter wiederzusehen.
> Ich kann die Ferien (das Wochenende, den Sommer) kaum **erwarten**.

The most general meaning of **erwarten** is *to expect*.

> Wir **erwarten** Sie also am Montag.

Setzen Sie das passende Verb ein.

1. Wir sollten den richtigen Augenblick _____.

2. Er mußte lange beim Arzt _____.

3. Ich kann es kaum _____, dich zu sehen!

4. Sie will eine günstige Gelegenheit _____.

5. Wir _____ heute abend Besuch.

6. Ich habe fast eine Stunde auf dich _____.

I.   The particle **immerhin**

Immerhin (*nevertheless, at any rate*) has the flavor of *better than nothing*. It either precedes or follows the verb.

> Dieser Aufsatz ist nicht so gut wie die anderen. **Immerhin** habe ich ein B bekommen.

Setzen Sie **immerhin** ein, und geben Sie anschließend die Bedeutung des Satzes auf englisch.

    1.   Sie hat jetzt eine Stelle.

    2.   Es geht ihr besser.

    3.   Sie haben nicht alles verloren.

J.   The particle **ruhig**

Ruhig used as a particle expresses reassurance in the sense of *it is all right to* + verb, *go ahead and* + verb. It occurs in commands and in statements containing modals and follows the verb and unstressed elements.

Schlafe **ruhig** weiter.
Go ahead and sleep some more.

Du kannst mich **ruhig** spät anrufen.
It is all right with me if you call late.

Sie soll **ruhig** die Wahrheit sagen.
It won't hurt matters if she tells the truth.

Setzen Sie **ruhig** ein, und geben Sie anschließend die Bedeutung des Satzes auf englisch.

    1.   Frag sie danach.

    2.   Trinkt die Flasche aus.

    3.   Sie kann meinen Wagen benutzen.

    4.   Er soll mithelfen.

    5.   Das kann man behaupten.

III. Wiederholungsübungen

A.   Setzen Sie die in Klammern stehenden Wörter in ihrer richtigen Form ein. In manchen Sätzen ist ein bestimmter oder unbestimmter Artikel hinzuzufügen.

    1.   Sie hat _____ Beziehungen zu _____ _____ Wissenschaftlern. (gut, viel, deutsch)

    2.   Normalerweise ist er rücksichtsvoll gegen _____ (*pl.*). (ander-)

    3.   Ich betrachte ihn als _____ _____ Studenten in der Klasse. (best-)

    4.   Beziehen Sie sich auf _____ _____ Sparsamkeit? (sein, groß)

5. Bedenk doch _____ _____ Gesundheitszustand (*m.*)!
   (ihr, schlecht)

6. Die Einstellung _____ Deutscher _____ Gästen gegenüber gefällt uns nicht. (manch-, ausländisch)

7. Warten wir ruhig noch _____ Tage. (einig-)

8. Er fehlt _____ _____ Freunden sehr. (all, sein)

9. Nur _____ _____ wissen das. (wenig, Fremd-)

10. Wir haben _____ _____ Leute getroffen. (einig-,
    interessant)

B. Setzen Sie die Präpositionen ein bzw. die Zusammenziehungen von Artikel
   und Präposition.

1. Sie starb _____ Alter _____ 87 Jahren.

2. Er benimmt sich oft rücksichtslos _____ seine Kollegen.

3. Ich beziehe mich _____ diesen Text.

4. Sie haben eine negative Einstellung Fremden _____.

5. _____ Gegensatz _____ mir ist er viel sparsamer.

6. Bitte wartet _____ mich.

7. Ihre Liebe _____ deutschen Kultur ist offensichtlich.

8. Ich stimme _____ dir überein.

9. Die Deutschen haben einen Sinn _____ Gemütlichkeit.

10. Wir haben es _____ Zufall entdeckt.

C. Vervollständigen Sie die Sätze.

1. Ich betrachte ihn _____ großen Schriftsteller.

2. Warten Sie doch ihren Anruf _____, ehe Sie eine Entscheidung
   treffen.

3. In den fünfzig_____ Jahren erlebte Deutschland ein Wirtschaftswunder.

4. Dar-_____ sind sie _____ einig.

5. Wir _____ ganz Ihr_____ Meinung.

6. Ich beziehe _____ auf Ihr Schreiben vom 11. dieses Monats.

7. Mir fällt eben _____, daß ich ihn ja heute anrufen sollte.

8. Wir stimmen Ihnen _____.

9. _____ handelt _____ um etwas anderes.

10. Das macht mir wirklich nichts aus. Du kannst es _____ tun.

D. Auf deutsch.

1. Thriftiness and industriousness are supposed to be typical German characteristics.

2. Waltraut is a loyal friend.

3. Recently I have been missing the bus more often.

4. Normally Jens is very responsible.

5. Read it carefully.

6. We know a number of people who would agree with you.

7. I have to remember the name of that street.

8. I happened to meet him the other day.

9. Go ahead and call her.

10. You have to remember that he is an American.

E. Ersetzen Sie das kursiv Gedruckte durch sinnverwandte Ausdrücke, und machen Sie die erforderlichen Änderungen.

1. *Vor ungefähr einer Woche* habe ich eine Amerikanerin kennengelernt.

2. Ich *vermisse* dich.

3. Ich *stimme mit* Ihnen *überein.*

4. Wir treffen uns *häufig.*

5. Wir haben den Bus *nicht mehr erreicht.*

6. *Weißt du noch*, wie er damals aussah?

7. *Seit einiger Zeit* hat er eine neue Einstellung der Sache gegenüber.

8. Ich *meine* die Studie der Humboldt-Stiftung.

9. *Es ist erstaunlich*, daß man das nicht von uns erwartet.

10. Er ist leider *nicht* sehr *rücksichtsvoll* gegen seine Eltern.

Eine kleine Briefschule

Study the following pointers on composing personal and business letters. Then practice writing letters as indicated in the **Übungen**.

A. **der Briefkopf** (*letterhead, heading*)

When writing the date, put the day before the month. There is no comma separating the month from the year.

or

Palo Alto, den 28. Mai 19...
Palo Alto, den 28.5.19...

In business letters, put your street address below the city and date and the inside address on the left side.

```
DIE ZEIT                          Berlin, den 2. Oktober 19...
Pressehaus                        Friedrich-Wilhelmstr. 18
Postfach 10 68 20
2000 Hamburg 1
```

B. **Anredeformen** (*salutation forms*) **und Grußformeln** (*complimentary close forms*)

The choice of salutation and ending depends on the degree of familiarity between the writer and addressee. Regardless of which forms you use, place a comma after the name of the addressee. (The comma has generally replaced the traditional exclamation point.) Unlike English, there is normally no comma after the complimentary close. In a personal letter, the ending appears on the right side of the page. In business letters, it may be aligned with the left margin or it may be written on the right half of the page.

In personal letters, the most common salutation and closing forms are as follows:

```
Liebe Erika, lieber Max,

                    Herzliche (viele liebe) Grüße
                    (Love,)

                    Eure Petra
```

Lieber Herr Winter,

Mit herzlichen Grüßen
(*Yours,*)

or

Mit besten Grüßen
(*With kind regards,*)

Ihr Horst Dittmer

The most common formal salutation and ending, used in business letters and in personal letters written in a formal tone, are as follows:

Sehr geehrte(r) Frau (Herr) Reimers,

Mit freundlichen Grüßen
(*Sincerely, Yours truly,*)

Karin Roth

When writing to an office rather than to a specific person, omit the salutation. Below the inside address write **Betreff** (*regarding*): + the subject of your letter.

Betreff: Zimmersuche

C. der Brieftext

Unlike English, the first word of the opening paragraph is not capitalized unless it is a noun. Pronouns, except reflexive pronouns, referring to the person(s) addressed are always capitalized.

Liebe Franziska,

ich habe mich ja so sehr über Deinen langen Brief gefreut. Besonders interessant fand ich Deine Beschreibung von Eurem Urlaub. Wie lange wart Ihr eigentlich in Griechenland?

Commonly used phrases in personal letters are:

Herzlichen Dank für Deinen (Ihren) lieben Brief.
Many thanks for your nice (kind) letter.

Entschuldige, daß ich so lange nichts von mir hab‍ hören lassen.
Forgive me for not having written for so long.

Die herzlichsten Glückwünsche (alles Gute) zu Deinem Geburtstag.
Best wishes on your birthday.

Ich wünsche Euch (Ihnen) ein frohes Weihnachtsfest und ein glückliches neues Jahr.

I wish you a Merry Christmas and a Happy New Year.

Ich hoffe, es geht Dir (Euch allen) gut.

I hope you are (all) well.

Schreib, wenn Du Zeit und Lust hast.

Write when you have time and you feel like it.

Commonly used phrases in business letters are:

Ich danke Ihnen für Ihr Schreiben vom 10. August.

Thank you for your letter of August 10.

Ich beziehe mich auf Ihr Inserat (Ihre Anzeige) in der „Süddeutschen Zeitung".

I am writing with regard to your ad in the "Süddeutsche Zeitung."

Bitte teilen Sie mir mit, wann (ob, wie, etc.) …

Please let me know when (if, how, etc.) …

Für die Zusendung Ihrer Broschüre wäre ich Ihnen dankbar.

I would appreciate your sending me your brochure.

Ich kann Ihnen deutsche und amerikanische Referenzen geben.

I can supply you with German and American references.

Ich danke Ihnen im voraus für Ihre Bemühungen.

I thank you in advance for your trouble.

Mit bestem Dank im voraus

Thanking you in advance

The last phrase may replace the complimentary close.

Übungen

A.   Schreiben Sie einen Privatbrief.

1.   Sie nehmen Kontakt auf mit einer Brieffreundin (einem Brieffreund) in einem deutschsprachigen Land. Schreiben Sie etwas über sich, stellen Sie Fragen, und machen Sie Pläne für einen Besuch bei der Freundin (dem Freund).

2.   Sie sind aus Europa in die Heimat zurückgekehrt. Schreiben Sie einem Menschen, den sie drüben näher kennengelernt haben, über Ihre Eindrücke von Ihrem Aufenthalt in Deutschland (Österreich, der Schweiz), und berichten Sie über Ihr jetziges Leben.

B.   Schreiben Sie einen Geschäftsbrief.

1.   Freie Universität Berlin
     Universitäts-Außenamt
     Altensteinstr. 40
     1000 Berlin 33

     Betreff: Zimmersuche

     Amerikaner(in) / 21 Jahre alt / voraussichtlich (*probably*) an der Freien
     Universität studieren / vom 1. Oktober 19... bis zum... / behilflich
     sein bei der Zimmersuche / Adressen der Studentenwohnheime mitteilen
     (*send*) / Namen und Adressen von privaten Vermietern (*persons renting
     out rooms*) / Zimmer teilen mit einem (einer) deutschsprachigen Studen-
     ten (Studentin)

2.   Goethe Institut
     Wilhelmstr. 17
     7800 Freiburg

     Betreff: Auskunft über Sprachkurse

     Amerikaner(in) / 20 Jahre alt / Deutschkenntnisse verbessern / Kurse für
     Fortgeschrittene mitmachen / Unterlagen (*papers*) und Einschreibungsfor-
     mulare (*registration forms*) senden / Unterkunftsmöglichkeiten (*accommo-
     dations*)

3.   Ludwig-Maximilians-Universität München
     Referat für das Auslands- und Ausländerstudium
     Geschwister-Scholl-Platz 1
     8000 München 22

     Betreff: Einschreibung (registration) an der Universität

     Amerikaner(in) / 22 Jahre alt / an der Michigan Universität in Ann Ar-
     bor, Michigan / Geschichte studieren / Studium in Deutschland fortset-
     zen / sich einschreiben für das Wintersemester / Antragsformulare für die
     Zulassung (*application forms*) / Sprachprüfung ablegen (*take*) / Studi-
     engebühren (*fees*)

Vocabulary

The English equivalents given here are limited to the meaning(s) of the German words as they appear in the context of the readings, chapter vocabulary, questions, example sentences, and exercises. Words from the readings that are glossed and appear only once are not listed.

Nouns

Nouns are listed with their gender and plural forms. Nouns for which no plural is indicated are normally not used in the plural. N-stem nouns are indicated as follows: **Mensch(en)**. Compound nouns whose meanings correspond to the meanings of their constituent parts are listed by their parts.

Verbs

The vowel changes are indicated by the vowels in parentheses. Verbs that have irregularities in their stems and consonants are marked by an *. Their complete verb forms are listed below. Irregular compound verbs can be looked up under the root verb. Separable prefixes are indicated by a dot between the prefix and the verb. The auxiliary **sein** is indicated by **ist**.

bitten	bittet	bat	gebeten	to ask, require
brennen	brennt	brannte	gebrannt	to burn
bringen	bringt	brachte	gebracht	to bring
denken	denkt	dachte	gedacht	to think
dürfen	darf	durfte	gedurft	to be allowed to
erschrecken	erschrickt	erschrak	erschrocken	to be frightened
essen	ißt	aß	gegessen	to eat
fallen	fällt	fiel	ist gefallen	to fall
gehen	geht	ging	ist gegangen	to go
greifen	greift	griff	gegriffen	to take hold of, grab
haben	hat	hatte	gehabt	to have
kennen	kennt	kannte	gekannt	to know
kommen	kommt	kam	ist gekommen	to come
können	kann	konnte	gekonnt	to be able to
lassen	läßt	ließ	gelassen	to leave
mögen	mag	mochte	gemocht	to like to
müssen	muß	mußte	gemußt	to have to
nehmen	nimmt	nahm	genommen	to take

nennen	nennt	nannte	genannt	to call
reißen	reißt	riß	gerissen	to tear
rennen	rennt	rannte	ist gerannt	to run
schneiden	schneidet	schnitt	geschnitten	to cut
schreiten	schreitet	schritt	ist geschritten	to walk, stride
sein	ist	war	ist gewesen	to be
sitzen	sitzt	saß	gesessen	to sit
sollen	soll	sollte	gesollt	to be (supposed) to
stehen	steht	stand	gestanden	to stand
tun	tut	tat	getan	to do
treffen	trifft	traf	getroffen	to meet
treten	tritt	trat	ist getreten	to step
wenden	wendet	wandte	gewandt	to turn
werden	wird	wurde	ist geworden	to become
wissen	weiß	wußte	gewußt	to know
wollen	will	wollte	gewollt	to want to
ziehen	zieht	zog	gezogen	to pull

Reflexive Verbs

Only the dative case of the reflexive pronoun is indicated. If no case is given, the accusative must be used.

Prepositional Case

The prepositional case is indicated only if a two-way preposition (dative/accusative) is used.

Adjectives and Adverbs

For adjectives that can also be used as adverbs only the adjectival meanings are given.

Adjectival Nouns

Adjectival nouns are indicated as follows: **der (ein) Fremde(r)**.

Particles

Particles treated in the book are listed in the index only.

Abbreviations

acc.	accusative
a.n.	adjectival noun
dat.	dative
f.	feminine
gen.	genitive
m.	masculine
n.	neuter
nom.	nominative
pl.	plural
sg.	singular

ab und zu   once in a while
der **Abend,-e**   evening
das **Abendessen**   supper, dinner
abends   evenings
aber   but
ab·hängen (i,a) von   to depend on
ab·holen   to pick up
ab·leiten   to derive, deduce
ab·machen   to agree on
ab·nehmen*   to take off
ab·schaffen   to get rid of, abolish
die **Abschaffung,-en**   removal,
   abolition
der **Abschied,-e**   farewell
   zum Abschied   on parting
ab·schießen (o,o)   to launch a rocket
ab·schließen (o,o)   to end, terminate,
   complete, conclude
der **Abschluß,-̈sse**   termination,
   conclusion, ending
   zum Abschluß   in conclusion,
      finally
ab·schütteln   to shake off
die **Absicht,-en**   intention
   mit Absicht   intentionally, on
      purpose
   in der Absicht, zu   with the
      intention of
absichtlich   intentionally, deliber-
   ately
absolut   absolute
ab·springen (a,u;ist)   to jump off
abstrakt   abstract
das **Abteil,-e**   compartment
ab·warten   to wait (and see)
sich ab·wenden*   to turn away from
ab·werfen (i,a,o)   to throw off
die **Abwesenheit**   absence
acht   eight
achten (gen.)   to pay attention to,
   heed
achten auf (acc.)   to see to, pay
   attention to
achtzehn   eighteen
das **Adjektiv,-e**   adjective
das **Adjektivnomen,-nomina**   adjectival noun
die **Adresse,-n**   address
das **Adverb,-(i)en**   adverb

agressiv   agressive
aha   aha, I see
ähneln   to resemble
ahnen   to suspect, sense, know
ähnlich   similar
ähnlich sein* (sehen) (dat.)   to be
   (look) like someone
der **Akzent,-e**   accent
der **Alkohol,-e**   alcohol
all   all
allein   alone
allerdings   although, mind you, to be
   sure
allergisch   highly sensitive
allermeist   most
allgemein   general
alljährlich   every year
allmählich   gradually
der **Alltag**   everyday life
allzu   all too
die **Alpen**   Alps
als   as, when, than
als ob   as if
also   consequently
alt   old
das **Alter**   age
   im Alter von   at the age of
altern   to age
das **Altersheim,-e**   old people's home
die **Ambition,-en**   ambition
ambivalent   ambivalent
(das) **Amerika**   America
der (die) **Amerikaner(in),-,(-nen)**
   American
amerikanisch   American
der **Amerikanismus, Amerikanismen**
   americanism
das **Amt,-̈er**   office
das **Amtsgespräch,-e**   official conversation
amüsant   amusing
amüsieren   amuse
an   on, (up) to
an·bieten (o,o)   to offer
der **Anblick**   sight
an·blicken   to look at
andauernd   continuous, continual
ander-   other, different
(sich) **ändern**   to change

die **Änderung,-en** change

an·deuten to indicate, suggest, intimate

an·drehen to turn on

die **Anekdote,-n** anecdote

an·erkennen* to recognize, acknowledge

anerzogen acquired

der **Anfang,-̈e** beginning

    am Anfang in the beginning

    von Anfang an from the very beginning

an·geben (i,a,e) to indicate

angeblich supposedly, allegedly

angeboren innate

das **Angebot,-e** offer

an·gehören to belong

der (ein) **Angehörige(r)** relative, next of kin

die **Angelegenheit,-en** matter, affair, business

angeln nach (*dat.*) to fish for

angemeldet sein* to have an appointment

angenehm pleasant, comfortable

der (ein) **Angestellte(r)** employee, white-collar worker

angewiesen sein* auf (*acc.*) to be dependent on

an·greifen* to attack

die **Angst,-̈e** fear, dread, terror

    Angst haben vor (*dat.*) to be afraid of

    vor Angst out of fear

an·halten (ä,ie,a) to stop

anhand with

der (die) **Anhänger(in),-,(-nen)** follower, adherent

sich (*dat.*) **an·hören** to listen to, hear

an·kommen* to arrive

an·lassen (ä,ie,a) to start up

sich **an·melden** to make an appointment

die **Anmeldung,-en** registration

die **Annahme,-n** assumption

an·nehmen* to assume, suppose; accept

an·packen to grab

die **Anrede,-n** form of address, salutation

der **Anruf,-e** call

an·rufen (ie,u) to call on the telephone

sich (*dat.*) **an·schaffen** to buy, get

die **Anschauung,-en** conception, view

der **Anschein** appearance

    allem Anschein nach apparently

    es hat den Anschein, als ob it appears as if

anscheinend apparently

anschließend afterwards, following, ensuing

der **Anschlußzug,-̈e** connecting train

die **Anschrift,-en** address

an·sehen (ie,a,e) to look at, view, regard, consider

die **Ansicht,-en** view, opinion

    zu der Ansicht kommen* to decide, come to the conclusion

    eine Ansicht vertreten* to be of an opinion

die **Anspielung,-en** allusion

an·sprechen (i,a,o) to address, speak to

anstatt instead

der **Anstoß,-̈e** impetus

an·streben to aim at, aspire to, strive for

anstrengend exhausting, demanding

die **Anstrengung,-en** effort

der **Anteil,-e** share

das **Antragsformular,-e** application form

die **Antwort,-en** answer

antworten auf (*acc.*) to answer

anwachsend growing, increasing

die **Anweisung,-en** instruction, order

an·wenden to apply

die **Anzahl** number

die **Anzeige,-n** advertisement

an·ziehen* to dress

die **Apparatur,-en** apparatus

der **April** April

die **Arbeit,-en**   work, job, paper
arbeiten   to work
der (die) **Arbeiter(in),-,(-nen)**
   worker
die **Arbeitslast,-en**   work load
der (ein) **Arbeitslose(r)**   unemployed
die **Arbeitslosigkeit**   unemployment
die **Arbeitsmoral**   work ethic
die **Arbeitsteilung**   division of labor
das **Arbeitszimmer,-**   study
der **Ärger**   anger
ärgerlich über (*acc.*)   annoyed about
argwöhnisch   suspicious, distrustful
arm   poor
die **Armbinde,-n**   armband
ärmlich   poorly
die **Armut**   poverty
arrangieren   to arrange
arriviert   established
die **Art,-en**   manner, way; kind
   auf eine … Art   in a … way
artig   well-behaved
der **Artikel,-**   article
der **Arzt,ˇe**   male physician
die **Ärztin,-nen**   female physician
die **Asche,-n**   ashes
der **Aspekt,-e**   aspect
der **Asphalt**   asphalt
der **Atem**   breath
   Atem holen   to catch one's
      breath
atemlos   breathless
athletisch   athletic
atmen   to breath
die **Atmosphäre,-n**   atmosphere
auch   also, even
auf   on
der **Aufenthalt,-e**   stay
auf·fallen*   to attract attention
auf·fliegen (o,o;ist)   to fling open
auf·fordern   to bid, order
auf·fressen (i,a,e)   to eat up
die **Aufgabe,-n**   task; homework
auf·geben (i,a,e)   to give up
aufgemessen (*dat.*)   measured
   against
auf·greifen*   to pick up
auf·haben*   to have on, wear
sich auf·halten (ä,ie,a)   to stay

auf·hören   to stop, cease
auf·klären   to enlighten
auf·listen   to list
aufmerksam   attentive
aufmerksam machen auf (*acc.*)   to
   call attention to
die **Aufmerksamkeit**   attention
sich auf·opfern   to sacrifice oneself
aufrecht   upright
aufregend   exciting
die **Aufregung**   excitement
sich auf·richten   to sit up
die **Aufrichtigkeit**   honesty, upright-
   ness
auf·rufen (ie,u)   to call (a number or
   a name)
der **Aufsatz,ˇe**   composition
auf·sehen (ie,a,e)   to look up
auf·stehen*   to get up
auf·steigen (ie,ie;ist)   to rise
sich auf·stellen   to station oneself
auf·stoßen (ö,ie,o)   to push open
auf·wachen   to wake up
die **Aufwertung,-en**   upgrading
das **Auge,-n**   eye
der **Augenblick,-e**   moment
   im Augenblick   at the moment
   jeden Augenblick   any moment
der **August**   August
aus   out of
aus und vorbei   over and done
aus·bilden   to educate, train
die **Ausbildung,-en**   training, educa-
   tion
aus·brechen (i,a,o;ist)   to break out
der **Ausdruck,ˇe**   expression
aus·drücken   to express
ausdrücklich   expressly
der **Ausdrucksschatz**   vocabulary
aus·fahren (ä,u,a;ist)   to put to sea
aus·führen   to execute
ausführlich   at length, in detail
aus·geben (i,a,e)   to spend (money)
aus·gehen*   to go out
ausgelassen   carefree, gay, exuberant
ausgezeichnet   excellent
aus·händigen   to give
sich aus·kennen*   to know one's way
   around, be an expert on a subject

aus·knipsen to switch off

die **Auskunft,-̈e** information

aus·lachen to laugh at someone, ridicule

der (die) **Ausländer(in),-,(-nen)** foreigner

ausländisch foreign

aus·lesen (ie,a,e) to finish reading a book

aus·machen (*dat.*) to matter

aus·packen to unpack

sich aus·ruhen to rest

die **Aussage,-n** statement

ausschließlich exclusively

aus·sehen (i,a,e) to look

das **Aussehen** looks, appearance

der **Außenseiter,-** outsider

außerdem besides, moreover

außerfamiliär outside of the family

außergewöhnlich out of the ordinary, remarkable

außerhalb outside of

sich äußern to show, manifest itself

sich äußern zu to address oneself to, say something about

außerordentlich extraordinary

die **Äußerung,-en** remark

aus·setzen to offer (a prize)

aus·sprechen (i,a,o) to pronounce

aus·steigen (ie,ie;ist) to get off

aus·suchen to select, choose

(das) **Australien** Australia

aus·trinken (a,u) to finish (drinking)

aus·üben to exert

die **Auswahl** selection

aus·weichen (i,i;ist) to sidestep

der **Ausweis,-e** identification card

sich aus·weisen (ie,ie) to show one's papers, prove one's identity

sich aus·wirken to have an effect

aus·zählen to count up

aus·ziehen* to move out; to take off (clothes)

das **Auto,-s** car

der (die) **Autor(in),-en,(-nen)** author

autoritär authoritarian

autoritätsgläubig trusting in authority

backen to bake

die **Badewanne,-n** bathtub

der **Bahnhof,-̈e** railway station

der **Bahnhofsvorplatz,-̈e** square in front of the train station

der **Bahnpolizist(en)** train station policeman

der **Bahnsteig,-e** station platform

bald soon

der **Band,-̈e** volume

die **Bank,-̈e** bench

der **Bauch,-̈e** belly

bauen to build

der **Bauer(n)** farmer

bäurisch clumsy

die **Bauten** buildings

(das) **Bayern** Bavaria

beachten to note

Beachtung schenken to pay attention to, take notice of

der (ein) **Beamte(r)** male official

die **Beamtin,-nen** female official

beantworten to answer

sich bedanken bei to thank

bedauerlicherweise regrettably

bedauern to regret

bedauernswert deplorable

bedenken* to remember, keep in mind

bedenkenswert worth thinking about

bedeuten to mean, indicate

bedeutend significant

die **Bedeutung,-en** significance, meaning

bedienen to wait on, serve

die **Bedingung,-en** condition

bedürfen to need

es bedarf it calls for

das **Bedürfnis,-se nach** need for

sich beeilen to hurry

beeindrucken to impress

beeindruckt sein* von to be impressed by

beeinflussen to influence

beenden to end, finish

sich befassen mit to deal with

sich befinden (a,u) to be, find oneself

befolgen to follow, comply with
befördern to transport
befreien to liberate, emancipate
die **Befreiung** liberation, emancipation
befreundet sein* mit to be friends with
befriedigend satisfactory, adequate, satisfying
befürchten to fear
begegnen (*dat.*) to meet, encounter
die **Begegnung,-en** encounter
begeistert von enthusiastic about
die **Begeisterung** enthusiasm
beginnen (a,o) to begin
begleiten to accompany
der **Begleiter,-** companion
begreifen* to understand, grasp, realize
begreiflicherweise understandably
der **Begriff,-e** concept, idea
begründen to give reasons for, justify
behalten (ä,ie,a) to keep
behandeln to treat
die **Behandlung,-en** treatment
behaupten to claim, say
die **Behauptung,-en** claim, assertion
behilflich sein to be of help
bei at; with, at the home of; near
bei·bringen* to teach a skill
beide both, two
das **Bein,-e** leg
beinahe almost
das **Beispiel,-e** example
bejahen to affirm
bekannt familiar
der (ein) **Bekannte(r)** acquaintance
bekanntlich as everybody knows, as you know
bekommen* to get
die **Belastung,-en** burden
belehrt enlightened
belohnen to reward
bemängeln to find fault with
bemannt manned
bemerken to note, remark; to notice
bemerkenswert remarkable, noteworthy

die **Bemerkung,-en** remark
  eine Bemerkung machen über (*acc.*) to remark, comment on
sich bemühen to trouble oneself, make an effort
die **Bemühung,-en** effort, trouble
benachrichtigen to inform
benachteiligen to discriminate against
benachteiligt disadvantaged, discriminated against
die **Benachteiligung** discrimination against
benehmen* to behave
benennen* to label
benötigen to need, require
benutzen to use
das **Benzin,-e** gasoline
beobachten to observe
die **Beobachtung,-en** observation
bequem comfortable; lazy
berechtigen to entitle
der **Bereich,-e** area, sphere, realm, sector
bereits already
bereit-stellen to provide, supply
der **Berg,-e** mountain
der **Bergsteigerschuh,-e** climbing boot
der **Bericht,-e** report
berichten to report, tell
der **Beruf,-e** occupation, career, profession
beruflich professional
berufsmäßig professional
berufstätig sein* to be working, employed
die **Berufstätigkeit** employment
beruhigen to reassure
beruhigt reassuring, soothing, relieved
berühmt famous
beschäftigt busy
beschämt ashamed
Bescheid wissen* to know, be informed, be an expert
beschimpfen to abuse, insult
beschleunigen to accelerate

beschließen (o,o)   to decide
beschreiben (ie,ie)   to describe
die Beschreibung,-en   description
sich beschweren   to complain
sich besehen (ie,a,e)   to look at
besonders   especially
besorgen   to acquire, get
besorgt sein* um   to be worried
    about
besprechen (i,a,o)   to discuss
besser   better
der Bestand,-̈e   corpus (linguistics)
der Bestandteil,-e   component
bestärken   to reinforce
bestaunen   to gaze at in wonder
bestehen*   to exist
bestehen* auf (dat.)   to insist on
bestehen* aus (dat.)   to consist of
besteigen (ie,ie)   to climb (up)
bestimmen   to determine; define;
    decide
bestimmt   definite, certain
bestürzend   startling
der Besuch,-e   visit, company
besuchen   to visit
betonen   to stress
betrachten als (acc.)   to regard, look
    upon as
die Betrachtung,-en   reflection
der Betreff   regarding
betreffen*   to concern
    was mich betrifft   as far as I am
        concerned
betreten*   to enter
betrunken   drunk
das Bett,-en   bed
die Bettdecke,-n   bedspread
bevor   before
bewegen   to move
die Bewegung,-en   movement,
    motion
sich bewerben (i,a,o) um (bei)   to
    apply for (to)
die Bewerbung,-en   application
bewerten   to evaluate, judge
die Bewertung,-en   valuation,
    estimation
bewundern   to admire
bewundernswert   admirable

die Bewunderung   admiration
sich (dat.) bewußt sein*   to be aware
    of
bezahlen   to pay
bezeichnen   to label, call
die Bezeichnung,-en   label, name
sich beziehen* auf (acc.)   to refer to
die Beziehung,-en zu   relationship
    with
bezwecken   to intend
bezweifeln   to doubt
die Bibel,-n   Bible
die Bibliothek,-en   library
bieten (o,o)   to offer
das Bild,-er   picture, image
bilden   to coin, form
billig   cheap
die Biologie   biology
bis   until
bis auf   except for
bis nach   as far as
bisher   up to now
die Bitte,-n um   request for
bitten* um   to ask, request, beg
das Blatt,-̈er   sheet of paper
blau   blue
bleiben (ie,ie;ist)   to stay, remain
der Bleistift,-e   pencil
der Blick,-e   look, glance, view
    den Blick richten auf (acc.)   to
        focus one's eyes on
blicken auf (acc.)   to look at
blitzschnell   quick as lightning
blöde   stupid, silly
der Boden,-̈   ground, floor
der Bogen,-   bend, curve
die Bogenlampe,-n   arc-lamp
das Boot,-e   boat
der Bootsrand,-̈er   rim of the boat
böse   mad; bad, evil
der Bote(n)   messenger
brauchbar   useful
brauchen   to need
die Braue,-n   brow
braun   brown
die Braut,-̈e   bride
die BRD (Bundesrepublik Deutsch-
    land)   FRG (Federal Republic of
    Germany)

brechen (i,a,o) to break
breit broad
brennen* to burn
der **Brief,-e** letter
der (die) **Brieffreund(in),-e,(-nen)**
    pen-pal
der **Briefkasten,-̈** mailbox
die **Brieftasche,-n** billfold
bringen* to take, bring
    mit sich bringen* to involve,
      entail
die **Brise,-n** breeze, light wind
der **Bruder,-̈** brother
die **Brust,-̈e** chest
das **Buch,-̈er** book
das **Bücherbrett,-er** bookshelf
der **Bücherfreund,-e** book-lover
der **Buchhändler,-** bookseller
die **Buchhandlung,-en** bookstore
sich bücken to bend (down), stoop
die **Bundesrepublik** Federal Repub-
    lic
der **Bundestagspräsident(en)** pres-
    ident of the West German
    Parliament
bunt brightly colored
der **Bürger,-** citizen
bürgerlich middle-class, bourgeois
das **Büro,-s** office
der **Bus,-se** bus
die **Bushaltestelle,-n** bus stop
bzw.= beziehungsweise respec-
    tively, or

charakterisieren to characterize
charakteristisch characteristic
der **Charakterzug,-̈e** character trait
die **Chemie** chemistry
der **Christ(en)** Christian

da since, because; there
dabei at the same time
dabei sein* to be present, to be in
    the process of
dagegen on the contrary, however
daher therefore
dahin there
damals then, in those days
damit so that

danach afterwards
dank thanks to
der **Dank** thanks
    herzlichen (vielen) Dank many
      thanks
danken to thank
dann then
daran·setzen to risk, hazard
    alles daran·setzen to make
      every effort
darauf after that, afterwards
dar·stellen to depict, represent
darum therefore
das **Dasein** existence
daß that
das **Datum, Daten** date; (*pl.*) data
der **Dauerklavierspieler,-** pianist
    who plays continually
dauern to last, take (time)
davon·gehen* to walk off
davon·schießen (o,o;ist) to dart off
die **DDR** (die **Deutsche Demokrati-
    sche Republik**) GDR (German
    Democratic Republic)
die **Decke,-n** surface (of a street);
    ceiling; blanket
dementsprechend accordingly,
    correspondingly
der **Demokrat(en)** democrat
die **Demokratie,-n** democracy
demonstrieren to demonstrate
denken* **an** (*acc.*) (**von**) to think of
    (about)
die **Denkgewohnheit,-en** habitual
    way of thinking
die **Denkpause,-n** break, recess,
    adjournment
denn for, because
derart in such a manner, to such an
    extent
derjenig- (*pl.* **diejenig-**) the one,
    (*pl.*) those
deshalb therefore
deswegen therefore
deuten auf (*acc.*) to indicate, point
    to
deutlich clear
deutsch German
der (ein) **Deutsche(r)** German

die **Deutsche Demokratische Republik (DDR)** German Democratic Republic (GDR)

(das) **Deutschland** Germany

dicht close, near

der **Dieb,-e** thief

dienen to serve

der **Dienstbote(n)** servant

der **Dienstleistungsberuf,-e** job in the service sector

diesmal this time

diesseits (*gen.*) on this side of

diktieren to dictate

das **Ding,-e** thing

direkt direct

der **Direktor,-en** director

die **Diskothek,-en** discotheque

die **Diskrepanz,-en** discrepancy

diskriminieren to discriminate

die **Diskussion,-en** discussion

diskutieren über (*acc.*) to discuss

die **Disziplin** discipline

doch after all

der **Doktor,-en** doctor

die **Dominanz** dominance

dominieren to dominate

die **Doppelrolle,-n** double role

der **Doppelsinn** double meaning

doppelt double

das **Dorf,-̈er** village

dort there

dösen to doze

der **Draht,-̈e** wire

die **Drahtfabrik,-en** wire factory

das **Drahtgitter,-** wire fence

draußen outside

drei three

dreißig thirty

dreizehn thirteen

dringen (a,u;ist) to make one's way in(to)

dritt- third

drohen to threaten

die **Drohung,-en** threat

drücken to press

der **Dualismus** dualism

dumm stupid, foolish

dummerweise stupidly, unfortunately

dunkel dark

dünn thin

durch through

durch·arbeiten to work through

durcheilen to rush through

durchschnittlich average

die **Durchschnittsnote,-n** grade-point average

der **Durchschnittswohlstand** average prosperity

dürfen* to be allowed to

dürsten to be thirsty

das **Dutzend,-e** dozen

eben even, level; just (now); exactly

die **Ebene,-n** level

ebenfalls likewise

ebenso just as

das **Echo,-s** echo

echt genuine

die **Ecke,-n** corner

effizient efficient

egoistisch egotistical

ehe before

eher rather

ehrlich honest

die **Ehrlichkeit** honesty

eifersüchtig sein* auf (*acc.*) to be jealous of

eifrig eager, enthusiastic

eigen own; peculiar

eigennützig selfish

die **Eigenschaft,-en** quality, characteristic

eigentlich real, really

die **Eile** hurry

eilig urgent

einander one another

sich (*dat.*) **ein·bilden** to imagine (falsely)

der **Einbrecher,-** burglar

der **Eindruck,-̈e** impression

einfach simple

die **Einfahrt,-en** driveway

ein·fallen* (*dat.*) to occur to, think of, remember

der **Einfluß,-̈sse auf** (*acc.*) influence on

ein·fügen to add to

der **Eingang,⸚e** entrance, entry
ein·gehen* auf (*acc.*) to go into
ein·halten (ä,ie,a) to adhere to
der (ein) **Einheimische(r)** local,
    native
einig- a few
sich (*dat.*) **einig sein* in** (*dat.*) (**über**)
    (*acc.*) to agree on
einjährig lasting one year
ein·kaufen to shop
ein·laden (ä,u,a) to invite
die **Einladung,-en** invitation
ein·lassen (ä,ie,a) to set into
ein·lullen to lull
einmal once
einmalig unique
ein·nehmen* to take (place in
    competition)
ein·packen to pack up
ein·reichen to hand in
eins one
einsam lonely
die **Einsamkeit** loneliness, solitude
ein·schlafen (ä,ie,a;ist) to fall asleep
die **Einschränkung,-en** limitation
sich **ein·schreiben** (ie,ie) to register
das **Einschreibungsformular,-e**
    registration form
ein·sehen (ie,a,e) to realize
die **Einsicht,-en** insight
ein·steigen (ie,ie;ist) to get on
ein·stellen to hire
die **Einstellung zu** (**gegenüber**)
    attitude toward
einstimmig unanimously
der **Eintrag,⸚e** entry
ein·treffen* (**ist**) to arrive
ein·treten* (**ist**) to enter
der **Eintritt** admission
das **Einverständnis** agreement
die **Einzelheit,-en** detail
einzelne some, a few (people)
der (die) **einzelne** individual
ein·ziehen* to move in
einzig only, sole, single
einzigartig unique
das **Eis** ice
eitel vain
elastisch resilient

elektrisch electrical
das **Element,-e** element
elf eleven
elitär elitist
die **Eltern** parents
empfangen (ä,i,a) to receive
empfehlen (ie,a,o) to recommend
    es empfiehlt sich it is advisable
empfinden (a,u) to feel, sense,
    perceive
empfindlich sensitive
die **Empfindung,-en** feeling, emotion
das **Ende,-n** end
    zu Ende sein* to be finished
    letzten Endes in the last
        analysis
endlich finally
endlos endless
die **Endung,-en** ending
die **Energie,-n** energy
eng narrow
(das) **England** England
der **Engländer,-** Englishman
englisch English
enorm enormous
entdecken to discover
die **Entdeckung,-en** discovery
entfernt remote
die **Entfernung,-en** distance
entfremdet alienated
entgegen·laufen (äu,ie,au;ist) to
    run toward
entgegnen to respond
enthalten (ä,ie,a) to contain
entlang along
entlassen (ä,ie,a) to fire, dismiss
    aus der Schule entlassen after
        graduating
entlaufen (äu,ie,au;ist) to run away
    from
entreißen (i,i) to snatch away
entscheiden (ie,ie) to decide
die **Entscheidung,-en** decision
    eine Entscheidung treffen* to
        make a decision
sich **entschließen** (o,o) to decide
der **Entschluß,⸚sse** decision
    einen Entschluß fassen to make
        a decision

entschuldigen   to excuse

die **Entschuldigung,-en**   excuse, apology

sich **entspannen**   to relax

entsprechen (i,a,o)   to correspond to (with), match

entstehen* (ist)   to arise

die **Entstehung**   emergence, formation

der **Entstehungsbereich,-e**   area of origin

enttäuscht   disappointed

die **Enttäuschung,-en**   disappointment

entwaffnen   to disarm

entweder ... oder   either ... or

entwerfen (i,a,o)   to depict, draw up

entwickeln   to develop

die **Entwicklung,-en**   development

erbauen   to erect, build

erfahren (ä,u,a)   to experience; learn, find out

die **Erfahrung,-en**   experience

erfinden (a,u)   to invent

die **Erfindung,-en**   invention

der **Erfolg,-e**   success

    Erfolg haben*   to succeed, be successful

erfolgreich   successful

die **Erfolgsorientierung,-en**   drive for success

erforderlich   required, necessary

erfüllen   to fulfill

sich **erfüllen**   to be fulfilled, come true

sich **ergeben** (i,a,e) **aus**   to result from

das **Ergebnis,-se**   result, consequence, upshot

ergraut   grey-haired

erhalten (ä,ie,a)   to get, receive

erhalten bleiben (ie,ie;ist)   to survive

erhellen   to light up

erhitzt   heated

erinnern   to remind

sich **erinnern an** (*acc.*)   to remember, recall

die **Erinnerung,-en**   memory

die **Erkältung,-en**   cold

erkennen*   to recognize, understand

die **Erkenntnis,-se**   knowledge, understanding, recognition

erklären   to explain

die **Erklärung,-en**   explanation

sich **erkundigen nach** (**über**) (*acc.*)   to ask about

die **Erlaubnis,-se**   permission

erleben   to experience

das **Erlebnis,-se**   experience

erledigen   to take care (of a task, duty)

erleichtern   to ease, unburden

erlernen   to learn, master

erleuchten   to light up

ermitteln   to determine

ermutigend   encouraging

ernähren   to feed

erneut   anew, once more, again

ernst   serious

eröffnen   to open up (business, establishment)

erörtern   to discuss

erregen   to cause, attract, excite

die **Erregung**   excitement

erreichen   to reach, attain

die **Errungenschaft,-en**   achievement

erscheinen (ie,ie;ist)   to appear

erschöpft   exhausted

erschrecken*   to be frightened, alarmed by

ersetzen durch   to replace with

erspart bleiben (ie,ie;ist)   to be spared

erst   not until; only; first

erstaunlich   astonishing

erstaunlicherweise   astonishingly enough, it is amazing

erstaunt   astonished

erstens   first (of all)

erstrebenswert   desirable, worthwhile

erwachen   to awaken, wake up

erwachsen   grown-up, adult

der (ein) **Erwachsene(r)**   adult

erwähnen   to mention

erwarten   to expect, wait

die **Erwartung,-en**   expectation

erwerben (i,a,o) to acquire, obtain
erwerbstätig gainfully employed
erwidern to return, reciprocate;
   answer, reply
erzählen to tell
der Erzähler,- narrator
der Erzählstil,-e narrative style
die Erzählung,-en story
essen* to eat
etwas something
das Experiment,-e experiment
explodieren to explode
exportieren to export
das Expressgutauto,-s fast freight
   delivery vehicle
die Expressivität expressiveness

die Fabel,-n fable
die Fabrik,-en factory
das Fach,-̈er subject area, province,
   branch of knowledge
fachbezogen on technical (specialized) subjects
das Fachbuch,-̈er specialized book
das Fachgespräch,-e discussion
   among experts
die Fachkreise (pl.)
   in Fachkreisen among experts
fachlich technical
die Fachliteratur professional
   literature
der Fachwortschatz jargon, lingo
fähig able, capable
die Fähigkeit,-en ability, capability
die Fahne,-n flag
fahren (ä,u,a;ist) to drive
der Fahrer,- driver
die Fahrerlaubnis,-se driver's license
der Fahrkartenschalter,- ticket
   window
das Fahrrad,-̈er bicycle
die Fahrt,-en trip
der Fall,-̈e case
   auf jeden Fall in any case, at
     any rate
   auf keinen Fall by no means,
     on no account
fallen* to fall
falls in case

falsch wrong
fälschlicherweise erroneously
die Falte,-n wrinkle
die Familie,-n family
der Fang,-̈e catch
fangen (ä,i,a) to catch
die Farbe,-n color
fast almost
faul lazy
die Fee,-n fairy
fehlen (dat.) to lack; miss
der Fehler,- mistake
fein fine
der Feind,-e enemy
feindlich hostile
feindselig hostile
feminin feminine
die Feminisierung feminization
der Feminismus feminism
die Feministin,-nen feminist
feministisch feminist
das Fenster,- window
die Ferien (pl. only) vacation
fern distant, far away
der Fernost Far East
fern·sehen (ie,a,e) to watch television
das Fernsehen television
der Fernsehturm,-̈e television tower
fertig ready, finished, done
fest·stellen to detect, discover,
   realize
die Feststellung,-en observation,
   assessment
das Feuer,- fire
das Feuerzeug,-e cigarette lighter
das Fieber fever
der Fiebertraum,-̈e feverish dream
die Figur,-en figur
der Film,-e film, movie
finden (a,u) to find, think, feel
finster dark
die Firma, Firmen company
der Fisch,-e fish
der Fischer,- fisherman
der Fischkasten,-̈ fish container
der Fischschwarm,-̈e school of fish
flach flat
die Flasche,-n bottle

das **Fleisch**   meat
der **Fleiß**   diligence, industriousness
fleißig   hard-working, industrious
fliegen (o,o; ist)   to fly
fliehen (o,o;ist)   to flee
fließen (o,o;ist)   to flow
fließend   fluently
flink   quick, fast
der **Flug,-̈e**   flight
der **Flugplatz,-̈e**   airport
der **Flugzeugkellner,-**   steward
der **Fluß,-̈sse**   river
flüstern   to whisper
    vor sich hin·flüstern   to whisper
        to oneself
die **Flut,-en**   waves, billows
die **Folge,-n**   consequence
folgen   to follow; obey
folgend-   following
folgern   to conclude
folglich   consequently
fordern   to demand, call for
fördern   to assist, promote
die **Forderung,-en**   demand
die **Förderung,-en**   advancement,
    promotion
die **Form,-en**   form
formal   formal
der **Formalismus, Formalismen**
    formality
das **Formular,-e**   printed form
formulieren   to formulate
die **Forschung,-en**   research
die **Forschungsstätte,-n**   research
    center
fort   away
fortan   henceforth
die **Fortbewegung,-en**   locomotion
fort·fahren (ä,u,a;ist)   to continue
der (ein) **Fortgeschrittene(r)**   ad-
    vanced student
fort·schreiten*   to progress
der **Fortschritt,-e**   progress
fort·setzen   to continue
fortwährend   continually, conti-
    nously, constantly
das **Foto,-s**   photo
der **Fotoapparat,-e**   camera
fotografieren   to photograph

die **Frage,-n**   question
    eine Frage stellen   to ask a
        question
    in Frage stellen   to call into
        question
fragen   to ask
fragen nach   to inquire about, ask
    after (for)
sich fragen, ob ...   to wonder
    es fragt sich ob   the question is
        whether
der **Franzose(n)**   Frenchman
französisch   French
die **Frau,-en**   woman
frei   free
die **Freiheit,-en**   liberty
freiwillig   voluntary
fremd   foreign, unfamilar, strange
fremdartig   strange
der (ein) **Fremde(r)**   stranger
fressen (i,a,e)   to feed, eat
freudig   joyfully
sich freuen auf (*acc.*)   to look
    forward to
sich freuen über (*acc.*)   to be pleased
    about
    es freut mich   I am happy,
        pleased
der (die) **Freund(in),-e,(-nen)**   friend
freundlich   friendly
der **Frieden,-**   peace
friedlich   peaceful
frisch   fresh
die **Friseuse,-n**   female hairdresser
froh   happy
früh   early
die **Frühe**   early hour, daybreak
    in aller Frühe   early in the
        morning
früher   at one time, in the past
das **Frühstück,-e**   breakfast
frühstücken   to eat breakfast
frustrierend   frustrating
fühlen   to feel
fünf   five
fünfzig   fifty
die **Fünfziger**   fifties
der **Funk**   radio
die **Funktion,-en**   function

funktionieren   to work
für   for
die **Furcht,-̈e**   fear
fürchten   to fear
sich fürchten vor (*dat.*)   to be afraid
  of
der **Fuß,-̈se**   foot
der **Fußgänger,-**   pedestrian
das **Futter**   feed

der **Gang,-̈e**   passage, hallway;
  manner of walking
ganz   quite; entire
ganz und gar nicht   not at all
die **Garage,-n**   garage
die **Gasse,-n**   street
der **Gast,-̈e**   guest
das **Gasthaus,-̈er**   inn
die **Gaststätte,-n**   restaurant
gebären (ie,a,o)   to give birth to
das **Gebäude,-**   building
geben (i,a,e)   to give
  es gibt   there is (are)
das **Gebirge**   mountains
gebrauchen   to use
der **Gebrauchtwagen,-**   used car
die **Geburt,-en**   birth
der **Geburtstag,-e**   birthday
  zum Geburtstag gratulieren   to
    wish someone happy birthday
das **Gebüsch**   bushes
das **Gedächtnis**   memory
der **Gedanke(n)**   thought
das **Gedicht,-e**   poem
die **Geduld**   patience
geduldig   patient
geehrt   dear (in a formal letter)
die **Gefahr,-en**   danger
die **Gefährdung**   endangering
gefährlich   dangerous
der **Gefallen,-**   favor
Gefallen finden (a,u) **an** (*dat.*)   to
  enjoy
gefallen* (*dat.*)   to please, like
der (ein) **Gefangene(r)**   prisoner,
  captive
das **Gefühl,-e**   feeling
gegen   against; around
die **Gegend,-en**   area

sich gegeneinander·stellen   to
  position oneself against one
  another
das **Gegengewicht,-e**   counter weight
der **Gegensatz,-̈e**   contrast
  im Gegensatz zu   unlike, in
    contrast to, as against
der **Gegenstand,-̈e**   object, thing
das **Gegenteil,-e**   opposite
  im Gegenteil   on the contrary
gegenüber   across, toward
gegenüberliegend   opposite
gegenüber·sitzen*   to sit opposite or
  facing
gegenüber·stehen (*dat.*)   to face
die **Gegenwart**   present
gegenwärtig   current
der **Gegner,-**   opponent
das **Gehalt,-̈er**   income
der **Geheimdienst,-e**   secret service
geheimnisvoll tun mit   to make a
  big mystery of
gehen*   to go, walk
  es geht mir gut   I am fine
gehen um   to be about, concern, be
  at stake
  es geht darum, ... zu + infinitive
    it is a matter of verb + -ing
gehetzt   rushed
das **Gehirn,-e**   brain, mind
gehören (*dat.*)   to belong to
gehören zu   to belong, be part of
gekleidet   dressed
das **Geklingel**   tinkling, ringing
gelangweilt   bored
das **Geld,-er**   money
geldkräftig   able to pay well
der **Geldschein,-e**   bill, banknote
die **Gelegenheit,-en**   opportunity,
  chance; occasion
  bei Gelegenheit   when there is
    a chance, some time
gelegentlich   occasional, some time
geliebt   beloved
gelingen (a,u;ist)   to succeed, be
  successful, manage
gelten (i,a,o) **als**   to be considered
gemeinsam haben*   to have in
  common

der **Gemeinschaftssinn** sense of community

die **Gemeinschaftszelle,-n** common cell

die **Gemeinsprache,-n** standard language

gemessen an (*dat.*) measured against, compared with

gemütlich cozy

die **Gemütlichkeit** coziness

genau exact

genauso ... wie just as ... as

die **Generation,-en** generation

genießen (o,o) to enjoy

genug enough

genügen to suffice

genußvoll highly enjoyable

die **Geographie** geography

das **Gepäck** luggage

gepolstert padded

gerade just, level

geradeaus straight ahead

geradeso just as

geradezu virtually

geradeaus·sehen (ie,a,e) to look straight ahead

das **Geräusch,-e** noise

gering little, slight, negligible

die **Germanistik** German studies

gern(e) + **verb** to enjoy + verb + -ing

gerne mögen to like, be fond of

gerötet flushed

der **Geruch,̈-e** smell

gesamt entire

gesamtgesellschaftlich affecting all of society

das **Geschäft,-e** business, store

der **Geschäftsbrief,-e** business letter

geschehen (ie,a,e;ist) to happen

das **Geschehen,-** event, happening

das **Geschenk,-e** present

die **Geschichte,-n** story, history

das **Geschimpfe** scolding, grumbling

das **Geschlecht,-er** sex, gender

die **Geschlechtsrollendifferenzie-rung,-en** sex role differentiation

geschlechtsspezifisch gender specific

die **Geschwister,-** siblings

die **Gesellschaft,-en** society

gesellschaftlich societal

der **Gesellschaftskritiker,-** social critic

die **Gesellschaftsveränderung,-en** social change

das **Gesetz,-e** law

das **Gesicht,-er** face

der **Gesichtsausdruck,̈-e** facial expression

das **Gespräch,-e** conversation

die **Gestalt,-en** figure, character

die **Geste,-n** gesture

gestehen* to admit

gestern yesterday

gestern abend last night (before bedtime)

gesund healthy

der **Gesundheitszustand** (state of) health

gewinnen (a,o) to win

gewiß certain

das **Gewissen** conscience

sich gewöhnen an (*acc.*) to get used to, become accustomed to

die **Gewohnheit,-en** habit

gewöhnlich customarily, usually

gewöhnt sein* an (*acc.*) to be used to

es gewohnt sein* to be used to

die **Gipfelkonferenz,-en** summit conference

die **Gitarre,-n** guitar

der **Gitarrist(en)** guitarist

das **Gitterbett,-en** crib

glänzen to glitter

das **Glas,̈-er** glass

der **Glaube(n)** faith, belief

  ehrlichen Glaubens in good faith

glauben an (*acc.*) to believe in

gläubig religious

gleich similar, equal, right away

gleichartig similar

gleichberechtigt having equal rights

die **Gleichberechtigung** equal rights

die **Gleichberechtigungshilfe** assistance to promote equal rights

gleichgültig indifferent

gleichzeitig   at the same time,
   simultaneously
die **Glocke,-n**   bell
das **Glück**   luck, fortune; happiness
glücklich   happy
glücklicherweise   luckily, fortunately
der **Glückwunsch,:e**   congratulations
grammatisch   grammatical
gratulieren   to congratulate
grau   grey
grausam   cruel
die **Grausamkeit**   cruelty
die **Grenze,-n**   border
(das) **Griechenland**   Greece
groß   big, large
großartig   great, impressive
großbürgerlich   upper middle class
die **Großmutter,:**   grandmother
der **Großteil,-e**   large part
grün   green
der **Grund,:e**   reason
   aus ... Grund   for ... reason
   im Grunde (genommen)
      actually, strictly speaking
   es besteht kein Grund   there is
      no reason
sich gründen auf (*acc.*)   to be based
   on
die **Gruppe,-n**   group
der **Gruß,:e**   greeting
   herzliche (viele liebe) Grüße
      Love
   mit herzlichen Grüßen   Yours
   mit lieben Grüßen   With kind
      regards
   mit freundlichen Grüßen
      Sincerely, Yours truly
grüßen   to greet
die **Grußformel,-n**   complimentary
   close
günstig   favorable; advantageous;
   convenient
gut   good
das **Gymnasium, Gymnasien**
   preparatory school

das **Haar,-e**   hair
haben*   to have
der **Hafen,:**   harbor, port

der **Haifisch,-e**   shark
halb   half (a, the), halfway
die **Hälfte,-n**   half
der **Hals,:e**   neck, throat
halt   simply
halten (ä,ie,a)   to hold; keep
halten für   to consider, regard as
die **Haltestelle,-n**   bus stop
die **Hand,:e**   hand
die **Handbewegung,-en**   gesture
handeln   to act, take action
   es handelt sich um   it concerns,
      involves
handeln von   to deal with
der **Handschuh,-e**   glove
der **Hang zu**   tendency, inclination
   toward
hängen   to hang
hart   hard
hastig   rushed, hurried
häufig   frequently
die **Hauptgestalt,-en**   main character
die **Hauptsache,-n**   the main thing
hauptsächlich   mainly, primarily
die **Hauptstadt,:e**   capital
das **Haus,:er**   house
   zu Hause   at home
   nach Hause   home (direction)
die **Hausaufgabe,-n**   homework
der **Haushalt,-e**   household
häuslich   domestic
die **Haustür,-en**   front door
der **Hausvater,:**   family man
die **Hauswirtin,-nen**   landlady
heben (o,o)   to lift, raise
heftig   vehement; fierce
die **Heimat**   home, homeland, native
   country
die **Heimkehr**   return
heim·kehren   to return home
das **Heimweh**   homesickness
heiraten   to marry, get married
heiß   hot
heißen (ie,ei)   to call, be called
   das heißt   that is
der **Held(en)**   hero
heldenmütig   heroic
helfen (i,a,o)   to help
hell   light

das **Hemd,-en** shirt
heran·gehen an* (*acc.*) to walk up
    to
heran·kommen an* (*acc.*) to get
    close to
heraus·bilden to emerge
die **Herausforderung,-en** challenge
heraus·kommen* to come out
heraus·lesen (ie,a,e) to read into
sich (*dat.*) **heraus·nehmen*** to take
heraus·schmeißen (i,i) to throw out
sich **heraus·stellen** to turn out
der **Herbst,-e** fall, autumn
der **Herd,-e** stove
der **Herdenmensch(en)** person who
    runs with the crowd
herein·rollen to roll in
herkömmlich traditional
der **Herr,-en** gentleman, Mr.
herrlich magnificent, grand
hervor·treten* to emerge
das **Herz,-en** heart
der **Herzinfarkt,-e** heart attack
die **Herzlichkeit** cordiality, warmth
heute today
heute abend this evening, tonight
heute nacht last night, tonight
heutig today's, modern
heutzutage nowadays
hier here
hierarchisch hierarchic
die **Hilfe** help
der **Himmel** heaven; sky
hinauf·gehen* to go up
hinauf·heben (o,o) to lift up
hinaus·fahren* (ä,u,a;ist) to drive
    out
in (im) **Hinblick auf** (*acc.*) in view
    of, with regard to
hin·deuten auf (*acc.*) to point to
hindurch·laufen (äu,ie,au;ist) to
    run through
hingegen on the contrary
die **Hinsicht,-en** regard, respect
hinsichtlich (*gen.*) with regard to
hinter behind
hinterlistig cunning
hinüber·reichen to pass across,
    hand over

hinüber·sehen (ie,a,e) to look
    across
hinweg·sehen über (ie,a,e) (*acc.*) to
    see over someone's head
der **Hinweis,-e auf** (*acc.*) tip;
    reference, allusion to
hin·weisen (ie,ie) auf (*acc.*) to refer
    to, point to
hinzu in addition
hinzu·fügen to add
der **Historiker,-** historian
historisch historical
hoch high
die **Hochschule,-n** institution of
    higher learning
die **Höchstleistung,-en** record
    performance, highest achievement
hochwertig of high quality
der **Hof,̈e** courtyard
hoffen to hope
hoffentlich I hope, hopefully
die **Hoffnung,-en** hope
höflich polite
die **Höflichkeit,-en** politeness
holen to get
das **Holz** wood
hören to hear, listen
hören auf (*acc.*) to listen, heed
die **Hosentasche,-n** pant pocket
das **Hotel,-s** hotel
hübsch pretty, handsome
der **Humor** humor
der **Hund,-e** dog
hundert hundred
der **Hundertmeterlauf** hundred
    meter dash
der **Hunger** hunger
hungrig hungry
der **Hut,̈e** hat

ideal ideal
das **Ideal,-e** ideal
die **Idee,-n** idea
identifizieren to identify
idyllisch idyllic
ihretwegen on her (their) account
illegal illegal
die **Illusion,-en** illusion
imitieren to imitate

immer always
immerfort continually
immerhin nevertheless, anyhow, at any rate
die **Improvisationsfähigkeit,-en** the ability to improvise
in in
indem while
indirekt indirect
der **Individualwortschatz** individual vocabulary
die **Industrie,-n** industry
informieren to inform
der (die) **Ingenieur(in),-e,(-nen)** engineer
inmitten in the midst
die **Innenfläche,-n** palm
das **Innere** (*a.n.*) inside
insbesondere especially
das **Inserat,-e** advertisement
insgesamt altogether, in all
intelligent intelligent
interessant interesting
interessanterweise interestingly enough, it is interesting
das **Interesse,-n an** (*dat.*) interest in
sich **interessieren für** to be interested in
interessiert sein* an (*dat.*) to be interested in
international international
interpretieren to interpret
inwiefern in what way
inzwischen in the meantime
der **Irak** Iraq
der **Iran** Iran
irgendwann sometime
irgendwo somewhere
irisch Irish
die **Ironie** irony
ironisch ironic
sich **irren** to err
irrsinnig tremendous; crazy
(das) **Italien** Italy

die **Jacke,-n** jacket
das **Jackett,-s** suit jacket
das **Jahr,-e** year
    mit ... Jahren at the age of

der **Jahrestag,-e** anniversary
das **Jahrhundert,-e** century
jähzornig mean-tempered
der **Januar** January
je(mals) ever
je ... desto (um so) ... the ... the ...
jedenfalls in any case, anyhow, at any rate
jeder every
jedesmal every time
jedoch however, on the contrary
jemand someone
jener that (one), those (ones)
jenseits on that side of, beyond
jetzig present, current
jetzt now
der **Journalist(en)** journalist
der **Jude(n)** Jew
die **Jugend** youth
die **Jugendherberge,-n** youth hostel
der (ein) **Jugendliche(r)** youth, juvenile
die **Jugendlichkeit** youthfulness
jung young
der **Junge(n)** boy
just just, exactly

der **Kaffee,-s** coffee
(das) **Kalifornien** California
kalt cold
die **Kamera,-s** camera
der **Kämpfer,-** warrior
(das) **Kanada** Canada
der **Kapitalismus** capitalism
das **Kapitel,-** chapter
kaputt broken
die **Karte,-n** card, ticket
die **Kassette,-n** cassette
der **Kasten,-̈en** box; (fish) container
der **Kastenbau** container construction
der **Katholik(en)** Catholic
kaufen to buy
der **Käufer,-** buyer
kaum hardly
der **Kellner,-** waiter
kennen* to know, be familiar with
kennen·lernen to meet, get to know

die **Kenntnisse** (*pl.*) knowledge

das **Kennzeichen,-** characteristic; license plate

kennzeichnen to characterize, be characteristic of

der **Kerl,-e** fellow, guy

der **Kilometer,-** kilometer

das **Kind,-er** child

die **Kindheit** childhood

das **Kino,-s** movie theater

kinoerfahren having seen a lot of movies

die **Kirche,-n** church

das **Kissen,-** pillow

die **Klage,-n** complaint, lamentation

klagen über (*acc.*) to complain about, lament

die **Klammer,-n** parenthesis

der **Klang,–e** sound

klar clear

die **Klasse,-n** class

klassifizieren to classify

das **Klavier,-e** piano

das **Kleid,-er** dress

kleiden to dress

der **Kleiderständer,-** hat and coat stand

klein small

der **Kleinbürger,-** member of the lower middle-class

kleinbürgerlich lower middle-class, petty bourgeois

das **Klick** click

klicken to click

das **Klima,-s** climate

klingen (**a,u**) to sound

das **Klischee,-s** cliche

die **Klischeevorstellung,-en** stereotypical image

klopfen to knock, pat

der **Klub,-s** club

klug smart

der **Knabe(n)** boy

knapp terse; almost

die **Kneipe,-n** bar

der **Koch,–e** cook

kochen to cook

der **Kohl** cabbage

das **Koksfeuer,-** coke fire

der **Kollege(n)** colleague

komisch funny

kommen* to come

der **Kommunismus** communism

der **Kommunist(en)** communist

kompliziert complicated

konfrontieren to confront

der **Kongress,-e** convention, conference

die **Konjunktion,-en** conjunction

die **Konkurrenz** competition; competitors

können* to be able to

konservativ conservative

der (ein) **Konservative(r)** conservative

der **Konsumzwang,–e** compulsion to buy

der **Kontakt,-e** contact

  Kontakt auf·nehmen* to get in contact

kontaktarm unsociable

kontaktscheu unsociable

der **Kontext,-e** context

der **Kontrast,-e** contrast

die **Kontrolle,-n** control

sich konzentrieren auf (*acc.*) to concentrate on

das **Konzept,-e** conception

das **Konzert,-e** concert

der **Kopf,–e** head

das **Kopfnicken** nodding of the head

die **Kopfschmerzen** (*pl.*) headache

das **Kopfschütteln** shaking of the head

kopieren to copy

der **Korb,–e** basket

der **Koreaner,-** Korean

kostbar valuable, precious

kosten to cost

die **Kraft,–e** strength

krank sick

der (ein) **Kranke(r)** sick person

die **Krankheit,-en** illness

der **Kreis,-e** circle

die **Kreislaufstörung,-en** circulation disorder

kreuzen to cross

kriechen (**o,o;ist**) to crawl, creep

der **Krieg,-e** war
    Krieg führen to wage war
der **Kritiker,-** critic
kritisch critical
kritisieren to criticize
der **Kuchen,-** cake
der **Küchentisch,-e** kitchen table
der **Kugelschreiber,-** ballpoint pen
kühl cool
das **Kühlhaus,-̈er** cold-storage depot
die **Kultur,-en** culture, civilization
die **Kulturpolitik** cultural policies
sich kümmern um to take care of,
    concern oneself with
der **Kunde(n)** customer
die **Kundin,-nen** female customer
die **Kunst,-̈e** art
der (die) **Künstler(in),-,(-nen)** artist
der **Kunststoff,-e** synthetic material
der **Kurs,-e** course, class
    einen Kurs mit·machen to
    attend a class
kursieren to circulate
kursiv italicized
kurz (in) short
vor kurzem recently
kürzlich recently, lately
die **Kurzschrift** shorthand
kurzsichtig near-sighted
die **Küste,-n** coast
der **Kutter,-** cutter

lächeln to smile
lachen to laugh
der **Laden,-̈** store
die **Lage,-n** situation
die **Lampe,-n** lamp
das **Land,-̈er** country
lang long
langgestreckt long, extended
langjährig many years of
langsam slow
längst long since
sich langweilen to be bored
langweilig boring
der **Lärm** noise
lassen (ä,ie,a) to leave
lasten auf (*dat.*) to rest on someone's
    shoulders

der **Lastträger,-** carrier
laufen (äu,ie,au;ist) to run
die **Laune,-n** mood
die **Laus,-̈e** louse
lauschen to listen
laut loud
der **Laut,-e** sound
lauten to go (wording)
lauter nothing but
die **Lautgestalt,-en** phonetic struc-
    ture
das **Leben,-** life
leben to live
lebensnotwendig essential
leer empty
leeren to empty
legen to lay, put
die **Legitimation,-en** ID card
lehnen an (*dat.*) to be leaning
    against
das **Lehnwort,-̈er** loan-word
das **Lehrbuch,-̈er** textbook
die **Lehre** teaching, lesson
lehren to teach
der (die) **Lehrer(in),-,(-nen)** teacher
der **Lehrkörper,-** teaching staff
das **Lehrlingswohnheim,-e** appren-
    tice dormitory
leicht light
leid tun (*dat.*) to be sorry about
leider unfortunately
leise quiet
leisten to achieve, accomplish
sich (*dat.*) **leisten** to afford
die **Leistung,-en** achievement
leistungsfähig capable, efficient,
    productive
die **Leistungsgesellschaft,-en**
    achievement-oriented society
die **Leistungsorientierung** being
    oriented toward achievement
leiten to lead, manage
lesen (ie,a,e) to read
der (die) **Leser(in),-,(-nen)** reader
letzt- last
die **Leute** people
der **Lexikograph(en)** lexicographer
der **Libanon** Lebanon
liberal liberal

das **Licht,-er** light
der **Lichtschein** gleam of light
lieb dear
die **Liebe zu** love for
lieber rather
lieblich lovely
das **Lied,-er** song
liegen (a,e) to lie; to be situated
    (located)
die **Linie,-n** line
    in erster Linie in the first place,
       primarily, above all
link- left
die **Literatur,-en** literature
der **Löffel,-** spoon
die **Logik** logic
logisch logical
los going on
    was ist los what's the matter
lösbar soluable
lösen to solve, detach, untie
sich lösen von to move away, detach
    from
los·fahren (ä,u,a;ist) to leave
los·gehen* to leave
sich los·reißen (i,i) to tear oneself
    away from
die **Lösung,-en** solution
lügen (o,o) to lie
Lust haben* to feel like
lustig jovial, merry, amusing

machen to make, do
die **Macht,-̈e** power
die **Macht aus·üben** to wield power
machtgierig power hungry
der **Machthunger** greed for power
mächtig powerful
das **Mädchen,-** girl
die **Majorin,-nen** female major
das **Mal,-e** time, occasion
-mal time(s)
malen to paint
man you, they, one
manch- some, many a
manchmal sometimes
der **Mann,-̈er** man
männlich male, masculine
der **Mantel,-̈** coat

das **Märchen,-** fairytale
märchenhaft fabulous, fantastic
die **Marionette,-n** marionette
die **Mark** mark
der **Marktplatz,-̈e** market square
der **Marktwert,-e** market value
marxistisch Marxist
der **März** March
die **Maschine,-n** machine
die **Masse,-n** mass
die **Massenmedien** mass media
der **Materialismus** materialism
materialistisch materialistic
materiell material
die **Mathematik** mathematics
der **Mathematiker,-** mathematician
die **Mauer,-n** wall
die **Medaille,-n** coin
die **Medizin** medicine
das **Meer,-e** ocean
der **Meeresgrund** bottom of the
    ocean
mehr more
mehrer- several
die **Mehrheit** majority
mehrmals several times
meinen to mean
meinetwegen for my sake; for all I
    care
die **Meinung,-en** opinion, view
meist mostly, most of the time
meistens mostly
melden to report
die **Melodie,-n** melody
die **Menge,-n** crowd
    eine Menge lots, plenty of
der **Mensch(en)** human being,
    person; *pl.* people
menschlich human
merken to notice, sense
sich (*dat.*) merken to remember,
    make a mental note of
merkwürdig strange, odd, peculiar
merkwürdigerweise strangely
meßbar measurable
das **Messer,-** knife
die **Metapher,-n** metaphor
die **Methode,-n** method
(das) **Mexiko** Mexico

die **Miene,-n**   face, look
mieten   to rent
die **Milch**   milk
die **Million,-en**   million
die **Millionärin,-nen**   female million-
   aire
die **Minderheit,-en**   minority
der **Minderwertigkeitskomplex,-e**
   inferiority complex
mindestens   at least
die **Minute,-n**   minute
sich mischen in (*acc.*)   to meddle,
   interfere in
mißfallen*   to dislike
mißlingen (a,u;ist)   to fail
das **Mißverständnis,-se**   misunder-
   standing
mit   mit
mit·bringen*   to bring along
mit·fahren (ä,u,a;ist)   to go along
mit·gehen*   to go along
das **Mitglied,-er**   member
mit·helfen (i,a,o)   to help
mit·kommen*   to come along
der **Mitläufer,-**   someone who goes
   along with (a political regime)
das **Mitleid**   pity, compassion
   Mitleid haben* mit   to have
      pity (compassion) for
der **Mitmensch(en)**   fellow human
   being
mitmenschlich   human
das **Mittagessen,-**   lunch, midday
   meal
die **Mitte,-n**   middle
mit·teilen   to inform
mittelmäßig   average
mitten   in the middle
   mitten ins Gesicht   smack in
      the face
mittler-   middle
der **Mittwoch,-e**   Wednesday
die **Mitverantwortung**   share of the
   responsibility
möchten   would like to
das **Modalverb,-en**   modal verb
modern   modern
modisch   fashionable, chic
mögen*   to like to

möglich   possible
möglicherweise   possibly
die **Möglichkeit,-en**   possibility
möglichst + *adv.*   as ... as possible
der **Moment,-e**   moment
der **Monat,-e**   month
die **Monotonie**   monotony
der **Montag,-e**   Monday
moralisch   moral
morgen   tomorrow
der **Morgen,-**   morning
motivieren   motivate
der **Motor,-en**   motor
müde   tired
die **Mühe,-n**   trouble, effort
   sich (*dat.*) **viel Mühe geben**   to
      go to a lot of trouble
der **Mund,̈-er**   mouth
mündlich   oral
der **Mundwinkel,-**   corner of the
   mouth
murmeln   to murmur
das **Museum, Museen**   museum
die **Musik,-en**   music
müssen*   to have to
die **Mußestunde,-n**   hour of leisure
der **Mut**   courage
die **Mutter,̈**   mother
die **Mütze,-n**   cap

nach   to, toward; after
der **Nachbar(n)**   neighbor
die **Nachbarin,-nen**   neighbor woman
nachdem   after
nach·denken*   to think, ponder
nachdenklich   thoughtful
die **Nacherzählung,-en**   retelling
nach·fragen   to inquire
nach·gehen* (*dat.*)   to follow
nachmittags   afternoons
die **Nachricht,-en**   news
   ohne Nachricht   without ad-
      vance warning
nächst-   next
die **Nacht,̈-e**   night
der **Nachteil,-e**   disadvantage
nachts   at night
der **Nachwuchswissenschaftler,-**
   promising young scientist

nagelneu   brand-new

nah   close

näher·rücken (ist)   to come, move
    closer

der Name(n)   name

nämlich   you know

die Nase,-n   nose

naß   wet

die Nation,-en   nation

die Natur,-en   nature

natürlich   natural, of course

das Naturvolk,¨er   primitive people

neben   next

der Nebensatz,¨e   dependent clause

der Neffe(n)   nephew

negativ   negative

nehmen*   to take

der Neid auf (acc.)   envy of

neidisch sein auf (acc.)   to be
    envious of

neidvoll   envious

neigen zu   to be inclined, tend
    towards

die Neigung,-en   inclination, prefer-
    ence, liking

nennen*   to mention, name

die Nennung,-en   naming, mention-
    ing

die Nervosität   nervousness

nett   nice

neu   new

neuerdings   lately, as of late

die Neugier   curiosity

neugierig sein* auf (acc.)   to be
    curious about, inquisitive; nosy

neulich   recently, the other day

neun   nine

nicht   not

nicht weiter   not really

nichts   nothing

nicken   to nod

nie   never

nieder·fahren*   to run over

die Niederlande   Netherlands

niedrig   low

niemals   never

niemand   no one

der Nihilist(en)   nihilist

noch   still

das Nomen,-   noun

der Norden   north

die Norm,-en   norm, standard

normal   normal

normalerweise   normally

die Note,-n   grade

die Notwendigkeit   necessity

die Nummer,-n   number

nun   now

nur   only

nützlich   useful

ob   if, whether

oben   above, upstairs

oberhalb   above

obgleich   although

obwohl   although

oder   or

offen   open

offenbar   obvious

die Offenheit   openness

offensichtlich   obviously

öffentlich   public

die Öffentlichkeit   general public

der Offizier,-e   officer

öffnen   to open, open up

oft   often

öfter(s)   from time to time

ohne   without

das Ohr,-en   ear

ökonomisch   economical

die Olympiasiegerin,-nen   Olympic
    winner

der Omnibusfahrer,-   bus driver

der Onkel,-   uncle

die Oper,-n   opera

die Operation,-en   operation

das Opfer,-   sacrifice

das Orchester,-   orchestra

ordentlich   tidy; decent

der Ordner,-   marshal

die Ordnung,-en   order

die Organisation,-en   organization

organisieren   to organize

der Orient   Orient

orientiert   orientated toward

original   original

der Ort,-e   place

der Osten   east

(das) **Österreich** Austria
der (die) **Österreicher(in)**,-,(-nen)
  Austrian
österreichisch Austrian

paar few, several
das **Paar,-e** a pair, couple
pädagogisch pedagogical
der **Panzer,-** tank
das **Papier,-e** paper
der **Park,-s** park
das **Parlament,-e** parliament
die **Partei,-n** party (political,
  judicial)
die **Partnerschaft,-en** partnership
die **Party,-s** party
der **Paß,-sse** passport
passen (*dat.*) to fit; suit; be appropriate
passen zu to go with, match
passend appropriate
passieren (**ist**) to happen
das **Passiv** passive voice
der **Patient(en)** patient
das **Pech** bad luck
peinlich embarrassing, awkward
der **Pelztierjäger,-** trapper
per per, by
das **Perfekt** perfect tense
das **Periodensystem** periodic table
die **Person,-en** person
der **Personalausweis,-e** identification card
personenorientiert people-oriented
persönlich personal
die **Perspektive,-n** perspective
die **Pfeife,-n** pipe
der **Pfiff,-e** whistle
die **Pflanze,-n** plant
pflegen to be in the habit of; to
  cultivate
die **Pflicht,-en** duty, task, responsibility
pflichtbewußt conscientious
das **Pflichtbewußtsein** sense of duty
der **Pförtner,-** gatekeeper
das **Pförtnerhaus,-er** gatehouse
die **Phantasie** imagination
phantasievoll imaginative

phantastisch fantastic
die **Philosophie,-n** philosophy
die **Physik** physics
die **Physikerin,-nen** female physicist
der **Plan,-e** plan
planen to plan
die **Platte,-n** record
der **Platz,-e** place, room
plausibel plausible
plötzlich suddenly
plump fleshy
der **Plural** plural
die **Polarisierung** polarization
(das) **Polen** Poland
die **Politik** politics
politisch political
die **Polizei** police
die **Polizeiwache** police station
der **Polizist(en)** policeman
positiv positive
die **Post** mail
der **Posten,-** post, position
praktisch practical
die **Präposition,-en** preposition
das **Präsens** present tense
der **Präsident(en)** president
der **Preis,-e** price; prize
pressen to press
das **Prestige** prestige
die **Priorität,-en** priority
privat private
der **Privatbrief,-e** personal letter
das **Problem,-e** problem
professionalisiert professionalized
der (die) **Professor(in)**,-en,(-nen)
  professor
das **Programm,-e** program
das **Projekt,-e** project
promt prompt
das **Pronomen,-** pronoun
die **Prosperität** prosperity
der **Protestant(en)** protestant
protestieren to protest
provisorisch temporary, provisional
das **Prozent,-e** percent, percentage
die **Prozession,-en** procession
die **Prüfung,-en** examination, test
  eine Prüfung ablegen to take a
  test

der **Punkt,-e** point
pünktlich punctual
pur sheer
putzen to clean

die **Qualifikation,-en** qualification
die **Qualität,-en** quality
die **Quelle,-n** source

der **Rachen,-** jaws
das **Rad,-̈er** bicycle
rad·fahren (ä,u,a;ist) to bike
radikal radical
das **Radio,-s** radio
die **Rakete,-n** rocket
der **Raketenbau** rocket projects
die **Randgruppe,-n** fringe group
randlos rimless
der **Rang,-̈e** status, rank
rasch quick, fast
rasen (ist) to race
der **Rat** advice
das **Rathaus,-̈er** town hall
der **Ratschlag,-̈e** advice
rauchen to smoke
der **Raum,-̈e** room; space; area
rauschen to rustle
reagieren auf (*acc.*) to react to
die **Reaktion,-en auf** (*acc.*) reaction
   to
rechnen mit to count on, expect
recht right; quite, rather; fully
das **Recht,-e** right
recht behalten (ä,ie,a) to be right
recht haben* to be right
rechtfertigen to justify
die **Rechtfertigung,-en** justification
rechtzeitig on time
sich recken to stretch
die **Redaktion,-en** editorial office,
   staff
die **Rede,-n** speech
   die **Rede ist von** we (people)
      are talking about
redeeinleitend introducing speech
reden to speak
die **Redensart,-en** idiom, expression,
   saying
die **Referenz,-en** reference

das **Reflexivpronomen,-** reflexive
   pronoun
das **Regal,-e** shelf
die **Regel,-n** rule, regulation
registrieren to note
regnen to rain
reich rich
reichen to hold out, extend
reif ready, ripe
die **Reihenfolge** order, sequence
rein pure
die **Reise,-n** trip
reisen (ist) to travel
der (ein) **Reisende(r)** traveler
der **Relativsatz,-̈e** relative clause
die **Religion,-en** religion
rennen* to run, race
der **Rennfahrer,-** racing driver
renommiert renowned, famed
reparieren to repair
der **Repräsentant(en)** representative
die **Repräsentativbefragung,-en**
   representative survey
das **Resultat,-e** result
die **Revolution,-en** revolution
richtig correct
die **Richtung,-en** direction
riechen (o,o) nach to smell like
die **Riesenfreude,-n** immense joy
riesig enormous, tremendous
der **Ring,-e** ring
ringsum all around
die **Risikofreude** willingness to take
   risks
die **Rolle,-n** role
der **Roman,-e** novel
rot red
der **Rücken,-** back
die **Rückkehr** return
Rücksicht nehmen* **auf** (*acc.*) to be
   considerate toward
rücksichtslos gegen inconsiderate
   toward
rücksichtsvoll gegen considerate
   toward
der **Rückwärtsgang** walking backward
rückwärts·gehen* to walk backward
rufen to call

die **Ruhe**   calm, rest
ruhig   calm
rund   round
rund·fliegen (o,o;ist)   to fly around
die **Rundfunkanstalt,-en**   radio
    station
der **Russe(n)**   Russian
die **Russin,-nen**   female Russian
russisch   Russian
(das) **Rußland**   Russia

die **Sache,-n**   matter, concern, cause
sachlich   objective
sachorientiert   oriented more toward
    things
die **Sachprosa**   expository prose
sagen   to say
sammeln   to collect
die **Sammlung,-en**   collection
der **Samstag,-e**   Saturday
samt   together with, along with,
    including
die **Samthose,-n**   velvet pants
sämtlich   all
sanft   gentle
die **Sanftmut**   gentleness
sanftmütig   gentle
sanitär   sanitary
die **Satire,-n**   satire
der **Satz,-̈e**   sentence
die **Sauberkeit**   cleanliness
sauer   sour
schäbig   shabby
die **Schachtel,-n**   box
schade   too bad
schaden   to harm
schaffen   to bring about, create,
    manage
der **Schal,-s (or:,-e)**   scarf
sich schämen   to be ashamed
scharf   sharp
die **Schärfe,-n**   sharp lines
schätzen   to value
schauen   to look
scheinbar   apparently
scheinen (ie,ie)   to seem
scheitern (ist)   to fail
schenken   to give a present
schick   chic, stylish, smart

schicken   to send
das **Schicksal,-e**   fate
schieben (o,o)   to push, shove
der **Schienenstrang,-̈e**   track
Schi fahren (ä,u,a;ist)   to ski
Schi laufen (äu,ie,au;ist)   to ski
schikanieren   to harass
der **Schild,-e**   shield
schildern   to describe
schimpfen   to scold, rail, grumble
der **Schiurlaub,-e**   ski vacation
der **Schlaf**   sleep
schlafen (ä,ie,a)   to sleep
schläfrig   sleepily
schlecht   poor, bad
schließen (o,o)   to close, shut
schließlich   finally, at the end, at
    last, ultimately; after all
schlimm   bad
der **Schluß,-̈sse**   end, conclusion
schmal   narrow
schmecken   to taste
der **Schmerz,-en**   pain
schmerzen   to ache, hurt
schmutzig   dirty
schnappen   to catch
der **Schnee**   snow
schneiden*   to cut
schneien   to snow
schnell   fast
das **Schnellgericht,-e**   a meal that
    can be prepared quickly
die **Schnelligkeit**   speed
der **Schnellzug,-̈e**   express train
das **Schnitzel,-**   veal (pork) cutlet
schon   already
schon gut   very well
schön   pretty, beautiful
die **Schönheit,-en**   beauty
schrecklich   terrible, awful
der **Schrei,-e**   scream
schreiben (ie,ie)   to write
die **Schreibmaschine,-n**   typewriter
der **Schreibtisch,-e**   desk
schreiten*   to walk, stride
die **Schrift,-en**   document
schriftlich   written
der (die) **Schriftsteller(in),-,(-nen)**
    writer

der **Schritt,-e** step
die **Schublade,-n** drawer
schüchtern shy
der **Schuh,-e** shoe
die **Schuld** fault, guilt
Schuld haben* an (*dat.*) to be at
fault, be responsible for
schuld sein* an (*dat.*) to be at fault,
be responsible for
die **Schule,-n** school
der **Schüler,-** student
die **Schulter,-n** shoulder
schultern to shoulder
schütteln to shake
sich schütteln to shake with laughter
der **Schutzpolizist(en)** policeman
schwach weak
schwarz black
schweigen (ie,ie) to be (keep) silent,
say nothing
die **Schweiz** Switzerland
Schweizer Swiss
schwer difficult; heavy
schweratmend breathing heavily
schwer·fallen* (*dat.*) to be difficult
schwerhörig to be hard of hearing
die **Schwester,-n** sister
schwierig difficult, complex
die **Schwierigkeit,-en** difficulty
schwimmen (a,o) to swim
sechs six
sechzig sixty
der **See,-n** lake
die **See,-n** sea, ocean
die **Seele,-n** soul
sehen (ie,a,e) to see
sich sehnen nach to long for
die **Sehnsucht nach** longing for
sehr very much
sein* to be
seit since, for
seitdem since (then)
die **Seite,-n** page
die **Sekretärin,-nen** secretary
die **Sekundärliteratur** secondary
literature
die **Sekunde,-n** second
selbst, selber -self
selbst even

die **Selbstcharakterisierung,-en**
self-characterization
selbstsicher self-assured
die **Selbstsicherheit** self-assurance,
self-confidence
selbstverständlich of course, natu-
rally
selten rare
seltsam strange, peculiar
seltsamerweise strangely
das **Semester,-** semester
der **Sender,-** radio (television)
station
der **Senior,-en** senior citizen
senken to lower
die **Senkung,-en** lowering
die **Sensation,-en** sensation
sensationslüstern sensation-seeking
der **September** September
servieren to serve (a meal)
der **Sessel,-** easy chair
setzen to put, place
(das) **Sibirien** Siberia
sicher safe, secure; certain, for sure
die **Sicherheit** sureness, confidence
die **Sicherheitsorgane** officials from
the security branch
sicherlich certainly
sieben seven
die **Silbe,-n** syllable
silbergrau silver grey
sinken (a,u;ist) to fall, drop
der **Sinn,-e** sense, meaning
sinnlos senseless, pointless
sinnverwandt synonymous
sitzen* to sit
die **Sitzung,-en** meeting
die **Skala,-s** scale, range
sobald as soon as
das **Sofa,-s** sofa
sofort at once
sogar even
sogleich at once
der **Sohn,-̈e** son
solange as long as
solch- such
die **Solidarität** solidarity
sollen* to be (supposed) to
der **Sommer,-** summer

die **Sommerkleidung** summer clothes

sondern but, on the contrary

die **Sonne,-n** sun

der **Sonntag,-e** Sunday

sonntags Sundays

sonst otherwise

sooft whenever

sorgen to see to it, take care

sorgfältig careful, conscientious

die **Sorgfältigkeit** conscientiousness

soviel as far as

soweit sein* to be ready

  es ist soweit it is all set

die **Sowjetunion** Soviet Union

sowohl ... als (wie) auch both ... and, as well as

sozial social

der **Sozialismus** socialism

der **Sozialist(en)** socialist

sozialistisch socialist

der **Soziologe(n)** sociologist

die **Soziologie** sociology

sozusagen so to speak, as it were

(das) **Spanien** Spain

spanisch Spanish

spannend suspenseful

sparsam thrifty

die **Sparsamkeit** thriftiness

der **Spaß** fun

Spaß haben to have fun

Spaß machen to be fun; to joke, kid

spät late

spätestens at the latest

der **Speisewagenkoch,-̈e** dining-car cook

der **Spezialausdruck,-̈e** special expression

die **Sphäre,-n** sphere

der **Spiegel,-** mirror

sich spiegeln to reflect

das **Spiel,-e** game

spielen to play

spontan spontaneous

die **Spontaneität** spontaneity

sportlich athletic

spöttisch ridiculing, mocking

die **Sprache,-n** language

der **Sprachgebrauch** usage

die **Sprachgemeinschaft,-en** language community

sprachlich linguistic

sprechen (i,a,o) to see, speak (meet) with someone

sprengen to burst, break

springen (a,u;ist) to jump

die **Spur,-en** trace

spüren to feel, sense

der **Staat,-en** state

staatlich state

der **Stachel,-** stinger

das **Stadion, Stadien** stadium

die **Stadt,-̈e** city

stammen aus to come from, stem from

der **Standard,-s** standard

stark strong

die **Stärke,-n** strength

statistisch statistical

statt dessen instead (of that)

statt·finden (a,u) to take place

der **Status,-** status

der **Staub** dust

stecken to stick; to be dressed in

stehen* to stand

stehen·bleiben (ie,ie;ist) to stop

steigen (ie,ie;ist) to rise, increase

die **Stelle,-n** place, spot, job, position

die **Stellung,-en** job, position

sterben (i,a,o;ist) to die

stereotyp stereotyped

stetig steady

stets always

das **Steuer,-** steering wheel

das **Stichwort,-e** key word

der **Stiefel,-** boot

stilistisch stylistic

still quiet, calm

die **Stimme,-n** voice

stimmen to be right, correct

  hier stimmt was nicht there is something wrong here

die **Stimmung,-en** mood, frame of mind, spirit

der **Stipendiat(en)** fellowship holder

das **Stipendium, Stipendien** scholarship, grant, fellowship

das **Stirnband,⸚er** headband
der **Stock,** (*pl.*) **Stockwerke** floor, story
der **Stoff,-e** material
der **Stolz** pride
stolz sein* auf (*acc.*) to be proud of
stopfen to stuff
stoppen to stop
stören to bother, disturb
die **Straße,-n** street
die **Straßenbahn,-en** streetcar
der **Straßenrand,⸚er** roadside
streben to strive
der **Streich,-e** striking, blow
streiken to strike
streng strict, stern
der **Strom,⸚e** current, stream
strömen to stream
die **Struktur,-en** structure
strukturieren to structure
das **Stück,-e** piece
der **Student(en)** male college student
das **Studentenheim,-e** student dormitory
die **Studentin,-nen** female college student
die **Studie,-n** study
die **Studiengebühren** (*pl.*) tuition fees
studieren to study
das **Studium, Studien** study, studies
die **Stufe,-n** step
der **Stuhl,⸚e** chair
die **Stunde,-n** hour
stündlich every hour
die **Stütze,-n** helper, support
suchen to search, look for, try
(das) **Südafrika** South Africa
der **Süden** south
die **Suppe,-n** soup
süß sweet
süßlich sickly sweet
sympathisch pleasant, nice
    sie ist mir sympathisch I like her

der **Tabak,-e** tobacco
der **Tag,-e** day
    eines Tages some (one) day

tagelang for days on end
der **Tagesablauf,⸚e** course of the day
täglich daily
taktvoll tactful
das **Talent,-e** talent
(das) **Tanger** Tangier
tanzen to dance
die **Tasche,-n** pocket; bag
die **Tasse,-n** cup
die **Tat,-en** deed
die **Tätigkeit,-en** activity, job
die **Tatsache,-n** fact
tatsächlich in fact, actually, believe it or not
die **Technik** technology
der (die) **Techniker(in),-,(-nen)** technician
technisch technical
technisieren to mechanize
der **Tee,-s** tea
der **Teil,-e** part
teilen mit to share with
der **Teilhaber,-** partner
teilweise partly, in part
telefonieren mit to speak on the telephone with
telegrafieren to telegram
der **Teller,-** plate
das **Tempo,-s** speed
der **Teppich,-e** rug
teuer expensive
der **Text,-e** text
das **Theater,-** theater
theater·spielen to put on a play (an act)
das **Thema, Themen** theme, topic
tief deep
das **Tier,-e** animal
der **Tisch,-e** table
der **Titel,-** title
die **Tochter,⸚** daughter
der **Tod** death
tolerant tolerant
der **Tonfall** tone of voice
der **Topf,⸚e** pot
topographisch topographical
das **Tor,-e** gate
tot dead
der (ein) **Tote(r)** dead person

töten to kill
der **Tourist(en)** tourist
traditionell traditional
tragen (ä,u,a) to carry, wear
die **Tragik** tragedy
tragisch tragic
trampen to hitchhike
die **Träne,-n** tear
die **Trauer** sorrow, sadness
der **Traum,˸e** dream
träumen to dream
der **Träumer,-** dreamer, visionary
träumerisch dreamy
traurig sad
der **Treff,-s** rendezvous
treffen to meet, run into; hit
treffend appropriate
trennen to separate, divide
sich trennen to part
die **Trennung,-en** separation
die **Treppe,-n** stairs
treten* to step, enter
treu loyal, faithful
die **Treue** loyalty
der **Trick,-s** trick
trinken (a,u) to drink
der **Triumpfzug,˸e** triumph
trotz despite
trotzdem nevertheless
die **Tschechoslowakei** Czechoslovakia
das **Tuch,˸er** scarf, kerchief
tun* to do
die **Tür,-e** door
der **Turban,-e** turban
die **Türkei** Turkey
türkisch Turkish
typisch typical

übel bad
üben to practice
über over
überall everywhere
überbrücken to bridge, overcome
überein·stimmen to agree, concur
die **Übereinstimmung,-en** agreement
das **Überfallauto,-s** police car
überfallen* to seize, come over

überführen to take to
übergeben (i,a,e) to hand over to
über·gehen* to switch over
übergehen* to pass over
überhaupt in general, anyway, anyhow, at all
überhören not to hear
überlegen to reflect on
überlegen superior
die **Überlegung,-en** reflection, thought
überlesen (ie,a,e) to overlook, miss
übermittelgroß above average in height
übermorgen the day after tomorrow
übernachten to spend the night, sleep
übernehmen* to adopt
überprüfen to check
überraschen to surprise
überrennen* to overwhelm, overrun
übersehen (ie,a,e) to overlook
übersetzen to translate
die **Übersetzung,-en** translation
überspringen (a,u) skip a grade
übertragen (ä,u,a) to render
übertreiben (ie,ie) to exaggerate
die **Übertreibung,-en** exaggeration
überwinden (a,u) to overcome
überzeugen to convince
überzeugt convinced, dedicated
die **Überzeugung,-en** conviction
übrig remaining
übrig·bleiben (ie,ie;ist) to remain
   es blieb mir nichts anderes übrig als I had no choice but
übrigens by the way
die **Übung,-en** exercise; practice
die **Uhr,-en** clock, watch
   um wieviel Uhr at what time
um at; around
um ... willen for the sake of
um·ändern to modify
umarmen to hug, embrace
(sich) um·drehen to turn around
die **Umgebung** surroundings
um·gehen* mit to handle
die **Umkehr** turning back; reversal

um·kehren (ist)   to turn around
umsonst   free of charge; in vain
die **Umwelt**   environment
die **Umweltgefährdung**   endangering the environment
der **Umweltschutz**   environmental protection
die **Umweltverschmutzung**   pollution
sich um·wenden*   to turn around
um·ziehen*   to move
unangenehm   unpleasant
unaufgefordert   without being asked
unbedingt   really, absolutely
unbegründet   unfounded
unbemerkt   unnoticed
unbestimmt   indefinite
unblutig   bloodless, without bloodshed
und   and
unerfreulich   unpleasant
unerfüllbar   unrealizable
unerwartet   unexpected
der **Unfall,-̈e**   accident
unfreiwillig   unintentional
unfreundlich   unfriendly
ungeduldig   impatient
ungefähr   approximately, roughly
ungefangen   not caught
ungemein   enormous
ungenau   inexact
ungewohnt   unusual
das **Unglück**   misfortune; accident
unglücklich   unhappy
das **Unheil**   disaster, calamity, mishap
unhöflich   impolite
die **Uniform,-en**   uniform
die **Universität,-en**   university
unmöglich   not possibly
das **Unrecht**   injustice
unruhig   restless
unsicher   unstable; unsure; insecure
die **Unsicherheit**   uncertainty
unsichtbar   invisible
der **Unsinn**   nonsense
unstillbar   unquenchable
unteilbar   indivisible
unten   down, down below, downstairs

unter   under
unterbrechen (i,a,o)   to interrupt
die **Unterbrechung,-en**   interruption
unterdrücken   to suppress
die **Unterdrückung**   suppression
unterhalb   below
sich unterhalten*   to talk to (with)
die **Unterkunftsmöglichkeit,-en**   accommodation
sich unterlegen fühlen (*dat.*)   to feel inferior to
die **Unterlegenheit**   inferiority
der **Unterricht**   instruction, teaching, class
unterrichten   to teach, instruct; inform
sich unterscheiden (ie,ie) **von**   to differ from
der **Unterschied,-e**   difference
   ein Unterschied besteht zwischen   there is a difference between
unterschreiben (ie,ie)   to sign
die **Unterschrift,-en**   signature
unterstreichen (i,i)   to underline, underscore
die **Unterstützung,-en**   support
untersuchen   to examine, look into, study
die **Untersuchung,-en**   study
unter·tauchen in (*dat.*)   to become submerged in
unterzeichnen   to sign
unüberwindlich   insurmountable
unvergeßlich   unforgettable
unwirklich   unreal
die **Unwirklichkeit**   unreality
unwirksam   ineffective
unwissentlich   unknowing
die **Unzufriedenheit**   dissatisfaction
der **Urlaub,-e**   vacation
das **Urteil,-e**   judgment, opinion
urteilen   to judge
die **Utopie,-n**   utopia

der **Vater,-̈**   father
verabreden   to arrange
sich verabreden mit   to arrange to meet with

die **Verabredung,-en** appointment

sich verabschieden to take leave, say goodbye

verallgemeinern to generalize

veränderlich changeable

(sich) verändern to change

die **Veränderung,-en** change

veranschaulichen to illustrate

die **Veranstaltung,-en** event

verantwortlich responsible (cause)

die **Verantwortung,-en** responsibility

verantwortungsbewußt responsible (person, attitude)

das **Verantwortungsbewußtsein** sense of responsibility

das **Verb,-en** verb

verbergen (i,a,o) to conceal, hide

verbessern to improve

verbieten (o,o) to forbid

verbinden (a,u) to join

sich verbinden (a,u) zu to join forces

das **Verbot,-e** ban

verbrauchen to use up

verbraucht stuffy, spent

die **Verbreitung** spreading, circulation

verbrennen* to burn up

die **Verbrennung,-en** cremation

verbringen* to spend (time)

der **Verdacht** suspicion

verdächtig suspicious

verdächtigen to suspect

verdienen to earn, deserve

verdoppeln to double

der **Verein,-e** club

die **Vereinigten Staaten** United States

die **Vereinten Nationen** United Nations

das **Verfahren,-** operations, procedure

der (die) **Verfasser(in),-,(-nen)** writer, author

verfehlen to miss

verfilmen to make a film of

verfolgen to follow, pursue; persecute

vergangen past

die **Vergangenheit** past

vergessen (i,a,e) to forget

vergleichen (i,i) to compare

das **Vergnügen,-** pleasure, enjoyment, fun

Vergnügen bereiten (*dat.*) to enjoy

das **Verhalten** behavior

sich verhalten (ä,ie,a) to act, behave

die **Verhaltenswissenschaften** behavioral sciences

das **Verhältnis,-se** relationship; (*pl.*) conditions

verhandeln to negotiate

die **Verhandlung,-en** negotiation

verheiratet sein* to be married

verhindern to prevent

das **Verhör,-e** interrogation

verkaufen to sell

die **Verkäuferin,-nen** sales clerk

verlangen to demand, call for, require

verlangsamen to slow down

verlassen (ä,ie,a) to leave, depart

verlegen embarrassed

die **Verlegenheit** embarrassment

verletzen to injure, hurt

die **Verletzung,-en** injury

sich verlieben to fall in love

verlieren (o,o) to lose

sich verloben to become engaged

die **Verlorenheit** forlornness

vermehren um to increase by

vermeiden (ie,ie) to avoid

vermerken to note

der **Vermieter,-** landlord

vermissen to miss

die **Vermittlung,-en** mediation

vermuten to suspect

vermutlich presumably

verneinen to negate

die **Veröffentlichung,-en** publication

verordnen to order

verpassen to miss

sich verpflichten to obligate oneself

die **Verpflichtung,-en** obligation, engagement

verraten (ä,ie,a) to betray; reveal, show

verreisen (ist) to go on a trip

verreist sein* to be on a trip

verrückt crazy

die **Versammlung,-en** meeting

versäumen to miss, fail, neglect

verschaffen to provide, supply with

verschieden different

verschmutzen to pollute

die **Verschmutzung** pollution

verschweigen (ie,ie) to keep quiet about

verschwenden to waste

verschwinden (a,u;ist) to disappear

versichern to make sure, ascertain

sich verspäten to be late

die **Verspätung,-en** delay, late arrival

versprechen (i,a,o) to promise

verständigen to inform, notify

sich verständlich machen to make oneself understood

verständlicherweise understandably

verstecken to hide

der **Versuch,-e** attempt

versuchen to try, attempt

vertraut sein* mit to be familiar with

die **Vertrautheit** familiarity

vertreten* to hold (an opinion)

der **Vertreter,-** representative

verursachen to cause

vervollständigen to complete

verwalten to administer

verwandt sein* mit to be related to

der (ein) **Verwandte(r)** relative

verwenden to use

verwirren to confuse

die **Verwirrung,-en** confusion

verwitwet widowed

verwundern to amaze, astonish

die **Verwunderung** astonishment

verzeichnen to list

Verzeihung I beg your pardon

der **Viehwaggon,-s** stock car

viel much, many

vielleicht perhaps

vielmehr rather

vielsagend telling, knowing

vielversprechend promising

vier four

vierzehn fourteen

vierzig forty

die **Vokabel,-n** vocabulary word

das **Volk,-̈er** people, nation

das **Volkspolizeikreisamt,-̈er** district police office

voll directly, straight

völlig complete

vollkommen complete, absolute, perfect

vollständig complete

von from, of

vor in front of

vor allem above all, most important

voran ahead

voraus ahead

  im voraus in advance

voraus·setzen to assume, presuppose

vorbei over

vorbei·gehen* an (*dat.*) to pass by

vorbei·kommen* to drop by

vorbereiten auf (*acc.*) to prepare for

das **Vorbild,-er** (role) model

vorbildlich exemplary

vor·datieren to postdate

der **Vordere Orient** Near East

voreilig urteilen to be rash in one's judgment

vor·geben (i,a,e) to pretend, profess

der (ein) **Vorgesetzte(r)** superior, boss

vor·haben* to plan, intend

vor·halten (ä,ie,a) to hold up to

vorher in advance, beforehand, previously

vorig- previous, last

vor·kommen* (*dat.*) to seem, appear

vor·kommen* to happen

vor·legen to present with

die **Vorlesung,-en** lecture

vorletzt- next to the last

vornüber·fallen* to fall forward

der **Vorraum,-̈e** entry hall

der **Vorschlag,-̈e** suggestion, proposal

vor·schlagen (ä,u,a) to suggest
vorsichtig careful. cautious
der (ein) **Vorsitzende(r)** chairperson. president
sich vor·stellen to introduce
sich (*dat.*) **vor·stellen** to imagine. think. envision. conceive of
die **Vorstellung,-en** idea, thought; show
der **Vorteil,-e** advantage
der **Vortrag,-̈e** lecture
das **Vorurteil,-e** prejudice
vorwärts forwards
der **Vorwurf,-̈e** reproach. accusation

wach awake
wachsen to grow
wagen to venture, dare
der **Wagen,-** car
das **Wagnis,-se** hazardous business, risk
die **Wahl,-en** choice
wahr true
während during
wahrhaft true, real
die **Wahrheit,-en** truth
wahrscheinlich probably
die **Wand,-̈e** wall
der **Wandel** change
wann when
warm warm
die **Wärme** warmth
warum why
was what
waschen (ä,u,a) to wash
das **Wasser** water
das **Wasserfest,-e** water carnival
wässerig watery
der **Wechsel,-** change
wechseln to change
wecken to wake
der **Wecker,-** alarm clock
weg away
der **Weg,-e** way, path
    sich auf den Weg machen to set out for
weg·bleiben (ie,ie;ist) to stay away
weg·driften to drift away
weg·geben (i,a,e) to give away

weg·gehen* to leave
wehen to blow. flutter
sich wehren to defend
weiblich female. feminine
die **Weiblichkeit** femininity
sich weigern to refuse
(die) **Weihnachten** Christmas
das **Weihnachtsfest** Christmas
weil because
die **Weile** while
der **Wein,-e** wine
weinen to cry
die **Weise,-n** manner
    auf (*acc.*) ... **Weise** in ... manner
weisen (ie,ie) **auf** (*acc.*) to point to
weiß white
weit far
weiter·gehen* to walk on
weiterhin + verb to continue + verb + -ing
weiter·kommen* to get on, advance
das **Weiterleben** survival. continued existence
weitgehend largely
weitverbreitet widespread, common
welch- which
die **Welle,-n** surge. wave, trend
die **Welt,-en** world
die **Weltfestspiele** (*pl.*) World Festival
weltfremd unworldly
weltmännisch urbane, sophisticated
weltoffen cosmopolitan
der **Weltruhm** world fame
(**sich**) **wenden*** (also weak) to turn
der **Wendepunkt,-e** turning point
die **Wendung,-en** phrase, idiom
wenig little, few
wenigstens at least
wenn when
wer who
werben (i,a,o) to advertise
die **Werbung,-en** advertisement
werden* to become
sich werfen (i,a,o) **auf** (*acc.*) to throw oneself into
der **Wert,-e** value
werten als to take as

wesentlich essential
wessen whose
der **Westen** west
westlich western, westerly
der **Westwind,-e** west wind
das **Wetter,-** weather
wichtig important
der **Widerhall** echo
wider·spiegeln to reflect
wie how
wieder again
wieder·finden (a,u) to find again
wiederholen to repeat, review
wiederholt repeatedly
die **Wiederholung,-en** review
wieder·kommen* to come back,
    return
wieder·sehen (ie,a,e) to see again
(auf) wiedersehen sagen to say
    goodbye
wieviel how many
der **Wille(n)** will
willig willing
der **Wind,-e** wind
winden (a,u) to wind
der **Windschutz** protection against
    the wind
windstill sheltered
winken to wave, beckon
der **Winter,-** winter
der **Winterschlaf** hibernation
wirken to have an effect on
wirklich really
die **Wirklichkeit** reality
die **Wirtin,-nen** landlady
die **Wirtschaft** economy
wirtschaftlich economic
die **Wirtschaftswissenschaft** eco-
    nomics
das **Wirtschaftswunder** miracle of
    the economic recovery after World
    War II
wissen* to know
die **Wissenschaft** science
der (die) **Wissenschaftler(in),-,(-nen)**
    scientist
wissenschaftlich scientific
der **Wissenschaftszweig,-e** branch
    of knowledge

wo where
die **Woche,-n** week
wochentags on weekdays
die **Wochenzeitung,-en** weekly
    paper
woher where ... from
wohin where ... to
wohl well, happy, comfortable
das **Wohl** welfare
der **Wohlstand** affluence
das **Wohlwollen** good will
wohlwollend benevolent
wohnen to live, reside
die **Wohngemeinschaft,-en** co-op
    house (apartment)
das **Wohnheim,-e** dormitory
die **Wohnung,-en** apartment
das **Wohnzimmer,-** living room
wollen* to want to
das **Wort,-e/-̈er** word
das **Wörterbuch,-̈er** dictionary
der **Wortschatz** vocabulary
das **Wortspiel,-e** play on words
das **Wunder,-** miracle
wunderbar wonderful
die **Wunderfaser,-n** miracle fiber
wundern to astonish, surprise
sich wundern über (*acc.*) to be
    surprised at
das **Wunschdenken** wishful thinking
wünschen to wish
die **Wurzel,-n** root

die **Zahl,-en** number
zählen zu to be one of
der **Zahn,-̈e** tooth
das **Zeichen,-** sign
zeigen to show, demonstrate
sich zeigen to turn out, become
    evident
die **Zeile,-n** line
die **Zeit,-en** time
zeitbedingt caused by the times
die **Zeitform,-en** tense
zeitgenössisch contemporary
das **Zeitmaß,-e** pace
die **Zeitung,-en** newspaper
zerfallen* to disintegrate
zerstören to destroy

ziehen* to raise (hat), draw; move

das **Ziel,-e** goal

die **Zielkonzeption,-en** objective

die **Zielvorstellung,-en** objective

ziemlich rather

die **Zigarette,-n** cigarette

das **Zimmer,-** room

zögern to hesitate

zu to; at; too

sich **zu·bewegen auf** (*acc.*) to move
toward

zuerst first

der **Zufall,-̈e** coincidence, chance
durch Zufall by chance

zufällig by chance

zufällig + verb to happen to + verb

zufrieden content(ed), satisfied

die **Zufriedenheit** contentment,
satisfaction

der **Zug,-̈e** characteristic, trait;
feature; train

zu·geben (i,a,e) to admit

zugegeben admittedly

zu·gehen* auf (*acc.*) to walk toward

zugleich at the same time

zugrunde liegen (a,e) to form the
basis, underlie

zu·hören to listen to

zu·kommen* auf (*acc.*) to come
toward

die **Zukunft** future

die **Zulassung,-en** admission

zuletzt finally, in the end

zumal especially

zumindest at least

zunehmend increasing

zurück back

zurück·bleiben (ie,ie;ist) to stay
behind

zurück·denken* to think back

zurück·führen auf (*acc.*) to attribute to, explain by

zurückhaltend reserved

zurück·kehren (ist) to return

zurück·stehen* to be behind
someone

zurück·stellen to put back

zusammen together

zusammen·falten to fold together

zusammen·fassen to summarize

die **Zusammenfassung,-en** summary

zusammen·halten (ä,ie,a) to stick
together

der **Zusammenhang,-̈e** context

die **Zusammenstellung,-en** compila-
tion

zusammen·stoßen (ö,ie,o) to
collide, touch

die **Zusammenziehung,-en** contrac-
tion

der **Zuschauer,-** spectator

zu·schreiben (ie,ie) (*dat.*) to ascribe
to

zu·sehen (ie,a,e) to watch

zu·stimmen to agree

zu·treffen* to apply

zuverlässig reliable

die **Zuverlässigkeit** reliability

das **Zuviel an** overabundance

zu·wenden* to turn towards

zu·winken (*dat.*) to wave to

zwanzig twenty

zwar ... aber to be sure, though,
although, while

der **Zweck,-e** purpose
zu dem Zweck for the purpose

zwecklos useless, of no use

zwei two

der **Zweifel,-** doubt

zweifellos undoubtedly, without a
doubt

zweifeln an (*dat.*) to doubt

zweifelsohne doubtless

der **Zweig,-e** branch

die **Zweigstelle,-n** branch

zweijährig two-year

zweisprachig bilingual

zweit- second

zweitens secondly

zwingen (a,u) to force

zwischen between

der **Zwischenhändler,-** middleman

die **Zwischenstation,-en** stop

zwölf twelve

Index